국제개발협력의 파트너십:

이론, 이슈 그리고 사례

국제개발협력의 파트너십:

이론, 이슈 그리고 사례

손혁상 · 이진영 · 김석우 엮음

인간사랑

차 례

Ⅲ. 국제개발협력 파트너십 사례 연구

책을 펴내며

국제개발협력의 파트너십: 이론, 이슈 그리고 사례

1. 단행본 집필 배경

이 책은 2012년부터 2023년까지 한국연구재단(National Research Foundation of Korea)의 지원을 받아 수행된 연구의 핵심 내용을 토대로 구성하였다. 지난 10년간 경희대학교 SSK 연구팀은 '포괄적 파트너십에 기반한 한국적 국제개발협력 패러다임 모색'을 주제로 ① 분절적 참여에서 포괄적 파트너십으로(한국 경험에 기반한 새로운 국제개발협력 파트너십 모델 개발), ② 국제개발협력에서의 포괄적 개발파트너십 구축(개발파트너십 유형화 및 이론화, 그리고 한국적 적용), ③ 평화-지속가능발전 넥서스에 기반한 포괄적 개발파트너십(이론적·경험적 분석 및 한국적 적용)의 핵심 주제를 세 단계에 걸쳐서 다면적이며 심층적으로 다루었다.

경희대 SSK 연구단에서 다룬 '국제개발협력'과 '파트너십' 연구는 국제사회의 복합적이며 다층적인 이슈를 이론 개발과 적용, 개발협력 관련 데이터 수집과 분석, 심층사례 분석과 연구, 개발협력 현지 방문 및 경험적 연구 등의 다양한 방법을 통해 국제개발협력의 역동성을 다루었다. 특히, 국제개발협력을 위한 행위자 간의 파트너십 구축은 단순히 국제사회의 국가 간의 협력을 넘어 인간의 이성적 가치 실현 능력을 둘러싼 상호작용과 규범의 집적체(entity)이자 과정의 일환으로 볼 수 있다. 또한, 국제개발협력은 각 국가의 정치, 경제, 사회 발전의 토대가 된 제도적 체계에 기반하여 협력을 이해하는 통섭적 학문 영역이며 실천 영역이라 할 수 있다. 따라서 국제개발협력을 단순히 물적, 인적, 기술적 자원의 활용으로 제한하여 볼 것이 아니라, 행위자 간의 파트너십 구축과 이 과정에서 등장한 여러 요소들 간의 총체적인 모습을 면밀히 분석하는 실증적 연구의 필요성이 제기된다.

이와 같은 배경 하에 이 책의 목적은 국제개발협력에서의 파트너십에 관한 연구에 더욱 초점을 맞춰 파트너십이 '어떻게(how)' 형성되고 '어떤(which)' 파트너십이 개발협력 목표 달성에 더욱 효율적인지 분석하기 위한 이론적 논의와 구체적 사례를 제시하는 것이다. 국제개발협력 파트너십에 관한 기존 논의들은 대부분 '누구(who)'를 '왜(why)' 파트너로 선정하는가, 즉 파트너 선정 이유에 초점이 맞춰져 있었다. 하지만 유엔(UN)의 '새천년개발목표(MDGs)' 채택 과정의 주요 배경과 MDGs와 '지속가능발전목표(SDGs)' 수립 이후 등장한 국제사회의 복합적이며 다양한 이슈들은 파트너십의 기존 논의로는 충분히 답을 제공할 수 없었다. 따라서 국제사회의 복합적이며 다층 구조적인 상황 하에서 전 세계 빈곤 감소를 위한 효율적인 파트너십 구축과 이를 지속가능하게 할 수 있는 방안 모색이 필요한 시점이다. 물론 이 책이 빈곤 감소를 위한 모든 문제에 답과 해결 방안을 제시할 수 없지만, 파트너십이라는 측면에서 적어도 하나의 대안과 디딤돌이 되길 바라는 마음으로 이 책을 구상하게 되었다.

2. 질문과 책의 구성

이 책에서 진행된 다양한 연구들이 궁극적으로 제기하는 질문은 크게 세 가지로 압축된다. 첫째, 국제개발협력 파트너십 이해를 위한 국제정치경제 변화의 주요 이슈와 개발협력의 정합성은 무엇인가? 둘째, 파트너십에 관한 논의와 특징이 국제개발협력 분야에서 어떤 특징을 보이고 이를 설명하기 위한 구체적인 사례가 무엇인가? 셋째, 국제개발협력에서 파트너십의 긍정적 혹은 부정적 영향은 무엇이며, 궁극적으로 파트너십이 국제개발협력에서 어떻게 발현되고 있는가? 이런 질문들에 대한 답을 구하고자 한다.

이 책은 크게 세 부분으로 구성된다. 첫 번째 파트는 국제개발협력 파트너십의 이론적 접근으로 주요 내용은 국제사회의 주요 이슈와 국제개발협력의 특징을 시기별로 구분, 핵심 이슈들을 요약 정리하여 시기별 특징을 보여준다. 이를 토대로 국제개발협력 파트너십의 등장 배경, 유형, 역사적 발전 배경, 파트너십 성격 및 장단점 등을 설명하고 파트너십 연구의 한계를 제시한다. 이를 더욱 확장하여 '개발파트너십의 이해와 평가에 관한 비판적 접근'에서 파트너십 구축을 3단계로 제시, 각각의 단계에서 요구되는 핵심 질문을 제시하고 이에 대한 답을 설명한다.

두 번째 파트는 국제개발협력 이행을 위한 다양한 협력 방식을 다자주의(multilateralism), 남남협력(south-south cooperation), 유엔 MDGs와 SDGs에서의 파트너십 비교 등을 통해 상세히 설명한다. 국제개발협력은 '협력'이라는 단어를 통해 알 수 있듯이 2개 이상의 국가 또는 기구, 행위자 간의 공동작업이라 할 수 있다. 행위자 간의 협력 방식 또한 파트너십의 유형 만큼 다양하다는 점에서 두 번째 장은 국제개발협력의 다자주의 특징과 한계, 개발도상국 간의 협력을 대표적으로 보여주는 남남협력의 주요 특징과 한계, 그리고 글로벌 시대 주요 이슈로 등장한 MDGs와 SDGs 내에서의 파트너십 담론과 이들 간의 차이를 비교 분석한다.

마지막으로 세 번째 파트는 국제개발협력의 핵심 행위자들 간의 파트너십 구축 논의를 위해 행위자 간의 파트너십 구축과 이행 과정에 초점을 맞췄다. 예를 들어, 정부와 시민사회의 파트너십 구축 과정을 인도적 지원 분야를 중심으로 살펴본다. 또한 국제기구와 NGOs 간의 파트너십이 구체적으로 어떤 과정으로 진행되며, 파트너 선정 기준은 무엇인지에 대해 사업 실행 파트너를 중심으로 분석한다. 이와 더불어 최근 국제개발협력에서 민간기업과 민간분야의 역할이 확대됨에 따라 이에 대한 파트너십 프로그램의 구체적인 사례를 살펴본다.

이 책에 수록된 여러 논문들은 이미 전문학술지에 게재된 논문들이다. 동료평가를 통하여 그 내용과 방법이 증명된 논문들이란 의미이다. 이 책의 제1장과 제9장은 이 책의 출간을 위하여 새로이 쓰여진 논문들이다. 이 책의 구성을 위하여 기존 논문들의 재출판에 동의해주신 여러 학회들에게 감사드린다.

이 책이 나오기까지 많은 분들이 애써주셨다. 바쁘신 가운데, 흔쾌히

편집서 출판 작업을 함께해 주신 경희대학교 SSK 국제개발협력연구단 집필진 분들에게 감사드린다. 이 분들과 공동작업을 통하여 논문을 집필해 주신 분들에게도 감사드린다. 그리고 이 책의 출판을 결정해주신 인간사랑 관계자분들께도 감사드린다. 마지막으로 이 연구는 10년에 걸쳐서 한국연구재단의 사회과학연구 지원사업에 힘입어 이루어졌음을 밝혀둔다. 이 책의 논의와 내용이 국제개발협력 파트너십에 관한 후속 연구에 도움이 되길 기대한다.

필진을 대표하여,

손혁상·이진영·김석우

I.

국제개발협력 파트너십 이론적 접근

제1장 국제개발협력 파트너십의 역사적 접근*

김석우 (서울시립대학교)

이진영 (전북대학교)

I. 들어가며

파트너십(partnership)이란 단어는 명확히 정의하기 어려운 용어이다. 파트너십 개념은 추상적이며, 포괄적인 사회현상을 설명하기 위한 것이고 따라서 정확히 하나의 상황만을 지칭하지 않기 때문이다. 파트너십은 관계(relationship)의 일환으로 파트너십을 바라보는 시각과 정의가 다양하기 때문에 명확한 정의를 찾기 어렵다(김석우 2021; Yi and

* 이 연구는 2018년 대한민국 교육부와 한국연구재단의 지원을 받아 수행된 연구이다(NRF-2018S1A3A2075117).

Lee 2018). 파트너십 의미와 유사한 용어 또한 파트너십의 성격을 명확히 규정하기 어렵게 만든다. 파트너십과 유사한 용어로 네트워킹(networking), 조정(coordination), 협력(cooperation), 협업(collaboration) 등이 있다.[1] 파트너십은 이를 구축하는 과정, 방식, 그리고 상호작용의 범주가 각기 다르며 구성 환경 또한 다양하기 때문이다. 파트너십의 특징은 이해당사자들 간의 상호 인식과 동등성이 공유된다는 점이다(Fowler 1991).

국제개발협력의 파트너십 논의는 국제개발협력 역사와 맞물려 등장한다. 제2차 세계대전 이후 전개된 국제사회의 특성과 구조, 그리고 이에 따른 국가들의 외교정책 수립이 국제개발협력 파트너십 형성에 영향을 끼치기 시작하였다. 냉전 체제의 등장으로 동서 간 대립과 경쟁은 자본주의 체제 국가들과 공산주의 체제 국가들 모두에게 개발재원의 공여라는 외교정책 수단을 사용하게 만들었다. 제3세계에 속한 국가들을 포섭하기 위한 일환으로 공여의 수단을 택하였고, 이를 기반으로 공여국과 수원국 간 파트너십이 만들어진 것이다. 1970년대 두 차례에 걸친 오일 쇼크(oil shock)와 글로벌 경제위기는 개발협력 이행과 재원 마련에 영향을 주었다. 대규모 자선단체와 민간기업이 국제개발협력에 참여하게 되는 계기가 된 것이다. 또한 국제개발협력 이행에 있어 젠더, 환경,

1 네트워킹(networking)은 단순히 참여자 서로의 이익을 위해 정보를 교환하는 것을 의미하기도 하며 조정(coordination)은 정보교환 뿐 아니라, 대체로 참여자의 행동변화까지도 포함한다. 협력(cooperation)은 정보교환, 참여자의 행동변화와 동시에 자원의 공유까지 포함되며, 협업(collaboration)은 정보교환, 참여자의 행동변화, 자원공유를 모두 포함하고 파트너십에 참여하는 능력 향상까지도 기대하는 것을 의미한다(Himmelman, chapter 2. "Rationales and Contexts for Collaboration", Huxham 1996 참고).

아동, 인권 등 글로벌 규범의 핵심 의제 부상은 이해관계자 간 협력을 촉진하는 계기가 되었으며, 공여국과 수원국, NGOs, 커뮤니티 기반조직(CBOs), 공여실행기관, 민간부문 간의 협력을 적극적으로 추진하는 배경이 되었다(Brinkerhoff 2002).

국제개발협력에 있어서 파트너십은 각 참여 행위자의 비교우위와 기술 활용이라는 측면에서 효율성을 제고하며, 자원과 기술의 사용을 합리화한다. 무엇보다 파트너십은 협력과 상호 신뢰를 통해 거래비용을 감소시킨다는 장점이 부각되어 국제개발협력 이행의 효율성을 촉진할 것이라 여겨진다. 하지만 파트너십에 대한 구체적인 이해와 파트너십 형성과 이행 등에 대한 명확한 이해 없이 파트너십을 (좋은) 거버넌스를 위한 **만병통치약***(panacea)*으로 바라보고 있다는 비판도 제기된다(Brinkerhoff 2002).

국제개발협력에서의 파트너십에 관한 다양한 논의를 보완하기 위해 이 책의 제2장과 제3장은 국제개발협력 파트너십에 관한 이론적 논의, 그리고 파트너십의 이해와 평가에 대한 비판적 접근을 다룬다. 제2장에서 국제개발협력 파트너십에 관한 기존 연구를 살펴보고 파트너십의 역사와 등장 배경을 다양한 문서와 국제개발협력 관련 회의 등을 통해 설명한다. 더불어 파트너십 유형을 행위자, 성격, 시기, 장소, 사안과 수단 등으로 세분화하여 국제개발협력의 파트너십 특징을 분석한다.

이어서 제3장은 '개발파트너십의 이해와 평가에 관한 비판적 접근'을 중심으로 개발파트너십의 발전을 담론과 실천으로 구분하여 분석한다. 구체적으로 개발파트너십 분석(행위자, 관계성, 목적, 거버넌스, 결과), 개발 파트너십의 이해와 평가(투입, 진행, 산출, 방법론과 지표)를 통해 국제개발협력 파트너십 구축의 이상적 모델을 제시한다.

이상의 논의들은 국제개발협력 분야에 있어 파트너십의 중요성을 보여주고, 구체적 사례 분석을 적용하는데 유용한 연구라 할 수 있다. 본 장은 이와 같은 논의가 본격적으로 이뤄지기 전에 '국제개발협력의 파트너십' 등장과 확산과정을 역사적 맥락에서 고찰하기 위한 목적을 갖는다. 앞서 언급한 바와 같이 국제개발협력은 국제정치의 주요 사건(events), 현상과 밀접히 연계되어 나타난다. 무엇보다 파트너십은 다양한 용어와 결합되어 등장하는 특징이 있다. 파트너십이란 용어는 언제 등장했으며, 등장 배경은 무엇인가? 국제개발협력에서의 파트너십의 역사성을 다루기 위하여 이 글은 국제개발협력과 그와 동반된 파트너십을 시기별로 구분하여 설명한다.

이 장은 국제정치의 주요 이슈와 시기별 특징을 중심으로 국제개발협력 파트너십의 등장을 크게 세 시기(1950년대-1970년대/1980년대-1990년대/2000년대-현재)로 구분한다. 국제개발협력 역사를 다룬 기존 연구는 일반적으로 1940-1950년대, 1960-1970년대, 1980-1990년대, 그리고 1990년대 말 이후로 시기를 구분하기도 한다. 또한 랭캐스터(Lancaster)를 비롯한 여러 학자들은 1945년 이전을 해외원조 확립 시기, 1945-1970년 시기를 원조 확대시기, 1970-1990년을 원조 발전시기로 구분하고 있다(김지영 2016). 이 연구는 이와 같은 기존 연구의 시기 구분과 국제정치의 주요 이슈를 중심으로 국제개발협력을 세 시기로 구분하여 국제개발협력 파트너십의 등장, 변화 및 확산 과정을 살펴본다. 또한 각각의 시기에 등장하는 주요 담론 중심의 사례연구를 통해 파트너십의 확산 과정을 고찰한다.

Ⅱ. 국제정치적 변동과 국제개발협력 파트너십

국제개발협력 파트너십은 국제정치 변동과 함께 변화해 왔다. 시대적 사건과 현상들이 국제개발협력 파트너십에 영향을 끼친 것이다. 일반적으로 국제개발협력은 제2차 세계대전 종식 후 서유럽 재건을 위한 미국 주도의 마셜플랜(Marshall Plan)부터 시작되었다고 인식된다. 당시 미국 중심, 그리고 UN 중심의 국제개발협력은 공여국 정부와 국제기구가 주축이 되어 수원국 정부에 재원을 지원했으며, 대부분 무상원조 프로그램으로 지원되었다. 소련의 위협으로부터 유럽을 보호하기 위하여 미국은 유럽의 경제사회 재건이 필요했고, 이런 군사·외교적 목적을 가지고 유럽 국가 정부들에게 무상원조를 제공한 것이다. 미국과 유럽 국가들 간 개발협력 파트너십이 구축된 것이다.

제2차 세계대전 이후 국가 간 합의에 의해 탄생한 UN은 세 가지의 축을 기반으로 하고 있다. 그 세 가지 축은 안보, 인권, 그리고 개발이었다. UN의 중심축 중 하나인 개발을 위하여 UN 산하 국제부흥개발은행(International Bank for Reconstruction and Development, IBRD)가 설립되었고, 개발도상국의 경제사회 발전을 위한 장기 금융 제공을 목적으로 하고 있다. 국제기구와 개발도상국 정부 간 개발협력을 위한 파트너십이 구축된 것이다.

1950년대와 1960년대는 냉전이 치열해진 시대이다. 한국전쟁, 쿠바 미사일 위기, 그리고 베트남 전쟁으로 대표되는 동서 간 군사적 대립이 최고조에 달했던 시기이다. 냉전 시대에 미국과 소련의 최대 관심사는 군사력 증대를 통한 우위 점령과 동맹 확보를 통한 영향권 확대였다. 미국과 서유럽 국가들은 아시아, 아프리카, 중남미 등 지역에서 친서방 국가들을 만들기 위한 노력을 강구하였고, 이를 위해 개발협력 제공을 하나의 외교적 수단으로 사용했다. 소련도 마찬가지로 아시아와 아프리카 지역에서 친소련 국가들을 확보하기 위한 수단으로 개발협력 제공의 수단을 동원하였고, 그 지역을 중남미로 넓히려는 노력을 강구하였다. 미국과 소련, 그리고 서방과 동구권 국가들의 군사적 외교적 대립 관계 속에서 개발협력은 정치적 군사적 목적을 위해 제공되었다. 선진국 공여국 정부와 개발도상국, 수원국 정부, 그리고 소련을 중심으로 한 공산주의 체제 정부들과 수원국 정부들 간에 개발협력 관련 파트너십이 형성된 것이다.

1970년대는 미소 간 긴장완화라는 데탕트 시대를 맞이하게 된다. 베트남 전쟁이 종식되었고, 전략무기제한회담 I(Strategic Arms Limitation Talk I, SALT I)이 체결되었다. 냉전이 완화되고 군사적 대립과 긴장이 약화되는 시기였다. 반면, 경제 문제가 크게 부각되는 시기였다. 브레튼우즈(Bretton Woods) 체제가 붕괴되었고, 석유파동이 있었으며, 세계경제는 스태그플레이션(stagflation)에 시달리게 되었다. 국제개발협력 분야에서 이 시대는 지역 중심 다자개발은행(Multilateral Development Banks, MDBs)의 역할이 크게 증가하기 시작한 시대였다. 대표적인 지역 중심 MDBs 중 미주개발은행(Inter-American Development Bank)은 1959년, 아프리카개발은행(African Development Bank)은 1963년, 아시아개발은행(Asian Development Bank)은 1966년, 그리고 이슬람개발은행(Islamic Development Bank)은 1973년에 창설되었다. 이러한 지역 중심 다자개발은행들은 특정 지역의 경제사회 발전을 위해 창설되었고, 설립 초기 단계에서는 지역 국가들 중심으로 운영되었다. 하지만 점차 재원 마련과 선진 경험 공유 등을 위해 선진 공여국을 회원국으로 수용하는 개방적인 모습을 보이게 되었다. 따라서 1970년대에는 국제개발협력 파트너십 사안에서 지역 중심 다자개발은행들의 역할이 크게 증가하는 시기라고 할 수 있다.

1980년대의 경제 상황도 비슷했다. 인플레이션 상황이 지속되었고, 개발도상국의 채무위기와 식량위기가 크게 악화되었다. 선진국들이 자국 중심적 경제정책을 채택하면서 국제사회에서의 갈등과 대립이 증가하였고, 상대적으로 경제적 어려움을 더 겪었던 저발전 국가들의 상황은 더욱 악화되었다. 또한 미국과 영국 정부에서 채택된 신자유주의 정책과 이를 개발도상국가들에 적용시키려는 국제기구들의 정책이 개발도상국가들의 상황을 더욱 악화시킨 측면도 있었다. 아프리카에서 대규모로 발생한 기아와 빈곤 상황이 언론을 통하여 전 세계로 알려졌고, 많은 일반 시민들이 국제사회에서의 식량부족과 기아, 빈곤과 저발전, 아동과 여성 등의 문제에 관심을 갖게 되었다. 1980년대부터 본격적으로 진행된 대중매체와 교통수단, 그리고 커뮤니케이션 기술의 빠른 발전은 개발도상국 상황에 관심을 갖고 있었던 많은 시민들과 단체들의 행동과 결집을 촉진하는데 기여하였다.

이 시기에 시민사회단체(Civil Society Organizations, CSOs)가 국제개발협력 분야에서 중요한 파트너십 역할을 담당하기 시작하였다. 오랫동안 국제개발협력 분야에서 역할을 한 Save the Children(1919년 창설), Ford Foundation(1936년 창설), OXFAM(1942년 창설) 등 많은 시민사회단체에 더하여, 새로운 단체들이 창설되고 확대되어 국제개발협력 분야에서 큰 역할을 담당하기 시작한 것이다. 예를 들면, 1971년 국경없는 의사회, 1979년 Open Society Foundations와 CARE International, 그리고 1994년 Bill and Melinda Gates Foundation이 창설되었다. 시민사회단체들의 역량과 역할이 커지면서 다른 기관들과의 협력도 강화되었다. 예를 들면, 세계은행그룹(World Bank Group)과 시민사회단체 간 정책협의 및 자문이 1981년부터 시작되었고, World Bank-IMF 연차총회에 맞추어서 시민사회단체 포럼이 개최되기 시작하였다. UN 세계정상회의에서도 시민사회단체들이 참여하여 상호 정책협의와 소통을 강화하였고, OECD DAC(개발원조위원회)와 시민사회단체 간 정책대화와 협력도 증가하였다.

1990년대 국제체제의 가장 특징적 사건은 두 가지로 요약될 수 있다. 첫째, 소련체제 붕괴와 냉전 해체, 둘째, 세계화 가속화와 부의 불평등 확대이다. 소련이 붕괴되고 냉전이 해체되면서 동서 간 군사적 대립과 경쟁은 크게 약화되었다. 구소련 체제에 속했던 동유럽과 중앙아시아 국가들이 독립하여 자본주의 체제로 전환하는 노력을 강구하였다. 냉전 해체는 국제개발협력 재원에 큰 영향을 끼쳤다. 더 이상 동맹 확보와 유지가 필요하지 않게 된 국가들이 공여 액수를 축소시킨 것이다. 국제개발협력 체제의 위기가 발생하였다. 세계화와 그로 인한 소득 불균형 확대는 저발전 국가들의 상대적 소득을 더욱 감소시켰다. 저발전 국가들의 경제사회적 상황이 오히려 악화되는 현상이 발생한 것이다. 공여 재원 감소와 공여 재원에 대한 수요 증가 상황에서 사기업들의 역할과 책임에 대한 논의와 요구가 확대되었다. 기업의 사회적 책임성(corporate social responsibility)에 대한 논의가 더욱 활성화되었고, 기업의 책임과 비교 우위를 결합한 개념인 공동가치창출(creating shared values) 개념이 등장하였다. 부족한 개발 재원을 보충하기 위하여 기업들의 역할이 더욱 강조되기 시작한 것이다. 국제개발협력 분야에서 기업이 중요한 파트너로 등장한 것이다.

2000년대는 약화되는 국제개발협력 체제를 복원하고, 새로운 개발 목표 달성을 위한 UN 체제의 강화를 시도하는 시대이다. 2000년대 시작된 새천년개발목표(MDGs)와 그 후속으로 등장하여 현재 진행 중인 지속가능발전목표(SDGs)에서는 다양한 행위자들 간 복합적 개발협력 파트너십을 강조하고 있다. MDGs의 8번째 목표와 SDGs의 17번째 목표가 파트너십에 관한 것이다. 개발도상국의 경제사회 발전과 이를 기반으로 한 인류공동체의 발전은 소수의 혹은 제한된 분야에서의 파트너십만으로는 달성할 수 없다는 인식에 기초하여 복합적 파트너십 구축을 중요 목표로 제시한 것이다. 개발 재원의 공동 부담, 발전 경험과 기술의 공유, 사안 연계를 위한 협력, 그리고 파트너십의 제도화 등을 위한 목표를 설정한 것이다.

이와 같이 국제개발협력의 시초로 여겨지는 마셜플랜을 시작으로 1940년대부터 2000년대까지 시기별 국제개발협력의 변화를 요약하면 아래 〈표 1〉과 같다.

〈표 1〉 국제개발협력의 시기별 구분

구 분	공여 주체 확대	배 경	중점분야	파트너십 유형 확대
1940년대	•미국 •UN 체제	•전후 복구 •UN 창설	•전후 복구	•North - North •UN - 수원국
1950-60년대	•미국, 소련 중심	•냉전 •군사정치 대립 •동맹 확보 경쟁	•지역개발운동 •인프라 구축	•North - South •East - South
1970년대	•지역 MDBs	•경제위기 •데탕트	•빈곤감소	•North - MDBs
1980년대	•CSOs	•채무위기 •대규모 기근과 기아	•기아 축소 •거시경제개혁	•North - CSOs •IOs - CSOs

1990 년대	•민간기업	•냉전 해체와 재원 감소 •세계화와 소득 불균형	•빈곤감소와 거버넌스	•North - 민간 기업 •South - 민간 기업
2000 년대	•국가, 비국가 행위자 모두	•새로운 시대 •복합적 개발 문제	•MDGs와 SDGs의 개발협력 목표	•복합적 파트너십

출처: Hjertholm and White, (2000), *Foreign Aid and Development: Lessons Learnt and Directions for the Future* pp. 59-60 Table 3.1을 기초로 저자 재구성

Ⅲ. 1950년대~1970년대: 국제기구 등장과 원조 활동

본 절은 제2차 세계대전 종식 직후인 1950년대 중반부터 1960년대 전후 복구를 위한 긴급구호 시기에 등장한 국제개발협력 파트너십의 주요 특징을 살펴본다. 주지하다시피 제2차 세계대전 이후 국제개발협력은 긴급구호와 사회재건에 초점이 맞춰져 있었다. 당시 전후 복구 재건을 위한 구호활동은 '파트너' 간의 국제 연대(international solidarity)가 강조되었다. 1950년대 그리고 1960년대의 개발협력은 비정부기구(NGOs)와 종교단체가 중심이 되어 활동했으며, '무엇을 위한 활동(working for)'이 아닌 '함께하는 활동(working together)'의 모습으로 나타났다(Martella and Schunk 1997). 전후 복구와 재건을 위한 '함께하는 활동(working together)'은 활동가들의 연대를 촉진하는 배경이 되었다.

1960년대와 1970년대는 국가의 전후복구, 재건과정과 더불어 개별 국가의 경제성장에 대한 논의도 활발한 시기였다. 마셜 플랜의 도움으로 서유럽국가의 경제는 회복하기 시작했으며 이를 마셜 플랜의 성공이

라 여겼다. 1960년대 호주의 호주국제개발협의회(Australian Council for Overseas Aid, 이후 Australian Council for International Development, ACFID)의 창설을 예로 들 수 있다. 1960년대 중반 ACFOA는 전 세계 빈곤과 불평등 문제에 관심을 갖고 자발적으로 설립된 기관 중 하나이다. 1963년 7월, 스트라스부르크(Strasbourg)에서 개최된 세미나는 국제개발협력에 대한 대중의 관심이 고조되는 상황과 맞물려 NGO 간의 협력이 중요함을 강조하였다(Kilby 2008).

이와 더불어, 1960년대 주목할 부분은 OECD DAC의 등장과 기능, 역할에 관한 것이다(Bracho et al, 2021). DAC는 개발원조그룹(Development Assistance Group, DAG)으로 시작했으며, 수립 초기 DAC의 역할은 매우 제한적이었다. 당시 DAC의 역할은 원조 프로그램을 운영하기보다 공여국 간의 정책 토론 및 조정을 위한 자신들의 경험과 아이디어를 공유하는 것에 국한되었다. 1960년대 DAC의 역할에서 주목할 점은 회원국 간 논의의 장을 통해 책무성과 학습 기회를 공유할 수 있다는 것이다. 이는 동료 검토(peer reviews) 방식의 일환으로 볼 수 있으며, DAC 회원국 간 글로벌 개발 거버넌스 시스템 구축과 정책 네트워크 형성을 위한 노력이라 할 수 있다. 1961년 DAC의 역할과 기능 강화를 위해 DAC의 상근(full-time) 의장직이 신설되었으며, 미국이 약 40여 년간 이 역할을 수행했다(Bracho et al. 2021).

1960년대 실질적인 원조 프로그램 운영과 국제개발협력을 위한 노력은 세계은행(World Bank)에 의해 적극적으로 수행되었다. 이와 더불어, 1960년대는 브레튼우즈 체제(Bretton Woods System) 하에서 국제기구 간 역동성을 엿볼 수 있는 시기였다. 예를 들어, 1960년대 당시 국제연합(United Nations)은 DAC의 옵저버가 아니었던 반면에 브레튼우즈 체제 하의 기구들은 초기부터 DAC의 옵저버(observer) 자격을 부여받았으며, 세계은행의 양허성(concessional) 금융 기관인 IDA(International Development Association) 또한 1960년에 설립되었다. 1960년대 국제기구 설립 중 주목할 만한 내용으로 1966년 유엔개발프로그램(UN Development Programme, UNDP)을 꼽을 수 있다. 이와 같이 1960년대는 1950년대 마샬플랜의 성공과 더불어 전후복구와 사회안정을 위한 국가 간의 협력이 국제기구의 등장과 함께 다양하게 모색된 시기라 할 수 있다.

하지만 1970년대 국제경제 상황은 스태그플레이션(stagflation)과 글로벌 경제위기로 특징지어지고, 베이비 부머(baby boomers)가 고용시장으로 유입되면서 실업률이 높아지는 상황이었다. 1970년대 두 차례에 걸친 오일쇼크 역시 국제경제에 큰 위기로 여겨졌다. 이와 같은 국제환경의 변화로 정책 입안자들은 자국의 경제성장을 위해 1980년대부터 신자유주의 관점을 채택하기 시작했다. 또한 그들은 고용 창출 벤처에 대한 소비자 지출과 기업 투자를 장려하기 위해 개인세와 법인세 감소를 촉진했다. 더욱이 정책결정자들은 비효율적이라 여겨지는 국가 사회서비스와 복지 프로그램의 삭감을 요구했다(Carant 2017). 이러한 정책 기조는 당시 해외원조에도 영향을 주었으며, 해외원조에서의 효율성과 효과성을 더욱 강조하게 되었다. 이러한 변화의 시대에 국제개발협력에 있어 NGO와 시민사회의 역할이 더욱 주목되는 배경이 되었다.

Ⅳ. 1980년대~1990년대: 글로벌 이슈 부상과 원조 정체

1980년대는 1970년대 글로벌 경제위기와 더불어 국제사회에서 '원조의 덫(trap)' 논의가 제기되며 원조 효과성에 대해 회의적인 분위기가 형성된 시기였다. 이는 개발재원 마련과 직·간접적으로 연결되었다. OECD DAC 회원국들은 원조에 대한 부정적 여론과 분위기를 쇄신하기 위해 국제개발협력과 관련한 다양한 국제회의 및 포럼 등을 개최하여 ODA의 긍정적 영향에 대한 국제사회의 인식 제고를 위해 노력하였다.

또한 1980년대는 기후·환경 이슈에 대한 국제사회의 관심이 고조되는 시기였다. 1987년 발간된 브룬트란트 보고서(Brundtland Commission's Report)는 기후·환경 이슈에 대한 전 세계의 관심이 필요하며 지속적인 성장과 발전을 위해 인류 공동의 관심이 필요한 어젠다임을 강조했다. 1980년대 브룬트란트 보고서가 주는 함의는 선진국이 개발도상국을 대상으로 하는 원조에 있어 그들의 환경 정책을 함께 고려해야 한다는 점을 강조하고 있기 때문이다(Degnbol-Martinussen, John and Poul Engberg-Pedersen 2003). 이와 더불어 1990년대 발간된 남반부위원회 보고서(South Commission's Report) 또한 제한된 자원과 재원 내에서 지속가능한 경제 성장을 고려해야 함을 강조하고 있다.

1980년대 전후 매스미디어(mass media)의 발전은 전 세계 이슈에 관심을 갖게 한 계기가 되었다. 이에 대한 대표사례는 1985년 7월 개최된 '라이브 에이드(Live Aid)'가 있다. 보도에 따르면, 라이브 에이드의 개최 목적은 아프리카 난민을 돕기 위한 자선공연으로 당시 전 세계 약 15억

명의 시청자가 이를 시청했다. 또한 미국을 중심으로 'Hunger Project'가 이행되었으며, 이는 아프리카의 농업과 식량안보에 전반적인 관심을 갖게 하는 계기가 되었다(Fowler 1991). 이러한 사례는 개발협력이 국가 단위에서 뿐만 아니라, 누구나 참여할 수 있으며 뜻이 맞는 누구와도 협업과 파트너십 구축이 가능한 것임을 보여주는 계기가 되었다.

1980년대 주목할 또 다른 점은 국제개발협력에 있어 NGO의 참여로 큰 변화가 있었다는 점이다(Fowler 1991). 이는 빈곤감소 프로젝트와 직접적으로 연결되는 ODA 활동이 줄어듬과 동시에 나타난 현상으로 NGO의 영향은 국가 경계를 넘어 다양하게 그리고 크게 확대되었다. 하나의 예로 1985년 인도 정부는 국제개발협력 이행을 위해 공식적으로 NGO의 도움을 받았다. 1980년대 후반 케냐 정부는 보건관련 프로그램의 약 40%가 NGO로부터 수행되고 있다고 평가했다. 1980년대 국제개발협력 NGO의 규모 확대는 지역 기반(community-based) 조직 활성화와 연결된다(Riddell 2008).

특히 1990년대 ODA 규모의 전반적인 하락에도 불구하고 긴급구호 또는 인도적지원은 지속적으로 증가하였다(Riddell 2008). 이와 같은 배경은 정부 불신, 정부의 비효율성에 대응하여 시장(market) 또는 NGO와 협력이 오히려 긍정적인 시너지를 창출할 것이라는 기대 때문이었다. 즉 국제개발협력 이행에 있어 NGO와 시민사회의 역할을 강조하며, 정부 비판적인 입장이 대두되었던 시기라 할 수 있다. 동시에 참여자 간의 수평적 관계는 NGO와 시민사회의 주요 특징으로 정부의 수직적인 관계와 대비된다. NGO와 시민사회는 정부에 대해 비판적인 입장을 취할 수 있을 뿐만 아니라 참여자 간의 상호평등의 규범적 가치를 중요하게 여긴다.

냉전 종식과 함께 시작된 1990년대는 개발협력 뿐 아니라 국제사회의 거의 모든 분야에서의 전환기라 볼 수 있다. '개발 파트너십(Development Partnerships)'은 1995년 DAC의 고위급 연례회의 승인되었다(Barnes and Brown 2011). 앞서 언급한 바와 같이 1970년대부터 시작된 글로벌 경제위기, 1980년대 반전(anti-war)을 포함한 민주주의 확산 운동, 환경 보존 운동 등 사회 각계각층의 목소리가 커짐과 동시에 원조에 대한 회의론 또한 제기되던 시기였다. 이러한 국제사회 분위기는 냉전 시기 해외원조를 공여국의 정치·외교 수단으로 활용했던 정책이 더 이상 효과적이 아니라는 논의로 연결되었다. 무엇보다 1990년대 국제개발협력에 있어 획기적인 변화의 계기는 공여국의 역할에 더하여 수원국 오너십(ownership)이 중요하다는 것을 강조한 것이다. 동시에 개발협력의 '파트너십'에 대한 논의도 주목받기 시작했다(Degnbol-Martinussen, John and Poul Engberg-Pedersen 2003).

1990년대 후반부터 공여국들은 국제개발협력에 있어 파트너십이 어떻게 더 잘 작동하는지에 대해 학습하고, 다양한 파트너십을 통하여 개발재원을 확대하기 위하여 노력했다. 예를 들어, 세계은행의 '파트너십 학습 이니셔티브(Partnership Learning Initiative)'는 공여국들로 하여금 개발협력 파트너십 구축의 효용성에 대하여 학습하는 기회를 제공하였고, 이를 통하여 개발재원을 확대할 수 있는 방안 등을 구상하는데 도움을 주었다(Brinkerhoff and Brinkerhoff 2004).

1990년대 OECD DAC는 중요한 역할을 했다. 1993년 12월, DAC Orientations on Participatory in Development Cooperation Programs에서 개방적이고 민주적이며 책임감 있는 시스템 구축과 인권 존중이 지속가능한 경제와 사회 발전을 이루기 위해 중요하게 연결되어 있음을 강조하면서 이를 위하여 다양한 이해당사자들의 참여를 촉구하는 역할을 담당하였다. 또한 OECD DAC는 지속가능한 발전은 경제와 정치 발전 사이의 긍정적인 상호작용을 요구한다는 점을 강조하였다. 이와 같은 내용은 OECD DAC이 1995년 5월 발표한 "Shaping the 21st Century: The Contribution of Development Cooperation"의 '새로운 글로벌 환경에서의 개발파트너십(Development Partnership in the New Global Context)'의 맥락과 함께 한다고 할 수 있다.

또한, 1990년대 주목할 점은 개발협력 행위자와 이해관계자의 범주의 확산이라 볼 수 있다. 예를 들어, 젠더, 아동, 인권 등 범분야(cross-cutting) 이슈의 등장과 더불어 이를 전문적으로 다루는 NGOs의 역할이 다변화되고 증가되었다. 그리고 OECD DAC 외의 국가들(신흥공여국과 Non-DAC 공여국가 등)이 국제개발협력 분야에 등장하여 적극적으로 활동하기 시작한 것이다. 국제개발협력의 재원 확충과 더불어 파트너십의 중요성이 강조되면서 민간기업의 역할도 크게 확대되기 시작했다. 또한 기업의 활동과 이익을 보장하면서도 기업의 활동을 개발협력과 연계시키려는 노력들이 강구된 것이다.

Ⅴ. 2000년대~현재: 원조시스템의 체계화와 포괄적 파트너십 구축

1990년대 중반 이후부터 원조 효과성에 대한 평가와 다양한 지표가 개발됨에 따라서 원조 프로그램은 점차 안정화되고 체계화되어 갔다. 원조 활동에 대한 평가와 지표 개발은 MDGs 수립에도 영향을 주었으며, MDGs 이후 SDGs 형성에도 지속적인 영향을 주었다. 더불어 2005년 채택된 파리 선언(Paris Declaration)은 원조효과성 제고를 강조할 뿐만 아니라 '수원국의 주인의식(오너십 ownership)'을 필수 원칙으로 제시하여 국제개발협력 전 분야에 걸쳐 새로운 파트너십 개념을 제시하였다(김지영 2016).

이와 함께, MDGs 시기 파트너십에 대한 이니셔티브는 아동, 젠더, 환경, 보건 등 다양한 분야에서 등장하였다. 예를 들어, Every Woman Every Child, GAVI Alliances, The Global Fund, Global Education First Initiative, Rollback Malaria, Sanitation and Water for All, Scaling Up Nutritions, Sustainable Energy for All and Zero Hunger Challenge 등이 등장하였다(UN 2013).

2014년은 개발협력의 정책 형성과 MDGs 이후의 방향을 설정하기 위한 중요한 전환점이었다. '효과적인 개발협력을 위한 글로벌 파트너십 구축(Global Partnership for Effective Development Cooperation, 이하 GPEDC)'은 국제개발협력에 있어 파트너십의 중요성을 크게 강조한 것으로 2014년에 수립되었다. GPEDC는 'UN 개발협력 포럼(United Nations Development Cooperation Forum, 이하 DCF)'의 내용을 일부 수용하여 더욱 발전된 모습을 보이고 있으며, 이 프레임워크에서의 모든 논의는 '글로벌 파트너십(global partnership)'을 강조하고 있다(〈표 2〉 참고).

2015년 이후 SDGs 이행을 위해 협력과 파트너십을 강조하는 이니셔티브가 형성되었다. 대표적인 예로 '지속가능개발목표 파트너십 플랫폼(Partnerships for SDGs Online Platform')이 있다. 이 웹사이트를 통해 지식 및 경험 공유와 더불어 각기 다른 전문가들의 전문지식 또한 공유할 수 있는 기회가 제공되었다(Meschede 2020).

〈표 2〉 DCF와 GPEDC 비교

구 분	UN DCF	GPEDC
권한 (mandate)	〈World Summit 2005〉 •국제개발협력 전략, 정책, 재정 등 동향(trends) 검토 •개발협력 파트너들 간의 활동 간 일관성(coherence) 촉진 •UN 업무와의 규범 및 기능적 연계 강화	〈Busan Outcome 2011〉 •보다 효과적인 개발협력을 위한 정치적 모멘텀의 지속과 강화 •지식과 교훈 공유 활성화 •책무성 보장을 위한 부산 합의 이행 •국가 단위의 부산 어젠다 이행 지원
활동영역	〈Focus Areas 2012-2014〉 •개발협력의 미래 •개발협력의 글로벌 책무성 •남남협력과 삼각협력	〈Mexico High Level Meeting 2014〉 •중소득 국가의 개발협력 •부산 선언의 발전(progress) •효과적인 재원 마련(국내 재원 동원) •비즈니스 파트를 개발협력 행위자로 인식 •남남협력, 삼각협력, 지식공유

출처: Deutsches Institut für Entwicklungspolitik (2014), 〈Table 1〉 재인용

VI. 나가며

파트너십 개념의 다양성은 양면성을 지닌다. 파트너십의 정의가 명확하지 않기 때문에 모든 것을 포괄할 수 있으며, 다양한 상황에서 유연하게 적용 가능하다는 장점이 있다. 반면, 구체적으로 어떤 유형의 파트너십이 국제개발협력의 효과성을 높이는지 명확히 설명하기 어렵고, 다양한 환경과 맥락에 따라 파트너십의 구성과 효과가 변화하는 특징이

있다고도 할 수 있다. 따라서 어떤 시기에 어떤 사안과 장소에서 어떤 파트너십을 활용하는 것이 효과성을 높이고 지속가능성을 높이는지에 대한 논의가 필요하다. 즉 파트너십을 형성하는 목적과 배경에 따라서 파트너십의 유형이 달라질 수 있으며, 이는 궁극적으로 국제개발협력에 참여하는 행위자들의 참여와 동기에도 영향을 미친다.

파트너십이라는 용어가 다양한 의미를 내포하고 있고, 이에 대한 명확한 실체가 없기 때문에, 일반적인 특징을 나열함에 따라 이상적이고 규범적인 측면만 강조될 경우 실질적인 차원에서 파트너십을 어떻게 구상하고 실행할지에 대한 기준이 모호해질 수 있다. 하지만 이 글에서 살펴본 바와 같이 국제개발협력에서 파트너십은 누구에 의해, 어떻게, 그리고 어떤 목적으로 발전되었는지, 그리고 시기별 주요 이슈가 무엇인지를 통해 그 발전 과정을 알 수 있다. 국제개발협력에서 파트너십 사안은 국제정치와 경제 체제의 발전과 긴밀히 연관되어 있다. 개발공여가 제2차 세계대전 이후에 발생한 특별한 상황 속에서 시작되었다는 역사적 사실이 국제정치 변화와 국제개발협력 파트너십 간 연관성을 제시하고 있는 것이다. 1940년대부터 현재까지 진행된 국제정치적 그리고 국제경제적 환경 변화로 인하여 새로운 국제개발협력 파트너들이 등장하였고, 그 역할이 강화되었다. 이를 바탕으로 국제개발협력의 형태와 주요 사안이 변화하였고, 국제개발협력 파트너십 유형도 변화한 것이다. 현재는 모든 국가 행위자와 비국가 행위자들이 국제개발협력에 참여하는 모습을 보이고 있다. 공여국과 수원국, UN과 OECD 체제, 지역 중심 MDBs, 시민사회단체와 사기업, 학자와 언론, 그리고 일반 개개인의 시민까지 모든 행위자들이 국제개발협력에 관심을 가지고 참여하고 있다. 그만큼 국제사회의 "발전" 사안은 인류 공통의 관심사가 된 것이다.

이러한 복합적 파트너십 상황에서 누구와, 왜, 언제, 어떻게, 어디서 파트너십을 형성하여 국제개발협력을 할 것인가는 매우 어려운 선택의 문제가 되고 있다고 할 것이다.

국제개발협력에 있어 파트너십이 어떤 분야, 또는 어떤 조건 하에 가장 잘 형성되고 성공적인지, 그리고 파트너십 구축에 있어 어떤 특징이 반드시 고려되어야 하는지 등의 논의가 필요하다. 특히 파트너십 연구에 있어 파트너 간의 관계에 대한 역동성(power dynamics) 또한 중요한 연구주제이다. 이는 파트너십 형성, 그리고 지속가능성의 어려움과 연결되는 주제이기 때문이다. 특정한 파트너십이 형성되더라도 이를 지속적으로 유지하고 성공적인 결과를 도출하기 어려운 이유 또한 다양하다. 다양한 개발협력 파트너들의 규모, 자원(resources), 범위, 요소, 책임감, 목적 등에 대한 정확한 구분이 어려울 뿐만 아니라, 근본적으로 파트너 간 권력(power)과 재원의 불균형이 파트너십 형성과 유지를 제약하기 때문이다. 이와 같은 한계는 파트너 간 이슈 설정과 상호자율성에도 영향을 미친다. 따라서 국제개발협력의 파트너십 형성, 이행, 성공 및 실패요인 등을 면밀히 검토하고 많은 상황 변수를 고려한 최적화된 파트너십 유형 발굴과 제안이 필요하다. 이 또한 이상적 제안일 수 있지만, 장기적 관점에서 더 많은 연구가 필요하다고 할 것이다. 또한 다양한 사례연구를 통하여 '바람직한' 파트너십의 유형을 구분하고, 더 많은 자료를 통하여 일반화를 시도하는 후속 연구들도 필요하다.

역사적 변화와 함께 국제개발협력 파트너십도 변화하였다. 더 많은 파트너들이 등장하였고, 의제와 사안의 범위도 확대되었다. 국가 간 파트너십으로 시작되었지만, 현재는 복합적이고 다층적인 파트너십이 구축되었다. 국제개발협력의 효과성과 지속가능성이 강조되면서 파트너십 유형도 변화되고 있다. 양자 간 파트너십에서 삼자 간 그리고 다자 간 파트너십으로 확대되었다. 역사는 지속된다. 복합적 위기 상황을 맞고 있는 국제사회가 어떤 정치적, 경제적, 사회적 변화를 겪을 것인가를 정확히 예상할 수는 없다. 다만 이러한 상황 속에서 국제개발협력에서의 위기를 극복하고 지속가능한 발전을 도모하기 위해 다양한 이해당사자들의 참여와 역할이 필요한 것은 분명한 사실이다. MDGs와 SDGs의 마지막 목표들이 파트너십 구축과 강화하는 것이 당연한 것이다. 과거 역사의 변화에 따라서 개발협력 파트너십이 변화된 것처럼 향후 파트너십의 진화와 제도화를 기대해 본다.

참고문헌

김석우. 2021. "국제개발협력 파트너십에 관한 이론적 논의." 『글로벌정치연구』 14(2).

김지영. 2016. "제3장 국제개발협력 레짐 변천사." 『개발협력의 세계정치』 사회평론아카데미.

Barnes, Amy and Garrett W. Brown. 2011. "The Idea of Partnership within the Millennium Development Goals: context, instrumentality and the normative demands of partnership." *Third World Quarterly* 32(1).

Bracho, Gerardo, Richard Careym, William Hynes, Stephan Klingebiel, Alexandra Trzeciak-Duval. 2021. Origins, Evolution and Future of Global Development Cooperation: The Role of the Development Assistance Committee (DAC) Bonn: German Development Institute.

Brinkerhoff, Derick and Jennifer Brinkerhoff. 2004. "Partnerships between International Donors and Non-Governmental Development Organizations: Opportunities and Constraints." *International Review of Administrative Sciences* 70(2).

Brinkerhoff, Jennifer M. 2002. *Partnership for International Development: Rhetoric or Results?* London: Lynne Rienner Publishers.

Carant, J. Briant. 2017. "Unheard voices: a critical discourse analysis of the Millennium Development Goals' evolution into the Sustainable Development Goals." *Third World Quarterly* 38(1).

Degnbol-Martinussen, John and Poul Engberg-Pedersen. 2003. *Aid: Understanding international development cooperation*. Zed Books.

Deutsches Institut für Entwicklungspolitik. 2014. "How to Shape Development Cooperation? The Global Partnership and the Development Cooperation Forum." German Development Institute Briefing Paper 3/2014.

Fowler, Alan. 1991. "Building partnerships between Northern and Southern Development NGOs: Issues for the 1990s." *Development in Practice* 1(1).

Hatton, Michael J. and Kent Schroeder. 2007. "Partnership theory and practice: time for a new paradigm." *Canadian Journal of Development Studies* 28(1).

Hjertholm, Peter and Howard White. 2000. "Foreign aid in historical perspective: Background and trends", in *Foreign Aid and Development: Lessons Learnt and Directions for the Future.* New York: Routledge.

Kilby, Patrick. 2008. "The Development of NGO Support Organizations: The Early Years of the Australian Council for Overseas Aid." *The International Journal of Not–for–Profit Law.*

Lee, James. 2022. "Foreign Aid, Development, and US Strategic Interests in the Cold War." *International Studies Quarterly* 66.

Martella, Paolo and Javier Schunk. 1997. "Partnership: A new name in development cooperation." *Development in Practice* 7(3).

Meschede, Christine. 2020. "The Sustainable Development Goals in Scientific Literature: A Bibliometric Overview at the Meta-Level." *Sustainability* 12(1).

Montuori, Alfonso and isabella Conti. 1995. "The Meaning of Partnership." Academia.

Riddell, Roger. 2008. *Does Foreign Aid Really Work?* Oxford University

Press.

United Nations. 2013. "The Millennium Development Goals Report 2013." MDG Gap Task Force Report 2013, DESA, Good Practices and Innovations in Public Governance; UNESCO; International Monetary Fund; World Bank.

Van Huijstee, Mariëtte M., Mara Francken & Pieter Leroy. 2007. "Partnership for sustainable development: a review of current literature." *Environmental Sciences* 4(2).

Yi and Lee. 2018. "A Critical Approach to Understanding and Assessing Developmental Partnership in the Context International Development Cooperation." *International Development and Cooperation Review* 10(2).

제2장 국제개발협력 파트너십에 관한 이론적 논의*

김석우 (서울시립대학교)

I. 들어가며

2015년 UN에서 채택된 지속가능발전목표(Sustainable Development Goals, 이하 SDGs) 의 17번째 목표는 '이행 수단 강화와 지속가능 발전을 위한 글로벌 파트너십 재활성화'라는 목표를 가지고 있다. 17번째 목표는 조세, 금융, 채무, 투자, 과학기술, SDGs 이행, 다자무역, 수출과 시

* 이 논문은 2018년 대한민국 교육부와 한국연구재단의 지원을 받아 수행된 연구 (NRF-2018S1A3A2075117)이며, 2021년 『글로벌정치연구』 제14권 2호에 게재된 논문을 수정 및 보완하였다.

장접근, 거시 경제 안정, 정책 일관성, 데이터와 통계 자료 구축 역량 강화 등에서의 글로벌 협력에 관한 포괄적인 내용을 담고 있다. 17번째 목표 중 이 글의 내용과 특별히 직접적으로 연결되는 세부 목표는 17-16인 '지식, 경험, 기술, 금융재원 등을 동원하고 공유하는 다중 이해당사자 파트너십을 포함한 글로벌 파트너십 강화'와 17-17인 '공공, 민관, 시민사회 파트너십 강화'이다. SDGs의 17번째 목표는 2000년에 채택된 새천년개발목표(Millennium Development Goals, 이하 MDGs)의 8번째 목표에서 발전된 것이다. MDGs의 8번째 목표는 '발전을 위한 글로벌 파트너십 증진'을 표방하고 있다. MDGs의 8번째 목표는 무역과 금융, 최빈국가들과 내륙국가들 그리고 작은 도서국가들의 특별한 필요(needs), 채무, 기초 의약품, 기술 공유, 원조 배분 감시 등에서의 글로벌 파트너십에 관한 내용들을 포함하고 있다.[1] 이처럼 국제개발협력에서 파트너십은 오래된 중요한 이슈이다.

국제개발협력에서 파트너십이 가지고 있는 이론적, 실제적 중요성에도 불구하고, 파트너십에 관한 이론적 정리와 설명은 매우 부족한 것이 사실이다. 파트너십이 가지고 있는 개념적 모호성과 이로 인한 학문적 합의 부족으로 인하여 파트너십 개념을 종합적으로 정리하고 설명하는 작업이 어렵기 때문이다. 따라서 이 글은 파트너십에 관한 개념적 이론적 발전을 위하여 기존의 논의들을 정리하고 설명하는 것을 주요 목적으로 하고 있다. 파트너십과 관련된 사례연구나 통계연구를 통한 경험적 분석이 아닌, 파트너십 개념의 발전과 다양한 시각 등을 설명하는 것

1 MDGs와 SDGs의 내용을 위해서는 www.un.org/milleniumgoals와 sdgs.un.org/goals 참조.

을 주요 목적으로 하고 있다.

파트너십이란 단어의 뜻은 "짝을 이루어 협력하는 관계"이다. 이 정의에는 두 가지의 의미가 내포되어 있다. 하나는 함께 한다는 의미이고, 다른 하나는 서로 돕는다는 의미이다. 공동의 도표를 위하여 각기 다른 수단을 동원하여 함께 협력하는 것을 의미하는 것이다. 이 정의에 의하면 파트너십은 좋은 것이고, 파트너십을 맺는다는 것은 좋은 행위로 받아들여진다. 파트너십은 참여, 좋은 거버넌스, 지속가능 등의 단어들과 결합되어 도덕적으로 가치가 있고, 따라서 항상 추구되어야 하는 개념으로 받아들여질 수도 있다. 파트너십에 기반한 좋은 결과를 기대할 수도 있다. 특히 한 행위자가 자신이 추구하는 목적을 홀로 달성하기 어려운 상황이거나, 다양한 행위자들이 협력하여 시너지 효과를 얻을 수 있는 상황이라면 파트너십 형성은 목표 달성을 위해 효과적이고 합리적인 행위라 할 수 있다.

그러나 공동의 목표가 있다는 사실이 파트너십에 참여하는 다양한 행위자들의 이익의 조화(harmony of interest)를 항상 의미하는 것은 아니다. 또한 파트너십에 참여하는 행위자들이 협력한다는 사실이 이들의 자발적 행위를 항상 의미하는 것도 아니다. 파트너십이 존재한다고 해서 파트너십으로부터 발생하는 다양한 결과와 이익을 공평하게 분배한다는 것도 아니다. 행위자들은 비록 공통의 목표가 있지만, 각자 다른 목표를 동시에 추구할 수도 있기 때문이다. 또한 협력의 행위가 수평적으로 자발적으로 이루어지는 경우도 있지만, 반면에 수직적으로 강압적으로 이루어지는 경우도 있다. 파트너십에 참여하는 행위자들 간의 권력 관계(power relationship), 대칭성(symmetry)과 비대칭성(asymmetry), 각자 동원하는 수단의 교체성(substitutability)과 희소성, 그리고 협력의 역사에 따라서 파트너십 성격은 변화할 수 있다. 비록 파트너십이란 단어 자체가 좋음을 내포하는 것이지만, 파트너십 형성과 성격은 근본적으로 정치적이고 따라서 협력과 갈등을 모두 내포할 수 있다.

국제개발협력에서의 파트너십에 관한 정의 중 하나는 "상호 합의한 분업(division of labor)을 통하여 공유하는 목적을 달성하기 위한 행위자들 간의 협력적 관계"이다(World Bank 1998).[2] 즉, 국제개발협력에서의 파트너십은 개발도상국의 정치, 경제, 사회적 발전을 위하여 다양한 행위자들이 함께 협동하여 노력하는 것을 의미한다. 이러한 정의는 파트너십이 단순한 선물(gift) 같은 것이 아니라는 것, 일회성 행위가 아니라는 점, 단순한 주인-대리인 문제가 아니라는 점, 그리고 단순한 협동 행위가 아니라는 점 등의 의미를 내포하고 있다(Axelrod 2001).

국제개발협력 파트너십에 참여하는 다양한 행위자들은 공여국, 수원국, 시민사회(Civil Society Organization, 이하 CSOs), 다자기구(multilateral institutions), 기업을 포함한 사적 행위자(private sector actors), 그리고 자원봉사 재단(volunteer organization fund) 등을 포함한다.[3] 이들 행위자들은 모두 다른 형태의 자원과 전문성을 가지고 있다. 공여국은 물적 재원과 발전의 경험과 노하우를 가지고 있다. 수원국은 자국 내 정책과 사업 집행에 관한 법적 제도적 권한을 가지고 있다. 시민사회는 사안 전문성과 지역 전문성, 그리고 동원과 지지(advocacy) 능력을 보유하고 있다.

---

2 국제개발협력 파트너십에 관한 또 다른 정의로는 '당사자들의 공통의 목적, 상호 존중과 당사자 간 협상 등의 특징을 가진 개발협력에 관한 당사자 간 안정된 관계'가 있다(Crawford 2003).

3 이외에도 지도자, 유명인, 해외체류 자국민 등도 국제개발협력과 관련된 중요 행위자들이다(Richey 2014).

다자기구는 물적 재원과 함께 국제규범 설정과 실행 능력을 가지고 있다. 기업은 투자와 기술, 그리고 시장 접근 능력을 보유하고 있다. 자원봉사 재단(volunteer organization fund)은 물적 재원과 미디어 접근력을 가지고 있다(장지순 2013; 김석우·이슬기 2017; Yi and Lee 2018). 다양한 자원을 보유한 다양한 행위자들이 특정 사안 혹은 특정 지역과 국가에서 특정 목적을 가지고 서로 협력하여 개발도상국의 발전을 위해 노력하는 것이 국제개발협력에서의 파트너십이다. 다양한 행위자들 간 분업과 협력, 발전에 관한 인식과 목표의 공유, 파트너십의 제도화와 장기적 협력 체제 구축 등은 저발전 국가들의 정치, 경제, 사회 발전에 기여할 것으로 기대할 수 있다.

그러나 이들 행위자들은 서로 다른 목표를 가지고 있기도 하다. 공여국은 자신만의 국가이익을 추구한다(Morgenthau 1962; Riddell 2007; Gulrajani 2017). 공여국의 원조가 수원국의 정책 변화와 교환되기도 한다(Mesquita and Smith 2009). 혹은 개발도상국으로부터의 파급효과(spillover)를 축소하기 위하여 특정 국가를 겨냥한(targeted) 원조 공여를 할 수도 있다(Bermeo 2017). 자신들의 이익을 추구하는 과정에서 수원국과의 상호 이익(mutual interest)을 내세우기도 한다(Keijzer and Lundsgaarde 2018). 수원국은 정치경제적 독립성과 정권유지의 목적이 있다. 또한 정부 혹은 정권의 개인적 이익도 있다.[4] 시민사회는 조직적 이익이 있다. 그리고 사회발전에 관한 특정 이념과 신념, 그리고 과정에 관한

---

4 수원국 정부는 원조를 사용하여 정치지도자들이 매표행위를 하고, 시민억압을 위한 군대를 양성하고, 부패를 통하여 자신들의 경제적 이익을 확대할 수 있다(Findley et al. 2017).

믿음이 있다. 또한 정부와 엘리트들과의 긴밀한 관계 형성을 통하여 자신만의 이익을 추구하는 특별한 형태의 이익단체(interest group)라는 비판도 있다(Keijer et al. 2018). 국제기구는 회원국들로부터의 지지와 국제규범 달성의 목적이 있다. 기업은 이윤추구와 사회적 평판과 이미지 제고 등의 목표가 있다. 자원봉사 재단은 시민 지지를 통한 더 많은 재원의 확보라는 목표가 있다. 이러한 다양한 독립된 목표들은 사안에 따라서 시대에 따라서 서로 보완적일 수도 있지만, 때로는 상충적일 수도 있다. 따라서 파트너십이 공고화되고 제도화되는 장기적 협력 관계 구축이라는 결과로 이어질 수도 있지만, 반면에 갈등과 비협조로 인하여 파트너십 붕괴라는 결과를 낳을 수도 있다. 또한 국제개발협력 파트너십에 참여하는 다양한 행위자들이 자발적으로 혹은 강요에 의해서 참여하는 가의 여부, 그리고 참여자들 간의 권력 관계의 대등성 여부에 따라서 파트너십 성격이 달라질 수 있다. 파트너십이라는 개념이 내포하고 있는 상승 협력의 현상뿐만 아니라 파트너십에 참여하는 다양한 행위자들 간에 발생할 수 있는 갈등과 분열도 고민해야 한다는 것이다.

이러한 양면성에도 불구하고 국제개발협력에서 파트너십은 이미 당연하고 좋은 개념으로 받아들여지고 있다. 개발도상국의 정치, 경제, 사회 발전뿐만 아니라 이와 연관된 세계사회의 발전과 안정, 불평등 감소, 지구환경 보호 등의 상호 연관된 문제는 매우 복잡하고 달성하기 어려운 문제들이다. 따라서 많은 행위자들의 포괄적 협력과 공동의 노력이 필요하다는 당위적 규범이 지배하고 있다. SDGs 17번 목표에서 제시하듯이 지구사회의 발전을 위해서는 다양한 사안과 영역에서의 파트너십 증진이 필요한 것이다. 그러나 국제개발협력에서의 파트너십이 자발적으로 장기적으로 형성되는 것도 아니고, 파트너십이 반드시 발전을 위한 좋은 결과를 담보하는 것도 아니다. 따라서 우리는 파트너십의 성격, 장단점, 조건 등에 관한 면밀한 이론적 검토와 경험적 분석이 필요한 것이다. 이러한 논의를 통하여 '좋은' 파트너십 형성과 원조효과성 제고를 위한 국제사회의 노력이 필요하기 때문이다.

이 글은 파트너십에 관한 기존의 많은 파편화된 논의들을 몇 가지 분석틀로서 요약하고 설명하는 것을 목적으로 하고 있다. 즉, 국제개발협력에서의 파트너십 등장 배경, 유형, 역사적 발전 배경, 파트너십 성격, 파트너십의 장단점 등을 설명하고, 파트너십 연구의 한계점을 논의하는 것을 목적으로 하고 있다. 또한 파트너십 연구의 새로운 개념으로 포괄적 파트너십(comprehensive partnership)을 제시하고 이에 대해 설명할 것이다. 이 글은 다음과 같이 구성되어 있다. 다음 절에서는 국제개발협력 파트너십에 관한 기존 연구를 검토한다. 그리고 3절에서는 국제개발협력 파트너십의 역사와 등장 배경을 국제사회의 주요 회담을 중심으로 설명한다. 4절에서는 국제개발협력 파트너십에 관한 유형, 성격과 장단점에 관하여 설명한다. 그리고 마지막 절에서는 국제개발협력 파트너십 논의의 한계점을 설명하고, 더 많은 연구의 필요성을 주장하고, 하나의 개념으로서 포괄적 파트너십을 제시하고 설명한다.

II. 국제개발협력 파트너십에 관한 기존 연구 검토

어떤 사안과 지역에 어떤 파트너십이 형성되는가, 혹은 특정 파트너십 형성이 국제개발협력 프로젝트에 어떤 긍정적 혹은 부정적 효과를 낳는가 등은 매우 중요한 이론적, 실제적 문제이다. 방법론적 개념을 동원하면, 종속변수로서의 국제개발협력 파트너십과 독립변수로서의 개발협력 파트너십을 이론적으로 경험적으로 분석하는 작업이 필요한 것이다. 즉, 어떤 요인들이 특정한 형태의 국제개발협력 파트너십 형성에 영향을 끼치는가에 관한 연구와 어떤 특정한 형태의 국제개발협력 파트너십이 어떤 개발 프로젝트 결과로 이어지는가에 대한 각각의 연구가 필요하다. 그러나 이러한 질문에 대한 체계적 연구는 매우 드물다.

김석우와 이슬기(2017)는 스웨덴 자료를 분석하여 스웨덴 정부가 다른 행위자들과 어떤 파트너십을 구축하는가에 대한 실증적 연구를 진행하였다. 프로젝트 대상 국가, 프로젝트 규모, 프로젝트 초점 사안 등이 어떤 다른 파트너십 형태를 만들었는가를 분석한 것이다. 신원규 외(Shin et al. 2017), 윈터스(Winters 2019), 그리고 김석우 외(Kim et al. 2020)는 수원국 정부의 참여가 프로젝트 결과에 부정적 결과를 도출하였다는 사실을 경험적 분석을 통하여 증명하였다. 신원규 외(2017)와 윈터스(Winters 2019)는 세계은행(World Bank) 자료를 활용하였으며, 김석우 외(2020)는 IFAD(International Fund for Agricultural Development, IFAD) 자료를 분석하여 수원국 정부가 프로젝트에 참여하는 경우 오히려 개발협력 프로젝트 평가 결과가 좋지 않았음을 이론적이며 경험적으로 주장하고 있다. 이들에 의하면 수원국 정부의 참여로 인한 이해관계의 충돌, 부패정권의 참여, 법적 제도적 권한을 이용한 프로젝트 지연, 이해당사자들 간 갈등 증폭 등의 원인으로 인하여 수원국 정부와의 파트너십이 부정적 결과로 이어졌다는 것이다. 반면, 지역주민의 참여는 프로젝트 결과를 좋게 만드는 효과를 가졌다. 지역 주민의 주인의식(ownership) 제고와 그로 인한 보다 적극적인 사업 집행 참여가 좋은 결과를 낳았다는 것이다. 부패한 정부를 배제하고 지역주민들과의 직접적 파트너십 구축을 통하여 좋은 거버넌스 체제 구축을 요구하는 시민사회 형성에 도움을 줄 수도 있고, 부패와 실정을 줄이도록 정부를 압박할 수도 있다는 것이다(Bermeo 2015; Findley et al. 2017).

세이타니디(Seitanidi 2010)는 시민단체와 기업 간 파트너십에 관한 이론적 논의를 바탕으로 파트너십 형성, 집행, 그리고 결과의 3단계를 구분하고, 이러한 이론적 틀을 네 개의 사례에 적용하여 설명하고 있다. 호니그(Honig 2019)는 개발 프로젝트 현장 실무자들에 대한 통제가 끼치는 부정적 결과에 대한 이론적 논의와 경험적 분석을 하였다. 시민단체 간 다양성과 상보성(complementarity)이 개발협력 효과성을 제고시킨다고 주장하면서, 공여국 시민단체와 수원국 시민단체 간 파트너십의 중요성을 제고시킨 연구도 있다(Van Vessel et al. 2020). 그러나 이런 몇몇 연구 외에, 주체별, 사안별, 국가별, 시기별, 수단별 국제개발협력 파트너십 형성과 결과에 대한 경험적 연구는 많지 않다. 실제로 파트너십의 동기, 목적, 공헌도, 권력관계, 효과성, 참여수준 등 다양한 변수들에 대한 미시적 수준의 자료를 획득하는 일 자체가 매우 힘든 작업이기 때문에 경험적 연구의 부족 현상이 발생하고 일반화의 한계가 있는 것이다(Findley et al. 2017). 밴휴스티 외(Van Huijstee et al. 2007)는 파트너십에 대한 연구가 경험적이라기보다는 산만한 논의(discursively) 위주로 행해지고 있다고 평가하면서, 향후 경험적 연구들은 새로운 조직 형태로서의 파트너십과 행위자들의 전략에 기반한 파트너십 기능을 조합하는 형태를 모두 포함해야 함을 제시하고 있다.

여러 한계에도 불구하고 파트너십의 효과성에 관한 연구를 위해서는 다양한 이론적 경험적 연구가 많이 필요하다. 우선 국제개발협력의 사안에 따른 파트너십 유형과 그 효과성에 관한 연구가 필요하다. 예를 들면, 보건 분야에서의 파트너십과 교육 분야에서의 파트너십이 다른 유형을 보일 가능성이 크고, 마찬가지로 인프라 구축을 위한 파트너십과 역량 강화를 위한 파트너십이 다른 유형을 보일 가능성이 크다.[5] 이에 대한 이론적 논의와 이론을 바탕으로 한 경험적 분석이 필요하다. 긴급구호와 개발협력에서의 파트너십 차이에 대한 이론적 경험적 연구도 필요하다. 단기적으로 빠르게 이루어져야 하는 긴급구호에서 어떤 행위자들이 협력하여 급박한 상황을 극복할 것인가에 있어서의 파트너십은 장기적 전략, 정책, 협력이 필요한 개발협력에서의 파트너십과 다를 것이다. 이에 대한 연구 역시 필요하다. 또한 안정된 중고소득국가들과의 파트너십과 불안정한 최빈국가들과의 파트너십의 유형과 성격도 다를 것이다. 해외원조가 최빈층보다는 상대적으로 부유한 층에 대한 지원이 훨씬 더 많다는 경험적 분석이 있다(Briggs 2016). 이런 현상에 대한 다양한 이유가 있겠지만, 최빈층이 살고 있는 지역과의 파트너십 부재가 해외원조 분배의 불균형을 초래할 수도 있다. 이에 대한 이론적 경험적 연구 역시 필요하다. 많은 자료와 사례 축적을 위한 장기간의 연구 과정에서 소수의 사례에 대한 연구들의 축적 과정이 필요하다. 이를 기반으로 국제개발협력 파트너십 논의에 관한 일반화가 가능하기 때문이다. 현재까지 진행된 국제개발협력 파트너십에 관한 연구보다 훨씬 광범위한 연구가 필요한 것이다.

---

5 예를 들어, 로리치 외(Roehrich et al. 2014)는 보건분야에서 PPP가 이루어지는 환경, PPP 전략과 영향, 그리고 PPP와 관련된 위험분석 등에 대한 연구가 더 많이 필요함을 지적하고 있다.

III. 국제개발협력 파트너십의 역사와 등장 배경

국제개발협력 분야에서의 파트너십 논의는 오래전인 1969년부터 시작되었다. 1969년 발간된 보고서(Pearson Report)에서 피어슨은 "공여국과 수원국의 상호 권리와 의무에 대한 비공식적 이해를 바탕으로 한 새로운 파트너십"을 주장하였다(Pearson 1969). 피어슨 보고서에서 주장한 파트너십의 핵심 내용은 공여국은 해외원조 약속을 지키고 성과에 대한 보상 지급을 약속하는 것이었고, 수원국은 개발 프로젝트 실행을 완수하고 재원의 효율적 집행을 약속하는 것이었다. 이를 위해, 공여국과 수원국은 정보를 공유하고 지속적으로 정책 대화를 하는 것이다. 해외원조의 확대와 좋은 결과에 초점을 맞춘 다소 편협한 시각의 파트너십이었다. 그리고 공여국과 수원국 간의 파트너십에만 초점을 맞춘 제한적 형태의 파트너십이었던 것이다.[6] 1980년 브란트 보고서(Brandt Report)는 수원국의 정책결정 참여와 이에 따른 책임 공유를 파트너십의 핵심으로 규정하였다. 수원국의 주인의식(ownership)과 이에 동반한 책임을 강조한 파트너십이었고, 역시 공여국과 수원국 간 파트너십에 초점을 맞춘 제한적 시각의 파트너십이었다. 또한 1996년 OECD는 더 적극적인 수원국 공헌, 참여, 역량강화, 그리고 주인의식을 핵심으로 하는 효과적 파트너십(effective partnership) 개념을 발전시켰다(OECD 1996).[7]

---

6 동시대에 발간된 또 다른 개발협력 관련 중요한 보고서는 잭슨(Jackson) 보고서이다. 잭슨 보고서는 UN 기관들과의 유기적 조율과 협력을 강조하고 있다. 피어슨 보고서와 잭슨 보고서의 주요 내용과 문제점들의 비교를 위해서는 그린(Green 1971) 참조.

7 파트너십 논의의 발전 과정에 관한 설명에 대해서는 맥스웰과 리델(Maxwell and Rid-

여기까지의 파트너십은 수직적 파트너십을 수평적 파트너십으로 전환하려는 노력의 일환으로 간주될 수 있다. 제2차 세계대전 이후 본격적으로 시작된 개발재원 공여에서 공여국들은 자신들의 목적에 부합하는 원조행위를 한 것이고, 수원국들은 수동적으로 해외원조를 받고 집행한 것이다. 수직적이고 일방적인 방식의 원조 행위였다고 할 수 있다. 이런 방식의 원조 관계를 개선하기 위하여 공여국과 수원국 간의 대등한 관계에 초점을 맞추어서 수원국의 보다 적극적 참여와 주인의식, 그리고 책무성 강화 등을 주요 내용으로 하는 파트너십 논의와 주장이 주를 이루었다.

그 후 좀 더 포괄적 의미의 파트너십 논의가 시작되었다. 더 많은 행위자들이 참여하고, 더 발전된 개념들이 첨가되는 방식으로 파트너십 논의가 이루어지기 시작한 것이다. OECD 개발원조위원회(Development Assistance Committee) 내에서의 파트너십 논의와 제도화는 주로 고위급 회담을 중심으로 이루어졌다. 그 시작은 원조효과성에 관한 고위급 회담이 시작된 2003년이다. 4차에 걸친 원조효과성에 관한 고위급 회담에서 참여 국가들은 효과성 제고를 위한 파트너십 구축을 강조하는 단계에서부터 시작하여, 최종적으로 다양한 행위자의 참여, 남남협력, 민관협력 등의 내용들을 포함시켰다. 그리고 원조효과성을 제고시키기 위한 주요 원칙으로 5가지를 채택하였는데, 파트너십 원칙을 포함하도록 하였다. 공여국과 수원국 간의 파트너십 관계를 벗어나서 다른 중요 행위자들을 포함하는 방식으로 변화한 것이다. 다음 〈표 1〉은 원조효과성에 관한 4차에 걸친 고위급 회담의 주요 내용을 정리한 것이다.

---

dell 1998) 참조.

〈표 1〉 원조효과성에 관한 고위급 회담

횟수	명칭	특징	원칙
제1차 고위급 회담 (로마 2003)	The High Level Fora on Aid Effectiveness	- 원조효과성을 위한 파트너십 개념 강조 - 파트너 국가들의 적극적 참여와 행동 강조 - 조화로운 정책 협력 강조	- 수원국 우선 사안과 시간 제약 고려 - 협력과 유연성 - 모니터링, 분석, 리더십 통한 수원국 위주 발전과정 결정
제2차 고위급 회담 (파리 2005)	Joint Progress toward Enhanced Aid Effectiveness	- 5가지 중요 원칙 발표 - 상호책무성 원칙에 합의 - 파트너십 강조	- 주인의식 (ownership) - 원조일치 (alignment) - 원조조화 (harmonization) - 개발성과관리 (results) - 상호책무성 (mutual accountability)
제3차 고위급 회담 (아크라 2008)	Accra Agenda for Action	- 원칙에 기반한 구체적 행동 계획 - 남남협력 위한 보고타(Bogota) 선언, 시민사회역할 강조한 이스탄불 원칙, 취약국가 원조효과성에 관한 딜리(Dili) 선언 등에 영향	제2차 고위급 회담의 원칙 재확인 및 구체적 행동 계획 구성
제4차 고위급 회담 (부산 2011)	Busan Global Partnership for Effective Development Cooperation	- 다양한 행위자 참석 - 남남협력과 민관협력 구체화 - 다양성 수용 - 효과적 발전 위한 협력 강조	- 주인의식 - 결과 중심 - 포용적 개발 파트너십 - 투명성과 책무성

출처: 저자 작성 (고위급 회담 공식 문서 참조)

4차에 걸친 원조효과성 고위급 회담은 적어도 세 가지의 중요한 의미를 갖는다. 첫째, 국제사회 수준에서 국제개발협력 파트너십 중요성을 강조한 것이다. 둘째, 파트너십에 관한 중요 원칙들을 구성하고 합의한 것이다. 셋째, 전통 공여국-수원국 간의 파트너십을 넘어서 새로운 공여국들과 비국가 행위자들을 포함하는 파트너십의 중요성을 확인한 것이다.

원조효과성에 관한 고위급 회담 종료 후에도 OECD DAC 내에서 정기적인 고위급 회담을 통하여 파트너십과 관련된 다양한 내용들에 대한 합의가 이루어졌다. 다음 〈표 2〉는 이러한 내용을 정리한 것이다.

〈표 2〉 OECD DAC 고위급 회담 내용

연도 및 장소	파트너십 관련 내용	다른 주요 내용
2012 고위급 회담 (영국)	- 글로벌 파트너십 효용성 확인 - 남남협력, 삼각협력, 남북협력, 시민사회 참여, 기업 참여 등 다양한 참여와 협력 방식 강조	- 정보-경험의 양방향 교환 - 학습, 교환, 개혁과 변화를 위한 프레임워크 제공
2014 고위급 회담 (파리)	- 기업 금융 투자 강조 - 부산 GPECD를 개발 성공의 공유, 지지, 확산을 위한 국제적 정책 플랫폼으로 인정	- 개발협력 관련 통계, 데이터 개선 - 투명성, 책무성 제고 효과
2016 고위급 회담 (파리)	- SDGs를 위한 파트너십 강조 - SDGs를 위한 사적 재원 필요성 제기	- HDP triple nexus 강조 - 취약국가와 내전국가에 대한 개발협력 강조
2017 고위급 회담 (파리)	- 포용적 정책 대화와 삼각협력 증대 - 수원국 경험의 공유와 학습 - 새로운 행위자들과의 혁신적 협력 방안	- 혼합 금융 문제 강조 - 국가 내 난민 문제 제기
2020 고위급 회담 (화상회의)	- 코로나19 대응 및 SDGs 이행을 위한 재원 수요 증가와 재원 공급 감소 문제 제기 - 수원국, DAC 비회원 공여국, 다자기구, 시민사회, 기업 역할 강조 - DAC-CSO 대화 확대 확인	- 혼합 금융 증대 필요성 - 상호책무성 재강조

출처: 저자 작성 (고위급 회담 공식 문서 참조)

이러한 고위급 회담 과정들의 특징은 파트너십과 관련된 사안과 행위자 확대에서 두드러지게 나타난다. 사안의 확대는 기업 금융과 투자, 데이터 역량 강화, 개발-인도적 지원-평화 연계(HDP nexus), 난민, 코로나

19 등에서의 파트너십 확대와 강화를 포함하고 있다. 행위자 확대는 시민사회, 기업, 다자기구 등의 파트너십 참여뿐만 아니라, 여러 형태의 파트너십이라고 할 수 있는 남남협력, 삼각협력, 남북협력 파트너십 등을 포함하고 있다. 이처럼 파트너십에 관한 논의는 지속적으로 확대, 강화되어왔다.

파트너십에 관한 다양한 인식과 시각이 있지만, 국제개발협력 사회에서 파트너십이 강조되기 시작한 몇 가지의 이유들이 있다. 첫째는 공여 목적의 역사적 변화에서 찾을 수 있다. 제2차 세계대전 이후 냉전체제(Cold War System)가 정착되면서 미국 주도의 자본주의 국가들과 소련 주도의 공산주의 국가들 사이에서 제3세계 국가들을 포섭하기 위하여 해외원조를 외교정책 수단으로 채택하였다. 그 목적은 주로 안보-군사 동맹과 군사 협력의 강화, 국제사회에서의 정치적 체제적 지지, 그리고 영향권(sphere of influence)의 확대였다. 그러나 1970년대 이후 냉전체제에서의 대립이 약화되고 경제사회 문제가 더욱 부각되면서 원조의 목적도 바뀌게 된 것이다. 해외원조와 연관된 군사협력과 정치적 지지 등은 저발전국 최고 정책결정자들의 독단적 결정으로도 가능하다. 시민의 참여 없이도 군사협력과 정치적 지지를 할 수 있는 것이다. 그러나 수원국의 사회경제적 발전과 원조 효과성 제고는 많은 행위자들의 참여와 협력이 필요한 사안이다. 따라서 더 많은 행위자들 간 파트너십 구축의 중요성이 부각된 것이다.

둘째는 원조효과성 논의와 밀접한 연관이 있다. 제2차 세계대전 이후 본격적으로 시작된 저발전국 대상 해외원조는 경제사회발전의 측면에서 큰 성과를 거두지 못했다. 선진국들과 개발도상국가 간의 부의 불평등은 심화되었고, 개발도상국가의 경제사회적 상황이 크게 개선되지 못하는 한계를 보였다(Alesina and Dollar 2000; Easterly 2003; Rist 2007). 원조에 대한 회의와 피로감이 확대되었고, 원조효과성을 강조하는 국제사회의 논의와 정책전환이 이루어졌다(Barnes and Brown 2011). 원조효과성을 높이기 위하여 수원국의 적극적 참여와 다양한 행위자들 간의 파트너십 구축이 중요 이슈로 등장한 것이다.[8] 또한 해외원조가 시민들의 세금으로 공여된다는 사실은 시민들의 정치적 지지가 필요하다는 것을 의미한다.[9] 원조효과성 저하는 해외원조에 관한 시민들의 지지를 하락시키는 요인이다. 따라서 다양한 파트너십 구축을 통하여 원조효과성을 높이고 시민들의 지지를 얻는 작업이 필요했던 것이다.[10]

셋째는 거버넌스 논의와의 연관성이다. 1990년대 이후 사회과학 분야에서 거버넌스는 매우 중요한 이론적 정책적 개념으로 등장하였다. 국가, 기업, 기구 등에서 좋은 결과를 낳기 위하여 좋은 거버넌스 구축의 필요성이 제기된 것이다(Rosenau 2009).[11] 거버넌스는 행위자들 간 수평

8 크로포드(Crawford 2003)는 원조효과성 문제와 더불어서 공여국들이 자신들에 대한 비난을 회피할 목적과 자신들 정책의 타당성을 확보하기 위한 위장 수단으로서 파트너십 논의를 확대했다고 주장한다.

9 허스트 외(Hurst et al. 2017)는 해외원조에 관한 시민들의 긍정적 인식으로 해외원조가 큰 비용이 들지 않는다는 점, 해외원조가 효과성이 크다는 점, 해외원조가 긍정적 영향을 줄 수 있다는 점, 해외원조가 국가이익에 부합한다는 점, 그리고 해외원조가 매우 필요하다는 점 등을 들고 있다. 반면, 해외원조에 관한 시민들의 부정적 인식으로는 해외원조가 큰 비용이 든다는 점, 해외원조가 효과적이지 않다는 점, 해외원조가 의존/갈등을 조장한다는 점, 해외원조가 별로 필요하지 않다는 점, 그리고 해외원조가 부패를 일으킨다는 점 등을 지적하고 있다.

10 파트너십과의 직접적 연관성은 아니지만, 프래더(Prather 2020)는 세계화와 이민의 확대로 인한 연계가 집단 이익(group interests)과 세계 시민주의(cosmopolitanism)를 통하여 원조에 대한 정치적 지지를 높인다고 주장하고 있다.

11 조윤영과 김석우(2016)는 글로벌 거버넌스 개념의 등장과 확대의 요인으로 세계화, 국

적 참여와 협력을 강조하는 개념이다(Piattoni 2010).[12] 이러한 논의가 국제개발협력 분야에서의 파트너십 논의와 연결되면서 이 개념의 중요성이 더 크게 부각된 것이다.

넷째는 원조분절화(aid fragmentation) 문제와 연관이 있다. 국제개발협력에 참여하는 행위자 수가 증가하면서 원조분절화의 문제가 발생하였다. 조율되지 않은 중복 원조의 문제, 공여국과 공여자 간 경쟁, 수원국의 원조분절화 이용, 사안별 국가별 격차의 증가 등의 문제가 발생하면서 다양한 행위자들 간의 협력 필요성이 제기된 것이다(Klingebiel et al. 2016). 또한 사안별 다른 정책 적용과 이로 인한 혼란과 개발성과의 미흡과 관련된 원조정책 일관성(Policy Coherence for Development, PCD) 문제가 중요해졌다(OECD 2003; Picciotto 2005; Sianes 2013). 국제개발협력과 관련된 많은 행위자들 간의 정책 협력뿐만 아니라, 개발도상국의 발전을 위한 다양한 이슈들 간의 정책 일관성이 중요하다는 인식이 확대된 것이다.[13]

다섯째는 최근 나타나고 있는 국제개발협력 추세와 연관이 있다. 최근 추세 중 파트너십과 연관된 것들은 남북 간 격차의 축소와 더 많은 공여자들의 등장을 들 수 있다. 지난 십여 년간 중국과 인도를 선두로 개발도상국가들의 성장률이 선진국들의 성장률을 크게 앞서면서 남북 간

가역할의 변화, 국제체제의 변동, 기술의 발전, 새로운 사안의 등장, 그리고 경제체제의 변화 등을 지적하고 있다.

12 피아토니(Piattoni 2009)는 다층적 거버넌스 개념을 설명하면서, 그 핵심 특징으로 분권화, 국제화, 민관협력을 들고 있다.

13 PCD는 개발도상국 발전에 영향을 끼칠 수 있는 개발협력 사안뿐만 아니라 무역, 투자, 농업, 보건, 교육, 환경 등 다양한 분야에서의 정책 영향도 고려해야한다는 원칙이다.

격차는 크게 줄어들었다. 또한 개발도상국가들의 발전으로 인하여 이들 국가들에 대한 해외투자 규모가 크게 증가하였고, 해외에서 근무하는 개발도상국가 출신 노동자들의 국내송금(remittance) 규모도 크게 증가하였다. 이로 인하여 ODA의 상대적 중요성이 낮아진 것이다. 그리고 개발도상국가들의 경제성장과 발전은 이들 국가들 간의 국제개발협력 체제를 강화시켰다. 기존의 남북협력과 더불어서 남남협력(South-South cooperation) 혹은 삼각협력(trilateral cooperation)이 중요한 협력 형태로 등장한 것이다. 파트너십의 유형이 다양해지면서 협력의 과정과 결과에 끼치는 다양한 영향에 대한 관심이 증가한 것이다(Heyer and Johnson 2020).[14]

여섯째는 개발도상국가의 발전을 위한 재원확대 논의와 연관된 것이다. 공여국들이 수원국들에게 제공한 한정된 ODA만으로는 개발도상국의 개발 수요 재원을 충당할 수 없고, 원조효과성도 떨어질 수밖에 없다는 인식을 바탕으로 개발 재원 확대 논의가 20세기 초에 본격화되었다. 2002년 개발재원에 관한 몬테레이 합의(Monterrey Consensus on Financing for Development)가 그 시작점이었다. 몬테레이 합의는 포괄적인 개발협력 전략과 행동 계획을 포함하는 것이다. 몬테레이 합의는 개발도상국 발전을 위한 다양한 정책 분야를 포괄하고 있는데, 이는 무역과 투자, 안정적 금융 지원과 채무 경감, 조세와 재정 정책, ODA 확대

---

14 헤이어와 존슨(Heyer and Johnson 2020)은 이외에도 세계적 불안정 증가, 기후 변화, 시장실패, 이민과 난민 문제 등 세계적 현상들로 인하여 우리(us)와 그들(them) 간의 구분이 약화된 점, 과도한 보고와 평가 의무로 인하여 결과를 과대포장하려는 경향으로 인한 효과성 저하, 그리고 경제적, 지정학적, 외교적 국가이익을 추구하는 공여자의 행태 증가 등을 국제개발협력의 최근 추세로 지적하고 있다.

와 효과성 제고, 혁신적 개발 재원 확대 등 다양한 정책 부문을 포함하고 있다(UN 2014). 다양한 정책 분야에서의 다양한 협력을 위한 파트너십 구축 필요성이 제기된 것이다. 이러한 합의와 논의는 SDGs 17번째 목표인 파트너십 구축으로 이어지게 된다.

마지막으로 국제개발협력 파트너십 개념은 미래 전략에 관한 하나의 방향성을 제시하려는 목적으로 제기되었다(Barnes and Brown 2011). 위에서 설명하였듯이, 공여국의 국가이익 추구, 원조효과성 저하, 새로운 재원의 필요성, 신흥 공여국의 등장 등 다양한 변화를 겪고 있는 상황에서 국제개발협력과 관련된 국제사회의 새로운 정책 방향과 전략을 제시하기 위하여 파트너십 개념이 사용된 것이다.

IV. 국제개발협력 파트너십: 유형, 성격 그리고 장단점

1. 국제개발협력 파트너십 유형

파트너십 유형은 누구와(who), 언제(when), 어디서(where), 그리고 어떻게(how) 파트너십이 형성되는가에 따라서 구분하는 것이다(McQuaid 2000). 국제개발협력 파트너십에 참여하는 행위자는 다양하다. 우선 국가 행위자와 비국가 행위자를 구분할 수 있고, 국가 행위자도 공여국 기준으로 전통 공여국과 신흥 공여국을 구분할 수 있다. 국가 행위자는 자신들의 영토 내에서 법적 제도적 사안과 관련된 배타적 권리를 행사할 수 있는 행위자들이다. 비국가 행위자들은 자신들이 가지고 있는 재원과 지식, 전문성 등을 통하여 국가 행위자들에게 영향을 준다.

파트너십 유형과 관련된 두 번째 사안은 파트너십 형태에 관한 것이다. 국제개발협력에 참여하는 다양한 행위자들은 양자 간 혹은 다자 간 파트너십 형성이 가능하다. 가장 평범하고 전통적으로 이루어진 파트너십 관계는 전통 공여국과 수원국 간에 형성된 것이다. 이외에도 국제개발협력 프로젝트 실행, 공동의 재원 제공, 개발협력 사안과 시장경제의 접목, 국제사회의 규범 이행 등 다양한 분야에서 국가 행위자들이 비국가 행위자들과 다자 간 파트너십을 형성할 수 있다. 또한 특정 개발협력 파트너십에 참여하는 다양한 행위자들 사이의 권력 관계에 따라서 평등한 파트너십과 불평등한 파트너십을 구분할 수 있다. 또한 파트너십에 참여하는 다양한 행위자들은 공식적 파트너십을 형성할 수도 있고 비공식적 파트너십을 형성할 수도 있다. 공식적 파트너십은 명확한 법적 제도적 계약을 통하여 구축되는 파트너십인 반면 비공식적 파트너십은 사적 관계 혹은 느슨한 네트워크 등을 기반 형태의 파트너십이라고 할 수 있다.

국제개발협력 파트너십은 시기에 따라서도 유형을 구분할 수 있다. 예를 들면, 개발협력 프로젝트 발굴부터 종료까지 지속적으로 파트너십을 형성하는 유형이 있다. 개발문제의 인식, 사전 조사, 타당성 조사, 목적 설정, 개발 재원 확보와 사업 주체의 결정, 평가와 학습 등 모든 단계에서 파트너십이 구축되는 것이다. 이러한 파트너십은 참여 행위자들 간 장기적 신뢰와 상호 협력을 기반으로 형성될 가능성이 크다. 반면, 이러한 여러 단계 중 제한된 단계에서만 파트너십이 형성되고 다른 단계에서는 한 행위자에 의해서 독단적이고 일방적으로 프로젝트가 행해지는 유형을 고려할 수 있다. 이와 연관하여 한시적 혹은 한 프로젝트에서만 구축되는 파트너십과 여러 사업과 지역에 걸쳐서 장기적으로 형성되는 파트너십을 구분할 수 있다.

넷째, 장소에 따른 파트너십 유형을 고려할 수 있다. 개발도상국 전체 혹은 여러 지역에서 동일한 행위자 간 파트너십이 구축되는 경우와 개발대상이 되는 작은 한 지역에 국한하는 파트너십을 구분할 수 있다. 또한 동일한 행위자 간에 형성된 국제개발협력 파트너십이 여러 개발도상국에서 활동하는 경우와 한 국가에 한정하는 유형의 파트너십도 구분할 수 있다.

마지막으로 파트너십 참여 사안(issue area)과 수단에 따른 유형을 고려할 수 있다. 우선 사안별 파트너십 유형 변화가 있다. 보건, 교육, 인프라, 환경 등 다양한 개발협력 사안에서 파트너십 유형은 각각 다른 형태를 보일 가능성이 크다. 그리고 수단에 따른 파트너십 유형 변화도 있다. 국제개발협력 파트너십에 참여하는 행위자들이 자신이 보유한 동일한 수단을 동원하여 참여할 수도 있고, 각자 다른 수단을 통하여 참여할 수도 있다. 예를 들면, 개발협력 재원마련을 위하여 파트너십에 참여하는 행위자들이 비율을 정하여 참여하는 사례가 있다. 동일한 사안과 관련된 국제 시민사회와 국내 시민사회가 연대하는 사례도 있다. 반면, 각 행위자들이 자신들이 다르게 보유한 금융, 기술, 아이디어, 경험, 인력 등을 동원하여 공동으로 프로젝트를 수행하는 사례도 있다.

누가, 언제, 어디서, 어떻게를 기반으로 하는 국제개발협력 파트너십 유형은 다음 〈표 3〉으로 정리될 수 있다.

〈표 3〉 국제개발협력 파트너십 유형

구분	파트너십 유형
행위자	•국가 간 파트너십과 국가와 비국가 간 파트너십 •양자 간 파트너십과 다자 간 파트너십 •전통적 파트너십과 남남 협력
성격	•평등한 파트너십과 불평등한 파트너십 •공식적 파트너십과 비공식적 파트너십
시기	•제한 단계 파트너십과 전 단계 파트너십 •단기적 파트너십과 장기적 파트너십
장소	•한 지역 내 파트너십과 국가 내 모든 지역 파트너십 •하나의 개발대상국 파트너십과 복수 개발대상국 파트너십
사안과 수단	•사안별 변화된 파트너십 •동일 수단 파트너십과 다른 수단 파트너십

2. 국제개발협력 파트너십 성격

국제개발협력과 관련된 다양한 행위자들이 파트너십을 구축하는 데 있어서의 주요 사안을 살펴볼 필요가 있다. 이러한 사안들에 대한 고려를 바탕으로 어떤 파트너십이 구축되고, 어떤 효과를 얻을 수 있는가가 결정될 것이기 때문이다. 브로가드와 피터슨(Brogaard and Petersen 2017)은 18개의 기존 연구들을 정리하여 파트너십의 성격을 역할, 자원 공유, 위험과 책무성 참여, 헌신, 조직과 거버넌스, 지역상황, 공통의 목적, 기능과 목적, 지속가능 효과 등 다양한 기준으로 분류하여 파트너십을 구축하는 데 있어서의 중요 이슈들을 정리하였다. 다음 〈표 4〉는 이와 같은 파트너십 성격과 그와 관련된 주요 이슈들을 정리한 것이다.

〈표 4〉 파트너십 성격

파트너십 성격	주요 이슈
역할, 자원 공유, 위험과 책무성	• 수평적 관계 • 상호 학습과 새로운 지식 생산 • 파트너 간 상보적 능력, 지식과 전문성
참여	• 다양한 국가, 비국가 행위자의 참여 • 자원, 기술, 지식 투입 • 이슈 연계, PPP(public-private partnership), 다원적 이해관계 파트너십
헌신(commitment)	• 높은 수준의 헌신 vs 수동적 참여 • 공식적/비공식적 • 자문 성격/파트너 성격
조직과 거버넌스	• 파트너십 유형 • 조직적 형태 • 참여자 구성
지역 상황과의 조화	• 시너지 효과 • 지역 신뢰와 공헌
공통의 목적	• 능력 배양 • 상품/서비스 접근 강화 • 서로 다른 목적 가능성
기능과 목적	• 프로젝트 단위 • 시간/지역 단위 • 지구적 성격
지속가능 효과	• 장기적 목적 달성 • 효율성 개선 • 제도 개선과 구축

출처: Brogaard and Petersen(2016) 요약 정리

위 〈표 4〉에 의하면, 파트너십의 성격은 다양한 변수들에 의해 결정된다. 파트너십에 참여하는 행위자들 간 역할, 재원, 위험과 책무성의 분배, 참여 형태, 헌신 정도와 성격, 파트너십의 유형과 거버넌스, 지역 환경과의 호응, 공동 목적의 내용, 파트너십의 기능과 목적, 그리고 지속가능성 등에 의하여 성격이 정해진다. 이러한 다양한 변수들의 변화에 따라서 파트너십의 효율성과 효과성, 민주성, 목적달성 가능성, 지속가능성 등이 결정된다.

국제개발협력에서의 파트너십에 관한 인식과 개념은 시대적 상황과 이론적 변화에 따라서 함께 변화하였다. 위에서 설명하였듯이 공여국과 수원국 간의 파트너십은 수직적 파트너십 형태로부터 수평적 파트너십 형태로 변화를 시도하고 있다. 파트너십 성격의 변화는 발전에 관한 이론적 시각의 변화와도 밀접한 연관이 있다. 선진국의 지도적 역할을 강조한 근대화 이론(modernization theory), 선진국-저발전국 간 근본적 갈등과 불평등을 강조한 종속이론(dependency theory), 선진국의 정책 부과(imposing)와 저발전국의 수용 및 구조조정을 강조하는 신자유주의(neo-liberalism), 그리고 현재 진행 중인 수평적 파트너십(horizontal partnership) 등에 따라서 파트너십 특징이 변화한 것이다.

이러한 현상을 요약하여 하틀리(Hately 1999)는 전통적 파트너십으로부터 상호적 파트너십으로의 변화라고 명명하면서 그 특징을 비교적으로 설명하고 있다. 이일청과 이진영(Yi and Lee 2018)은 이러한 비교를 국제개발협력 파트너십에 관한 후견인 접근법(guardianship approach)과 주인의식 접근법(ownership approach)으로 명명하고 있다. 이러한 비교 유형화는 주로 공여국과 수원국 간의 관계에 초점을 맞추는 한계가 있지만, 역사적으로 파트너십 특징이 어떻게 변화하였는가를 명확히 설명하고 있다. 불평등에서 평등으로, 단기적 프로젝트에서 장기적 프로그램으로, 수직적 정책 결정 유형에서 수평적 정책 결정으로, 수원국-공여국 참여에서 모든 행위자 참여로, 실행 단계 참여에서 모든 개발협력 사업 과정 참여로, 공여국 책무에서 상호 책무로, 그리고 영향과 효과성에 초점을 맞춘 평가에서 영향과 지속가능성에 초점을 맞춘 평가로 변화했다는 특징을 가지고 있다. 이러한 변화는 규범적 주장과 실제적 현상의 조합의 특징을 지니고 있다. 즉, 파트너십의 성격이 변화해야만 한다고 주장하는 목소리와 국제개발협력 파트너십 프로젝트가 진행되는 실제 현장에서 발생하고 있는 파트너십 특징을 복합적으로 표현하는 것이다. 다음 〈표 5〉는 하틀리(Hately 1999)가 정리한 전통적 파트너십과 상호적 파트너십의 특징을 비교한 것이다.

〈표 5〉 전통적 파트너십과 상호적 파트너십의 특징

기 준	전통적 파트너십	상호적 파트너십
특징	불평등	평등 지향
사업 지향	단기적 수원국 프로젝트	장기적 지구 개발 프로그램
정책 결정	수직적, top-down 의사 결정	수평적, bottom-up 의사 결정, 분권화
주요 참여자	공여국 정부와 기관 수원국 정부와 기관	공통 관심과 목표를 가진 모든 행위자 지역 주민과 단체
지역 참여 수준	실행 단계 참여	설계. 실행, 평가, 후속 등 모든 단계 참여 주인의식
책무성	공여국	상호 책무성
평가 기준	긍정적 영향 비용 효과성	영향과 지속가능성 관련 지역 주민. 수원국, 공여국 대상 평가

자료: Hately(1999)

위의 〈표 5〉는 불평등에서 평등으로, 단기적 프로젝트에서 장기적 프로그램으로, 하향식(top-down) 방식에서 상향식(bottom-up) 방식으로, 양자 간 협력에서 다자 간 협력으로, 실행 단계 참여에서 모든 단계 참여로, 일방적 책무성에서 상호 책무성으로, 그리고 효과성 평가에서 영향과 지속가능성 평가로 전환하는 방식으로 파트너십이 강화되고 확대되고 있는 특징을 설명하고 있다. 시대의 변화에 따라 그리고 국제규범의 변화에 따라 파트너십의 성격도 변화하고 있는 것이다.

위에서 설명하였듯이, 국제개발협력에서 최근 두드러진 현상 중 하나는 다양한 공여자들의 등장이다. 신흥 공여국들의 등장은 기존의 선진국-개발도상국 간 공여-수원 유형에 더하여 남남협력과 삼각협력의 형태를 추가로 구축하였다(Zimmerman and Smith 2011). 기존 DAC 공여국들과 신흥 공여국들 간의 파트너십 구축에 관한 다른 인식과 개념이 등장한 것이다.[15] 기존의 파트너십 개념이 전통 공여국들과 수원국에 초점을 맞춘 것이라면, 새로운 파트너십 개념은 이와는 매우 다른 성격의 파트너십 특징을 보이는 신흥 공여국들과 수원국 관계에 관한 것이다. 기존 DAC 공여국들과 신흥 공여국들은 정치적 담론, 개발협력 분야, 역사적 담론, 수원국과의 권력 관계, 원조 양식, 그리고 주요 참여 조직 등 다양한 부분에서 다른 파트너십 형태를 보이고 있다. 다음 〈표 6〉은 신흥 공여국들의 등장으로 인하여 변화된 파트너십 특징을 기존 공여국들과 비교하여 설명한 것이다.

〈표 6〉 DAC 공여국과 신흥 공여국의 파트너십 특징

구분	DAC 공여국	신흥 공여국
정치적 담론	조건부, 국가이익	내정불간섭, 상호이익
주요 개발협력 분야	사회분야	생산분야

15 UN은 1955년 반둥(Bandung) 회의의 정신을 바탕으로 남남협력과 삼각협력을 위하여 1978년 합의된 부에노스아이레스 행동계획(Bueno Aires Plan of Action)을 기반으로 다양한 원칙을 설정하고 기구를 설립하고 지속적으로 회의를 개최하고 있다. 원칙은 주인의식, 연대, 주권, 평등, 상호책무성 등을 포함하고 있고, 기구는 UNOSSC(UN Office for South-South Cooperation)를 설립하였고, BAPA +40을 개최하여 원칙을 확인하고 발전시키는 작업을 하였다.

역사적 담론	온정주의적(paternalistic) 도덕적 의무	연대적(solidaristic) 최근 발전경험 공유
권력 관계	수직적	수평적
원조 양식(modality)	무상원조와 기술협력	유무상원조, 수출차관, 기술협력
주요 조직	국가원조기관, 외교부	정부, 국유기업과 사기업 간 네트워크

출처: Gulrajani and Swiss(2019)

위의 〈표 6〉에 의하면, DAC 공여국과 수원국 간의 파트너십과 신흥 공여국과 수원국 간의 파트너십은 여러 측면에서 서로 다른 특징을 보인다. DAC 공여국들이 원조에 조건을 걸고 자신들의 국가이익을 추구하였다면, 신흥 공여국들은 내정불간섭 원칙을 고수하고 상호이익의 개념을 표방하고 있다. DAC 공여국들이 교육과 보건 등 사회분야에 초점을 맞추었다면, 신흥 공여국들은 생산, 투자, 수출 등 생산 분야에 초점을 맞추고 있다. DAC 공여국들이 도덕적 의무로서 국제개발협력에 참여하는 것이라면, 신흥 공여국들은 자신들의 최근 발전 경험을 개발도상국과 공유하는 것으로 국제개발협력에 참여하고 있다. DAC 공여국과 수원국 간의 권력관계가 수직적이라면, 남남협력 국가들 간 권력관계는 수평적이다. DAC 공여국들이 무상원조를 원칙으로 하고 있는 반면, 신흥 공여국들은 유무상 원조와 수출차관을 원칙으로 하고 있다. DAC 공여국들의 주요 실행기관들은 국가원조기관과 외교부가 중심이지만, 신흥 공여국들의 주요 실행기관들은 정부 기관 이외에도 국유기업과 사기업들을 포함하고 있다.

3. 국제개발협력 파트너십의 장점과 단점

파트너십 형성의 효과에 대해서도 서로 다른 의견이 있다. 파트너십은 효율성, 효과성, 시너지, 협력 등을 통한 긍정적 결과를 위해 형성되는 것이지만, 파트너십이 오히려 부정적 결과를 초래하는 경우도 있다. 따라서 파트너십의 장단점을 비교할 필요가 있다. 또한 다양한 이슈에서의 파트너십 장단점을 고려하여 어떤 유형의 파트너십을 형성할지에 대한 고민이 필요하다. 그리고 파트너십의 장점을 최대한 활용하고 단점을 최대한 축소하여 좋은 개발협력 사업 결과를 도출할 방안을 마련해야 한다. 앞서 설명한 바와 같이, 파트너십의 장단점은 파트너십 성격, 전통적-상호적 파트너십 구축 여부, 전통 공여국-신흥 공여국 중 주요 파트너의 역할 등 다양한 사안에 의해 변화할 수 있다. 개발협력 파트너십 형성과 관련된 재원 조달, 공동의 목표, 협력 방식, 파트너십 효과 등 다양한 사안에 대해 파트너십 형성의 장단점이 모두 다르게 나타날 수 있다. 다음 〈표 7〉은 여러 기존의 연구들을 요약 정리하여 국제개발협력에서의 파트너십 장점과 단점을 비교 설명한 것이다.

〈표 7〉 국제개발협력에서의 파트너십 장점과 단점

이슈	장점	단점
재원	•다양한 재원 동원 •재원 통합 •재원 확대	•대체효과로 인한 공공재원 감소 •민간재원 확대로 인한 수원국 채무 증가
목표	•공동의 목표 추구 •상호 기대의 수렴 •장기적 목표 추구	•참여자 목적의 상이성 •목표 불일치에 따른 갈등

협력	•역할 분담(disivion of labor) •집단행동 문제의 축소 •협력의 제도화 •상호 기대의 수렴화 •파트너십의 장기적 제도화	•책임 회피(buck-passing) 문제 •낙관주의(optimism bias)
효과	•소통, 조정과 협력을 통한 시너지 효과 창출 •효율성과 효과성 제고 •개발협력 사업에서의 혼란과 중복 감소 •위험 분산 •수원국 주인의식 제고	•거래 비용의 증가 •이윤과 개발의 철학적 차이로 인한 갈등 •민간투자보다 낮은 질적 생산 •권력 불균형으로 인한 갈등 •선택 편향(selection bias): 지역, 사안 편중

자료: McQuaid(2000), Osborne(2000), Crawford(2003), Barnes and Brown(2011), Roehrich et al. (2014), Jomo et al. (2016), Pietschmann(2016) 등을 바탕으로 저자 작성.

위 〈표 7〉에 의하면 국제개발협력 파트너십은 재원, 목표, 협력, 효과 등 다양한 사안에서 장점과 단점을 모두 가지고 있다. 파트너십은 재원의 동원, 확대와 통합이라는 긍정적 효과를 기대할 수 있는 반면 공공재원이 오히려 감소하고 수원국 채무가 증가할 수 있는 위험이 있다. 파트너십은 공동의 목표를 설정하고 장기적 목표를 추구할 수 있는 장점이 있는 반면 참여자들의 서로 다른 목표로 인하여 갈등이 발생할 수 있다. 파트너십은 역할 분담과 집단행동 문제 축소 그리고 협력과 파트너십의 제도화라는 긍정적 또한 있다. 하지만 책임회피와 낙관주의로 인한 문제 발생 여지가 있다. 파트너십은 수원국 주인의식을 제고하고 중복투자와 위험을 감소시키고, 효과성을 제고하는 등의 긍정적 효과를 기대할 수 있다. 그러나 행위자 수의 증가로 인한 거래비용의 증가, 개발협력 결과에 대한 이견, 선택 편향에 의한 불균형한 발전 등의 결과를 낳을 수도 있는 것이다. 따라서 국제개발협력 파트너십 형성과 발전에서 어떻게 하면 장점을 확대하고 단점을 축소할 수 있을 것인가의 문제가 매우 중요한 사안이고 해결해야 할 사안이다. 국제개발협력 파트너십의 장점과 단점은 각 프로제트에 참여하는 파트너들 간의 인식과 행동, 그들을 둘러싼 환경과 제도화, 권력 관계와 이행 방식 등 다양한 요인들에 의하여 결정된다.

V. 나가며: 포괄적 파트너십 논의

국제개발협력에 있어서 파트너십 형성은 바람직한 것이다. 국제개발협력 커뮤니티 내에서 적어도 그렇게 인식되고 있고 그렇게 합의되고 있다. 다양한 재원, 지식, 정보, 경험, 수단 등을 결합하여 효율적이고 효과적인 결과를 얻을 것으로 기대되기 때문이다. 그러나 파트너십에 관한 수사(rhetoric)와 실제(practice)는 매우 다를 수 있다. 평등한 파트너십, 수원국의 주인의식 등을 강조하는 수사와 전통적인 권력관계에 의한 수직적 파트너십 행태 간의 간극이 크다(Heyer and Johnson 2020). 따라서 이러한 간극을 축소시키는 방안을 모색하는 작업이 필요하다. 이런 맥락에서 국제개발협력에서의 파트너십 논의가 기존의 권력 불균형을 감추고 현재 상태의 관계를 유지하기 위하여 이용되고 있다는 비판도 있다(Postma 1994; Lister 2000; Crawford 2003). 국제개발협력에서의 파트너십을 도구적 파트너십(instrumental partnership)과 진정한 파트너십(genuine partnership)으로 구분하면서 도구적 파트너십은 공여자들이 자신들의 목적을 달성하기 위하여 제한된 형태의 협력과 통제 수단을 활용하는 파트너십이라고 규정하고 있기도 하다(Crawford 2003). 따라서 진정한 효과적인 파트너십 구축을 위하여 국제개발협력에 참여하는 다양한 행위자들 간의 바람직한 관계 정립과 이들이 보유하고 있는 다양한 지식들에 대한 가치 평가와 교환이 매우 중요한 사안이다(Eyben 2006).

국제개발협력에서 공여국과 수원국의 관계는 종종 죄수의 딜레마(prisoners' dilemma) 게임으로 설명되기도 한다. 반복되는 죄수들의 딜레마 상황에서 맞받아치기 전략(tit-for-tat strategy)의 유용성은 잘 알려져 있다. 선함(niceness), 보복(retaliation), 용서(forgiveness), 그리고 투명(transparency)의 네 가지 조합이 행위자 간 장기적 협력 관계를 구축한다는 것이다(Axelrod 1984). 죄수들의 딜레마 상황에 처한 공여국과 수원국 사이에서 장기적 협력 체제인 파트너십 구축을 위하여 맞받아치기 전략을 사용할 수 있다. 즉, 국제개발협력 프로젝트 수행 시 먼저 상대방을 속이려하지 않고, 상대방의 속임에 대해 응징하고, 상대방의 행위 변화를 수용하고, 자신들의 선호와 전략을 상대방이 알게 함으로써 장기적이고 협력적인 파트너십이 형성되고 제도화될 수 있는 것이다.[16] 협력적이고 장기적인 파트너십의 구축은 거래비용을 감축시키고, 경험과 학습 효과를 높이고, 주인의식을 제고시키고, 궁극적으로는 효과성을 제고시켜 수원국의 발전에 도움을 줄 수 있다. 죄수들의 딜레마 상황으로 표현되든지 아니면 사마리안 딜레마(Samaritans' Dilemma)의 상황

---

16 상대방 배반 행위에 대해 보복을 하기 위해서는 상대방이 약속을 준수하고 있는지를 감시하고, 또한 이에 대한 제재를 가해야 하는데, 이것이 국제개발협력의 파트너십 상황에서 가능한지에 관한 논의는 여전히 존재한다(Maxwell and Riddell 1998).

으로 표현되든지 간에, 공여국과 수원국 간의 관계는 어떻게 하면 딜레마를 극복하고 안정적이고 협력적인 파트너십을 구축하여 해외원조가 개발도상국의 정치, 경제, 사회 발전에 기여할 수 있는가에 대한 방안을 찾는 것이다(Gibson et al. 2005; Whitfield and Fraser 2010).[17]

이와 관련하여 이론적으로 경험적으로 개발협력 파트너십과 관련하여 남아있는 문제들이 많다. 우선 파트너십 선정 기준에 대한 논의가 많지 않다. DAC 회원국들에 의한 중점협력국 선정 등 명확한 파트너십 형성 사례도 있지만, 개발 공여국 입장에서 특정 개발협력 사업을 추진할 때 누구와 파트너십을 맺는가에 관한 이론적 경험적 논의는 거의 전무하다. 예를 들면, 일 년에 수십 개 수백 개의 사업을 진행하는 공여국 입장에서 특정 사업 때마다 "가장 적합한" 파트너를 찾는 "합리적 행동"을 하는 것인지, 혹은 기존의 경험과 학습에 의존한 "경로 의존적 행동"을 하는 것인지 알 수 없다. 또한 개발협력 사업의 계획 단계, 실행 단계, 평가 단계 등 여러 사업 단계에서 각기 다른 파트너를 선택하는지, 아니면 모든 단계를 아울러 함께 할 수 있는 파트너를 선정하는지 알 수 없다. 그리고 파트너십의 결과와 평가에 대한 논의와 경험적 분석도 거의 전무하다.[18] 위에서 설명한 몇 가지의 경험적 사례와 국가 단위 사례 연

17 사마리안 딜레마에서 공여국은 '돕는다'(C)와 '안 돕는다'(D)는 두 가지의 전략만 가지고 있고, 수원국은 '노력한다'(C)와 '노력하지 않는다'(D)는 두 가지의 전략만 가지고 있다. 공여국의 선호 순위는 CC〉CD〉DC〉DD로서 수원국의 노력 여부와 상관없이 '돕는다'는 우월 전략(dominant strategy)이 있다. 반면, 수원국의 선호 순위는 DC〉CC〉CD〉DD로서 공여국이 돕는 경우 노력할 필요가 없다. 따라서 이 게임에서 균형은 공여국의 '돕는다'(C)와 수원국의 '노력하지 않는다'(D)의 결합이다. 이러한 딜레마를 어떻게 극복할 수 있는가가 공여국과 수원국 간 개발협력 파트너십의 문제이다.

18 World Bank와 IFAD 등 몇몇 국제다자기구는 파트너에 대한 평가 항목을 추가하여 자

구를 제외하고 일반화를 위한 연구는 거의 찾아볼 수 없다. 그만큼 파트너십은 어렵고 분석하기 어려운 주제인 것이다.

이처럼 국제개발협력 파트너십에 관한 이론적 논의와 경험적 분석은 파편적으로 이루어져왔다. 따라서 포괄적 개발협력 파트너십(Comprehensive Development Cooperation Partnership)의 관점에서 파트너십 논의를 재구성할 필요가 있다. 파트너십에 관한 논의가 활발히 이루어졌고, MDGs와 SDGs에도 반영되었고, 또한 개발원조 효과성 제고를 위한 중요한 원칙들에 대한 합의도 이루어진 것이 사실이다. 그리고 이러한 논의를 바탕으로 실제 개발협력 사업에서 다양한 행위자들이 참여하여 협력하는 현상도 증대된 것이 사실이다. 그러나 여전히 파트너십이란 용어는 다양한 행위자에게 다양하게 해석되고 있다. 또한 규범적 제안과 현실적 실행에서의 간극 역시 여전히 크게 존재한다. 파트너십 효용을 높이기 위한 제안들도 매우 다양하다. 여전히 파트너십은 미지의 세계이다.

이러한 미지의 세계에 또 하나의 개념을 추가한다면 그것은 포괄적 파트너십이다. 이전의 많은 논의를 종합하여 하나의 개념으로 재구성한 것이다. 포괄적 파트너십은 세 가지 특징을 가지고 있다. 첫째, 국제개발협력에 있어서의 다중 이해관계자(multi stakeholder)의 참여다. 위에서 언급한 모든 행위자들이 개발협력 파트너십 형성의 핵심 행위자가 될 수 있다. 둘째, 모든 과정에서의 협력이다. 국제개발협력 사업은 수요조사와 사업 발굴, 타당성 조사, 실행, 평가, 피드백 등 다양한 단계로 구성되어 있다. 따라서 포괄적 파트너십은 사업의 종결성과 효과성,

---

료를 축적하고 있다.

그리고 지속가능성 등을 제고하기 위한 모든 단계에서의 행위자 간 협력을 의미한다. 셋째, 다양한 행위자들이 제공하는 다양한 유무형 재원들에 대한 공동의 가치 인식이다. 여기에는 금융 자원, 노력, 지식, 경험, 자문, 규범, 원칙, 제도, 주장 등 다양한 재원들이 포함된다. 이런 재원에 관한 공동의 가치 인식 없이는 협력과 발전이 이루어지지 않는다. 이러한 개념 역시 매우 규범적이고 매우 모호한 것이 사실이다. 국제개발협력에 관한 파트너십 논의는 근본적으로 이러한 한계를 가지고 있다. 아래 〈그림 1〉은 포괄적 파트너십 개념을 표현한 것이다.

〈그림 1〉 국제개발협력 포괄적 파트너십 모형

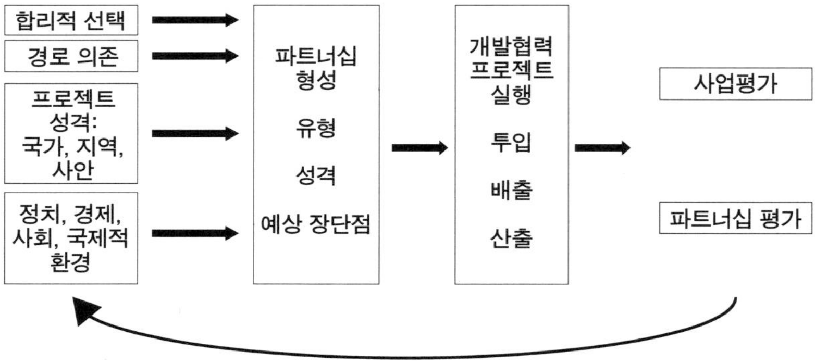

위의 〈그림 1〉에 의하면, 포괄적 파트너십은 파트너십 형성에 영향을 끼치는 세 가지의 사안을 포함하고 있다. 하나는 파트너십 형성에 영향을 끼치는 합리적 선택과 경로의존적 선택이다. 합리적 선택은 중요 프로젝트 선정과 그로 인한 파트너십 형성에 기대이익과 기대비용을 검토하여 새로운 파트너십을 형성을 의미하는 반면, 경로의존적 선택은 과거 경험과 학습을 바탕으로 특정 지역과 사안에 있어서의 기존 파트너십 유지를 선택하는 것이다. 또한 프로젝트의 성격이 파트너십에 영향을 끼치는데, 프로젝트가 어떤 국가와 지역 그리고 어떤 사안에 대하여 행해지는 가에 따라서 파트너십 형성이 달라질 수 있는 것이다. 마지막으로 파트너십 형성 당시 행위자들이 처한 정치, 경제, 사회, 국제 환경 역시 파트너십 형성에 영향을 끼친다.

세 가지의 요인들을 모두 고려하여 파트너십이 형성되면 그에 따라서 파트너십 성격을 판단할 수 있다. 참여 파트너들의 수와 역할 분담, 재원과 기술의 동원, 공통의 목표 등 위에서 설명한 파트너십 성격을 규정하는 많은 요인들의 특징이 정해질 수 있다. 또한 이렇게 형성된 파트너십과 관련된 예상되는 장점과 단점을 진단할 수 있고, 장점을 확대하고 단점을 축소하기 위한 세부적인 조치들이 취해질 수 있다. 그 다음 단계는 개발협력 프로젝트의 실행과 관련된 것이다. 개발협력 프로젝트 실행은 투입 단계(input), 배출 단계(throughput), 그리고 산출 단계(output)로 구성되어 있는데, 각 단계마다 동일한 혹은 다른 파트너십이 형성될 수 있는 것이다(Yi and Lee 2018). 프로젝트가 실행된 후 두 가지의 평가가 이루어지는데 여기에는 사업평가와 파트너십 평가가 포함된다. 사업평가는 OECD가 제안한 적절성(relevance), 일관성(coherence), 효과성(effectiveness), 효율성(efficiency), 영향(impact), 그리고 지속가능성(sustainability) 등을 적용하여 실시한다(OECD 2019). 사업평가와는 별도로 파트너십 평가가 이루어질 수 있다. 공여국, 수원국, 실행기관, 공동 재원 공여자 등 프로젝트 참여 행위자들의 수행업적을 평가하는 것이다. 마지막으로 이러한 평가가 새로운 프로젝트 발굴과 파트너십 형성에 영향을 끼친다.

파트너십이란 단어는 실체가 없는(illusive) 개념일 수도 없다. 파트너십에 관한 규범적 주장은 많지만, 어떤 파트너십을 형성할 수 있는지, 어떤 파트너십이 더 바람직한 것인지, 어떤 파트너십이 개발도상국의 발전에 더 도움을 줄 수 있는 것인지, 어떤 파트너십이 더 장점이 많고 단점이 적은지 등의 문제에 관하여 명확한 답을 내놓은 연구는 사실상 없다. 파트너십의 성격을 측정하기 어려운 점이 이에 관한 경험적 분석을 제약하는 요인으로 작동하는 것도 사실이다.[19] 국제개발협력 파트너십이란 개념이 전통 공여국들의 조직화된 위선(organized hypocracy)을 감추기 위한 수단으로 사용되고 있을지도 모른다. 이러한 여러 한계에도 불구하고 더 많은 파트너십 논의와 분석이 필요하다. 왜냐하면 국제개발협력 분야에서 파트너십 주장과 논의는 계속될 것이기 때문이다. 파트너십에 관한 수사적 주장의 한계를 극복하고 실질적으로 바람직한 파트너십 형성을 위하여 더 많은 학문적, 경험적 연구와 분석이 필요하다.

19 국제개발협력에 참여하는 행위자들로 하여금 더 "좋은" 더 수평적인 더 참여적인 파트너십을 구축하게 하는 하나의 방법으로는 '개발협력 파트너십 지표(Development Cooperation Partnership Index)'같은 것을 고려할 수 있다. 이러한 작업은 규범의 확산, 학습, 그리고 동료압박(peer pressure) 등을 통하여 다양한 행위자로 하여금 '바람직한' 파트너십 형성에 도움을 줄 수 있다. 이런 제안과 관련하여 호니그와 웨버(Honig와 Weaver 2019)는 원조투명성지표(ATI)를 예로 들면서, 작은 비정부단체들에 의해서 구축되는 수행평가 지표들이 큰 영향을 끼칠 수 있다고 주장하고 있다.

참고문헌

김석우. 이슬기. 2017. "개발파트너십 유형의 결정요인 분석: SIDA 사례." 『국제정치논총』 57(1).

장지순. 2012. "공적개발원조(ODA) 활성화를 위한 민간과의 협력 거버넌스 체제 구축방안."『한국공공관리학보』 26(4).

조윤영·김석우. 2016. "국제체제의 환경적 변화와 글로벌 거버넌스 성격의 변화."『세계지역연구논총』 34(4).

Alesina, A. and David Dollar. 2000. "Who Gives Foreign Aid to Whom and Why?" *Journal of Economic Growth* 5.

Axelrod, Robert. 1984. *The Evolution of Cooperation*. New York: Basic Books.

Axelrod, Robert. 2001. "Theoretical Foundations of Partnerships for Economic Development." *World Bank Conference on Evaluation and Development*. Washington, DC.

Barnes, Amy and G. W. Brown. 2011. "The Idea of Partnership within the Millennium Development Goals: context, instrumentality and the normative demands of partnership." *Third World Quarterly* 32(1).

Bermeo, Sarah Blodgett. 2016. "Aid Is Not Oil: Donor Utility, Heterogeneous Aid, and the Aid-Democratization Relationship." *International Organization* 70(1).

______. 2017. "Aid Allocation and Targeted Development in an Increasingly Connected World." *International Organization* 71(4).

Bueno de Mesquita, Bruce and Alastair Smith. 2009. "A Political Economy of Aid." *International Organization* 63(2).

Briggs, Ryan C. 2017. "Does Foreign Aid Target the Poorest?" *International Organization* 71(2).

Broggard, Lena and Ole Helby Petersen. 2017. "Public-Private Partnerships(PPPs) in development policy: Exploring the Concent and Policy." *Development Policy Review*, ODA.

Crawford, Gordon. 2003. "Partnership or Power? Deconstructing the 'Partnership for Governance Reform' in Indonesia." *Third Word Quarterly* 24(1).

Easterly, William. 2003. "Can Foreign Aid Buy Growth?" *Journal of Economic Perspectives* 17(3).

Eyben, Rosalind. ed. 2006. *Relationships for Aid*. London: Routledge.

Findley, Michael G. et al. 2017. "Who Controls Foreign Aid? Elite versus Public Perceptions of Donor Influence in Aid-Dependent Uganda." *International Organization* 71(4).

Gibson, C. C. et al. 2005. *The Samaritan's Dilemma: The Political Economy of Development Aid*. Oxford: Oxford University Press.

Green, Reginald H. 1971. "Anatomy of Two Assessments: Pearson, Jackson and Development Partnership." *The African Review* 1.

Gulrajani, Nilima. 2017. "Bilateral Donors and the Age of the National Interest: What Prospects for Challenge by Development Agencies?" *World Development* 96.

Gulrajani, Nilima and Liam Swiss. 2019. "Donor proliferation to what ends? New donor countries and the search for legitimacy." *Canadian Journal of Development Studies* 40(3).

Hately, Lynne. 1999. *The Power of Partnership*. Ottawa: The North-South Institute.

Heyer, Molly den and Dustin Johnson. 2020. "Exploring the complexity of partnerships in development policy and practice: Upstairs and downstairs." Development Policy Review. ODI.

Honig, Dan. 2019. "When Reporting Undermines Performance: The Costs of Politically Constrained Organizational Autonomy in Foreign Aid Implementation." *International Organization* 73(1).

Honig, Dan and Catherine Weaver. 2019. "A Race to the Top? The Aid Transparency Index and the Social Power of Global Performance Indicators." *International Organization* 73(3).

Hurst, Reuben et al. 2017. "Down the Rathole? Public Support for US Foreign Aid." *International Studies Quarterly* 61.

Keijzer, Niels et al. 2018. "Seeking Balanced Ownership in Changing Development Cooperation Relationships." *EBA: Expert Group for Aid Studies.*

Keijzer, Niels and Erik Lundsgaarde. 2018. "When 'unintended effects' reveal hidden intentions: Implications of 'mutual benefit' discourses for evaluating development cooperation." *Evaluation and Program Planning* 68.

Kim, Seokwoo, Hyuk-Sang Sohn, Jinyoung Lee. 2020. "Evaluating Participation: Empirical Analysis of Recipient and Beneficiary Engagement with IFAD International Development Projects." *Sustainability* 12(14).

Klingebiel, Stephan et al. eds. 2016. *The Fragmentation of Aid: Concepts, Measurements and Implications for Development Cooperation*. London: Palgrave Macmillan.

Maxwell, Simon and Roger Riddell. 1998. "Conditionality or Contract: Perspectives on Partnership for Development." *Journal of International Development* 10.

McQuaid, Ronald W. 2000. "The Theory of Partnerships - Why have Partnerships." in S. P. Osborne. (eds.) *Managing Public–Private Partnerships for Public Services: An International Perspective*. London: Routledge.

Morgenthau. Hans J. 1962. "A Political Theory of Foreign Aid." *American Political Science Review* 56(2).

Lister, Sarah. 2000. "Power in Partnership? An Analysis of An NGO's Relationships with Its Partners." *Journal of International Development* 12.

OECD. 1996. *Shaping the 21st Century: The Contribution of Development Cooperation*. Paris: OECD.

OECD. 2003. *Policy Coherence: Vital for Global Development*. Paris: OECD.

OECD. 2019. *Better Criteria for Better Evaluation: Revised Evaluation Criteria Definitions and Principles for Use*. Paris: OECD.

Osborne, S. P. ed. 2000. *Public–Private Partnerships: Theory and Practice in International Perspective*. London: Routledge.

Pearson, Lester. 1969. *Partners in Development: Report of the Commission on International Development*. NY: Praeger.

Picciotto, Robert. 2005. "Evaluation of Policy Coherence for Development." *Evaluation* 11(3).

Piattoni, Simona. 2009. "Multi-level Governance: a Historical and Conceptual Analysis." *Journal of European Integration* 31(2).

Pietschmann, Elena. 2016. "Managing Diversity: A Partner Country Perspective" in Stephan Klingebiel et al. (eds) *The Fragmentation of Aid: Concepts, Measurements and Implications for Development Cooperation*. London: Palgrave Macmillan.

Postma, W. 1994. "NGO partnership and institutional development: making it real, making it intentional." *Canadian Journal of African Studies* 28.

Prather, Lauren. 2020. "Transnational Ties and Support for Foreign Aid." *International Studies Quarterly* 64.

Richey, Lisa Ann. 2014. "New actors and alliances in development." *Third World Quarterly* 35(1).

Riddell, R. C. 2007. *Does Foreign Aid Really Work?* Oxford: Oxford University Press.

Rist, Gilbert. 2007. "Development as a Buzzword." *Development in Practice* 17(4).

Roehrich, J. K. et al. 2014. "Are public-private partnerships a healthy option? A systematic literature review." *Social Science & Medicine* 113.

Rosenau, James N. 1995. "Governance in the Twenty First Century." in Whitman J. (eds) *Palgrave Advances in Global Governance*. London: Palgrave Macmillan.

Seitanidi, Maria M. 2010. *The Politics of Partnerships: A Critical Examination of Nonprofit–Business Partnerships*. New York: Springer.

Shin, Wonkyu et al. 2017. "Do Different Implementing-Partnership Leads to Different Project Outcomes?" *World Development* 95.

United Nations. 2014. "Millennium Development Goal 8: The State of the Global Partnership for Development." MDG Gap Task Force Report.

Van Huijstee, M. M. et al. 2007. "Partnerships for sustainable development: a review of current literature." *Journal of Integrative Environmental Sciences* 4(2).

Van Wessel, M., Naz, F. & Sahoo, S. 2020. "Complementarities in CSO Collaborations: How Working with Diversity Produces Advantages." *Voluntas*. https://doi.org/10.1007/s11266-020-00227-4.

Whitfield, Lindsay and Alastair Fraser. 2010. "Negotiating Aid: The Structural Conditions Shaping the Negotiating Strategies of African Governments." *International Negotiation* 15.

Winters, Matthew S. 2019. "Too Many Cooks in the Kitchen? The Division of Financing in World Bank Projects and Project Performance." *Politics and Governance* 7(2).

World Bank. 1998. "Partnerships for Development: Proposed Actions for the World Bank." SecM98-421.

Yi, Ilcheong and Jinyoung Lee. 2018. "A Critical Approach to Understanding and Assessing Developmental Partnership in the Context International Development Cooperation." *International Development and Cooperation Review* 10(2).

Zimmerman, Felix and Kimberly Smith. 2011. "More Actors, More Money, More Ideas for International Development Cooperation." *Journal of International Development* 23.

제3장 개발파트너십의 이해와 평가에 관한 비판적 접근*

이일청 (유엔사회개발연구소)

이진영 (전북대학교)

Ⅰ. 들어가며

파트너십(partnership)은 지난 20여 년간 개발커뮤니티 내에서 하나의 유행어(buzzword)가 되었다. 특히 개발협력의 집행기관들은 프로젝트의 협력적 특징을 설명하기 위해 파트너십을 적극적으로 활용하고 있다. 파트너십 개념과 이행 기제는 다양하다. 일부 개발협력 이해관계자

* 이 논문은 2015년 대한민국 교육부와 한국연구재단의 지원을 받아 수행된 연구(NRF-2015S1A3A2046224), 2018년 『국제개발협력연구』 제10권 2호에 게재된 논문 "A Critical Approach to Understanding and Assessing Developmental Partnership in the Context International Cooperation"을 수정 및 보완하였다.

들은 효율성과 효과성이 높은 통합적 해결책 제공을 위해 파트너십이 필수적이라고 주장한다. 즉 파트너십은 공동체 차원의 소규모 프로젝트로부터 대규모의 인프라 구축 프로젝트에 이르기까지 효율성과 효과성이 높은 개발프로젝트를 만드는 데 필수적이다.

반면, 파트너십을 비관적으로 바라보는 이들은 파트너십이 지나치게 수사적인 개념이거나 일시적으로 유행을 좇는 것이라 설명한다. 또한 이들은 파트너십이 개발도상국 현지 파트너들의 자율성과 독립성을 약화시키기 때문에 개발에 있어 잠재적으로 악영향을 미칠 수 있다는 점을 지적하기도 한다. 이와 같은 파트너십에 대한 다양한 시각은 개발협력사업의 다양한 결과들 중 무엇이 더 중요한가라는 관점에 의해 형성된다. 파트너십에 대한 시각은 다양하지만, 이 다양한 시각들이 가지는 공통점이 있다. 그것은 이들 모두 개발협력에 있어 파트너십이 무엇인지, 그리고 개발에 미치는 영향과 관련하여 **좋은 파트너십**과 **좋지 않은 파트너십**이 무엇인지에 대한 이해가 부족하다는 점이다.

파트너십 개념은 개발협력 커뮤니티의 주요 행위자의 한계 극복을 위해 빠르게 도입되고 보급되었다. 하지만 파트너십을 구성하는 핵심개념들, 예를 들면, 행위자인 파트너, 결과에 대한 공유된 이해관계, 소유권의 정도, 특정 이슈 또는 프로젝트, 파트너십 형성과 실행을 위한 거버넌스 등은 구체화되지 않았다. 파트너십의 성과를 측정하는 기준 역시 각기 다른 프로세스 또는 **차원***(dimensions)*에서 충분히 발전되지 못했다.

본 연구의 목적은 개발 프로젝트 설계와 이행의 맥락에서 파트너십 구성을 분석함으로써 개발파트너십의 분석과 이해를 위한 개념적 틀을 만들어내는 것이다. 이해와 분석을 위한 새로운 틀을 만들어내기 위해 본 연구는 경험적 사례가 아니라 전형적인 파트너십이 가지는 개념적,

이론적 측면을 분석하는 데 초점을 맞춘다. 그리고 개발 파트너십을 구성하는 핵심 요소들을 설명하고, 이 핵심 요소들이 개발 파트너십을 수립하고 관리하기 위한 정책들과 관련하여 어떤 함의를 가지고 있는지 설명한다. 또한 파트너십 프로세스의 다양한 측면과 단계에서 개발 파트너십 성과 측정을 위해 사용할 수 있는 지표를 제시하고자 한다.

글의 구성은 다음과 같다. 서론에 이은 2절은 개발협력 파트너십의 개념과 이행의 발전과정을 설명한다. 이는 개발협력 파트너십의 근본적인 특징을 형성하는 다양한 갈등과 메커니즘을 발견하기 위함이다. 3절은 개발협력 파트너십의 개념과 이행, 특히 개발협력 파트너십을 구성하는 핵심 요소와 과정을 구체적으로 제시한다. 4절은 개발협력 파트너십이 형성되는 단계를 세 단계로 구분하여 각각의 단계에서 파트너십 성과 평가를 위한 주요 변수가 무엇인지 보여준다. 이를 통해 5절에서는 개발협력 파트너십의 이상적(ideal) 모델을 제시한다. 마지막 절에서는 본 연구의 내용을 요약하고, 개발협력 파트너십에 대한 향후 연구 주제를 제안한다.

Ⅱ. 개발파트너십의 발전: 담론과 실천

개발협력 파트너십은 국제적으로 합의되거나 지역적으로 확립된 개발 목표 달성을 위해 프로젝트를 설계하고 실행하기 위한 협력관계를 말한다. 개발 파트너십은 통합적 개발목표 달성을 위해 고유한 정체성, 역할, 책임을 가진 행위자, 분야, 또는 국가 간의 상호작용으로 정의할 수 있다(Brinkerhoff 1999). 개발 파트너십의 유형과 형태는 이념이나 전략을 공유하는 것부터 일부 지역의 특정 그룹에 의해 운영되는 구체적인 프로젝트에 이르기까지 매우 다양하다. 이들 개발 파트너십은 공식적이거나 비공식적인 모습을 취한다. 공식적인 개발 파트너십은 법적으로 구속력을 가진 계약이나 협정에 의해 수립된 기관 또는 절차를 포함한다. 비공식적인 개발 파트너십은 개발협력과 관련된 업무를 담당하는 개인이나 조직이 서로 협력하여 활동하는 특정 지역에서 종종 발견된다. 이들은 공식적인 관계와 상관없이 파트너로서 행동한다(Audit Commission 1998; Peckham 2003).

본 연구는 국제개발협력과 관련된 개발담론에서 **'뉴 빅 아이디어***(new big idea)*'로 불리우는 공식적인 개발 파트너십에 초점을 맞춘다(Kayizzi-Mugerwa 1998; Bailey and Dolan 2011). 제2차 세계대전 이후 시행된 국제원조(international aid)에서 개발협력을 수행한 주체들은 다양한 개념과 실질적인 형태의 파트너십을 형성해왔다. 공여자/국(donor)과 수원국(recipient) 간의 파트너십은 후견인(guardianship) 접근과 오너십(ownership) 접근으로 구분된다. 후견인 접근은 공여자/국이 지역기관과의 협업에 있어 수혜자들을 수동적인 행위자로 대하는 방식을 의미한다. 이는 1960년대와 1970년대 근대화 패러다임에 기반한 공여자/국와 1980년대와 1990년대의 신자유주의적 구조조정 시기에 주로 나타난 형태이다. 오너십 접근은 지역 기관을 동등한 파트너, 때로는 주도적인 역할을 하는 행위자로 간주하며 1960년대와 1970년대의 참여 행동 연구(Participatory Action Research)에서 나타난 방식이다(Crewe and Harrison 1998; Peet and Hartwick 2009; Willis 2011). 하지만 두 가지 접근법은 권한 부여(empowerment), 참여와 같은 강한 도덕적 원인들이 수반되는 개발협력 프로젝트에서 공존해왔다. 이에 따라, 후견인 접근방식과 오너십 접근방식 사이에서 끊임없이 제기되는 긴장감이 개발 파트너십의 주요 특징으로 나타났다.

굿 거버넌스(good governance)가 개발협력의 주요 아젠다로 제기될 무렵 개발담론 내에서 주요한 언어(language)의 변화가 있었다. 그들이 취한 접근 방식에 관계없이 공여기관들은 "수혜자(beneficiaries)" 대신 "파트너(partners)"라는 용어를 사용하기 시작했다. 파트너라는 용어를 사용함으로써 공여자/국은 개발프로젝트의 합법성과 신뢰성을 강화할 수 있기 때문이다(Stirrat and Henkel 1997).

그러나 공여자/국이 실제 중점을 두었던 것은 개발 파트너십에서 원조자-수혜자 간의 불균형적인 힘(power)의 관계를 개선하는 것이 아니었다. 그들이 실질적으로 중요시 했던 것은 개발프로젝트의 도구적 측면이었다. 즉 개발프로젝트의 효과성(effectiveness)을 향상시킬 수 있는 행위자, 조직, 기관들의 역량 강화에 초점을 맞춘 것이었다. 이러한 접근틀 속에서, 원조 기관의 파트너들은 자립성(self-reliant)을 갖출 수 있는 능력 구축을 기대하고, 파트너십은 원조를 받는 국가의 파트너들이 자립하는 것을 돕는 협력의 일환으로 간주되었다. 수원국의 파트너는 "점진적으로 주도권을 가질 것으로 기대되었고 외부 파트너들은 수원국 파트너들이 개발을 위해 더 많은 책임을 가질 수 있도록 도와주는 것이다"(OECD 1996; Crewe and Harrison 1998). 결국, 수원국 기관이 자립(이 자립의 의미 역시 원조자/국에서 정한다)했다고 볼 때까지 파트너십 관계는 여전히 원조자/국에게 기울어진 불균형적인 역관계를 가지고 있었던 것이다.

공여자/국이 파트너십을 중요하게 인식하는 또 하나의 이유가 있다.

이는 지역 파트너들이 “빈곤층 (the poor)”과 밀접하게 연결되어 있기 때문이다. 구조조정 중심의 워싱턴 컨센서스(Washington Consensus)가 빈곤감소와 인간개발(human development)을 중심으로 하는 포스트 워싱턴 컨센서스로 전환하게 되면서 파트너십이라는 ‘새로운 빅 아이디어(new big idea)’가 필요하게 되었다(Bailey and Dolan 2011). 즉, 수원국의 지역(local) 파트너는 프로젝트의 수혜자, 즉 빈곤층과 밀접한 관계를 맺고 있었고, 원조자/국은 빈곤층에 대한 원조를 진행하기 위해 수원국 로컬파트너가 가진 빈곤층과의 관계망을 활용한 것이다.

수원국의 행위자, 정부, 기관들은 공여국의 각종 백서(white papers)와 전략 문서들에서 파트너십이 강조되고 있음을 인지했다. 그리고 조건부 원조에서 원조자와 수혜자와의 “평등한” 관계를 강조하는 변화가 이뤄지고 있음도 감지하였다. 그러나 현실의 다양한 문제로 인해 평등한 원조 관계 또는 파트너십은 확립되지 않았다. 예를 들어, 다양한 파트너십을 관리해야 하는 수원국의 문제, 충분한 역량과 책무(commitment)를 가진 수원국만을 평등한 파트너로 취급하려는 공여국의 문제, 원조예산의 규모결정과 집행의 전(whole) 과정에서 공여국만이 일방적인 결정권을 행사하는 등의 문제가 있었기 때문이다(Kayizzi-Mugerwa 1998).

개발과 관련된 “파트너십”이라는 용어는 1990년대 말부터 두드러지게 나타났다. 1990년대 말은 국제사회에서 원조와 개발협력의 효율성을 어떻게 높일 수 있는가에 대해 본격적인 논의가 진행될 때였다. 냉전 종식 이후 비정부기구(Non-Governmental Organization)가 개발협력의 주요 행위자가 되었다는 사실 또한 개발담론과 이행의 핵심 개념으로서 파트너십이 등장하는 주요 배경이다(Banks, Hulme and Edwards 2015). 그러나 국제개발협력 담론에서 파트너십을 주요 아젠다로 부상하게 한 것은 역시 국제기구였다. 예를 들면, 1996년 OECD에서 발행한 보고서 '21세기를 구상하며: 개발협력의 기여(Shaping the 21st Century: the Contribution of Development Cooperation)'를 시작으로 2000년 새천년개발목표 (Millennium Development Goals), 2005년 파리선언(Paris Declaration on Aid Effectiveness), 2008년 아크라 선언(Accra Agenda for Action)에 이르기까지 국제적으로 합의된 개발목표들을 이행하기 위한 주요 수단으로 파트너십이 강조되었다.

위에서 살펴본 개발파트너십 개념 발전의 간략한 역사는 개발 파트너십의 개념과 실천이 역사적, 사회적 구성물(historical and social construct)이라는 것을 보여준다. 그리고 이러한 역사적, 사회적 구성물은 후견인 접근과 오너십 접근 사이에 형성된 긴장관계, 그리고 다양한 행위자들의 도구적 목적에 의해 그 특징이 만들어졌다는 것을 말해준다. 다음 장은 파트너 선택 과정, 목표를 설정하고 형성하는 과정, 파트너들 간의 업무와 책임의 범주를 형성하는 과정, 결과와 성과를 측정하는 방법의 분석을 통해 개발 파트너십을 이해하려 한다.

Ⅲ. 개발파트너십 분석

파트너십은 다양하게 정의되고 해석된다(Brinkerhoff 2002; Ling 2000; Clarke, Gewirtz and Mclaughlin 2000; Clarke and Fuller 2010; Wildridge et al. 2004). Huijstee 외(2007)의 연구에 의하면 연구자들은 연구의 목적, 목표에 따라, 파트너십의 상이한 측면을 분석하고 강조해 왔다. 이

와 관련된 선행연구를 토대로 본 장에서는 파트너십 형성과 관리에 있어 주요하게 다뤄지는 요인들을 중심으로 개발 파트너십의 특징을 분석한다.

1. 행위자: 파트너

개발 파트너십을 구성하는 파트너들은 다양하며, 이들은 공여국과 수원국 모두에게 존재한다. 이들 파트너들은 공식적 혹은 비공식적 조직 또는 개인이 될 수도 있으며, 지리적으로 대표조직(마을 단위의 협의체)을 의미할 수도 있고, 정치적으로 형성된 조직(정당), 공공기관, 기업, 시민사회, 컨설턴트, 연구기관, 교육기관, 초국가기관 또는 정부 간기구, 국내외 NGO들을 포함하기도 한다. 이들은 설립 목적에 따라 공공기관, 영리/비영리기관으로 분류되며 이들 간의 협력을 유형화 하면 아래 〈그림 1〉과 같다.

〈그림 1〉 파트너 기관의 설립 목적에 따른 분류

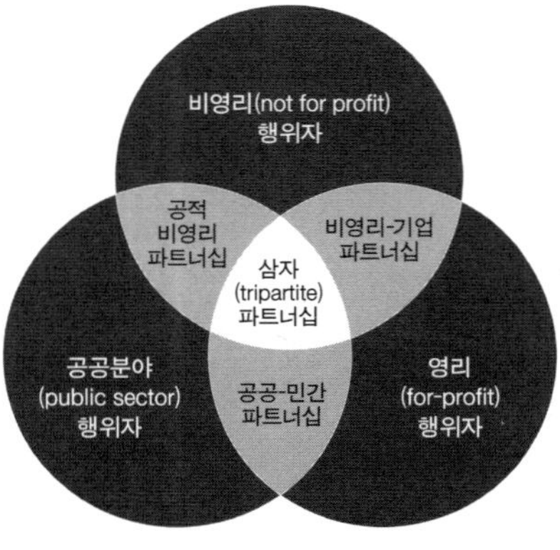

출처: Seitanidi (2010) p. 2, Figure 1.1. 참고. 저자 수정

대부분의 공여기관은 프로젝트 파트너를 선정하기 위한 기준과 가이드라인이 있다. 일부 공여기관은 파트너 대상자가 공여국가의 기관과 얼마나 밀접한 관계를 갖고 있는가를 중요시한다. 또 일부 공여기관은 파트너 대상자가 수원국의 국가, 지역 또는 지역사회 조직과의 밀접한 관계를 가지고 있는가를 중요시하기도 한다. 개발 프로젝트를 자체적으로 수행하고 있는 국제 NGOs 중 일부는 수혜자 조직, 또는 수혜 지역 커뮤니티 조직을 파트너 대상자로 삼기도 한다(Crewe and Harrison 1998). 일반적으로 기준과 가이드라인은 파트너십이 실행하려하는 사업의 성격에 따라 달라진다. 또한 기존에 시행한 사업의 성과에 대한 경험 역시 파트너 선정에 영향을 미친다.

냉전 종식 이후 개발협력의 양상 변화는 파트너십 형성에 영향을 주었다. 첫째, NGOs는 냉전 종식 이전보다 파트너십에 있어 더 중요한 역할을 한다. NGOs는 더욱 더 그 조직 규모가 커졌고, 그 숫자도 많아졌으며, 보다 더 발전된 원조수행 능력을 가지게 되었다. 이에 따라 이들이 수행하는 원조 규모 역시 더 커지게 되었다. 세계은행(World Bank)은 수원국에 대해 NGOs를 개발협력 파트너로 포함시키도록 압력을 가했으며, 이는 국가와 NGOs 간의 파트너 형성을 증진하는데 주요하게 작용했다(Banks et al. 2015; Bräutigam and Segarra 2007). 둘째, 브라질, 인도, 중국, 사우디 아라비아, 그리고 아랍 에미레이트 등 Non-DAC 공여국이라 불리우는 신흥공여국, 자선단체 그리고 민간(private) 공여자의 등장 역시 파트너십의 형성과 성격에 영향을 주었다(Herzer and Nunnenkamp 2013; Walz and Raachandran 2011; Richey and Ponte 2014). 남남협력(south-south cooperation)의 증가 역시 새로운 형태의 원조와 파트너십 형성에 영향을 미쳤다(Zimmermann and Smith 2011).

재정적(financial) 측면에서 본다면 파트너는 재원을 공급해 주거나 이를 받는 입장으로 구분된다. 재원은 양자 또는 다자관계를 통해 제공된다. 수원국은 파트너십을 포함하여 다양한 활동을 통해 재원을 받거나 수입을 창출한다. 수혜자 또는 이행기관은 정부기관, NGOs, 자선단체, 사회연대 경제단체, 기업, 종교 및 마을 단위의 조직 등이 포함된다.

재정 또는 자원의 의존성은 파트너의 조직적 정체성을 약화시키고, 파트너십이 궁극적으로 형성하고 강화하고자 하는 동등한 파트너 관계를 약화시키는 핵심 요소이다(Hulme and Edwards 1996; Banks and Hulme 2012). 이는 자원의 의존성이 자유시장 자본주의의 지배를 강화하고 NGOs와 같은 파트너들이 거대 기업의 이해관계에 대항하고 구조적 변화를 추구하는 능력을 약화시키기 때문이다(Banks and Hulme 2014).

2. 관계성: 파트너 간 관계

파트너십 형성 과정은 재정적 증여(grant), 기술협력 또는 장비 제공, 지식 및 정보공유, 프로젝트의 공동관리부터 의사결정자들에 대한 로비(lobbying)에 이르기까지 다양한 활동들을 포함한다. 각기 다른 이해관계와 접근법을 가진 파트너들은 파트너십을 형성하기 위해 위의 다양한 행동들을 수행하게 된다. 파트너들 간 관계의 본질은 종종 이러한 활동이 수행되는 방식을 결정한다. 그리고 이들 관계의 본질은 상호의존성, 평등성, 연결성 및 파트너 간의 합의성의 정도에 의해 결정된다.

개발 파트너십은 상호연계성과 상호의존성이 강한 문제를 다루기 때문에 이와 관련된 모든 행위자들, 즉 파트너십이 해결하려고 하는 문제의 일부인 이들, 혹은 해결책을 제공하는 이들을 그 구성원으로 포함한다(OECD LEED 2006). 그러나 모든 이해관계자들을 파트너십 구성에 참여시킨다는 원칙은 항상 실현되지는 않는다. 왜냐하면 많은 제도적, 구조적 변수들, 예를 들면, 원조관계에 내재해 있는 힘(power)의 비대칭성, 그리고 단기(short-term)적이며 결과중심적(result-oriented) 프로젝트 등이 이러한 포괄적인(inclusive) 파트너십의 형성을 억제하기 때문이다.

특히 재원이 많은 공여기관이 프로젝트를 실행하기 위해 파트너십을 형성하는 경우, 파트너 간의 힘의 비대칭성이 커지고, 이에 따라 파트너십의 본질 역시 이와 같은 힘의 비대칭성에 의해 크게 영향을 받게 된다. 허쉬만(Hirschman)은 다른 파트너의 자원에 크게 의존하는 파트너는 떠나기(exit), 자신들의 입장을 강변하기(voice), 충성하기(royalty)의 세 가지 옵션을 가지고 있다고 설명한다(Hirschman 1978). 그들은 프로젝트의 비전이나 목적에 동의하지 않을 때 파트너십을 깨거나(exit), 저항 또는 절충을 통해 공동의 목표를 만들거나, 자원을 가진 파트너 (혹은 공여국)의 이익을 위해 자발적으로 프로젝트를 수행한다.

이와 같은 세 가지 방식 외에 AbouAssi(2012)는 자원의존형 파트너는 조정(adjustment)이라는 옵션이 있음을 언급했다. 즉 원조기관의 재원에 크게 의존하고 있는 개발도상국 NGOs는 공여국에 의해 형성된 상황에 자발적이고 의도적으로 적응하려 한다는 것을 발견한 것이다. 조정 옵션을 선택한 파트너는 충성(royalty)을 선택한 파트너와 유사한 행동 패턴을 보인다. 수원국의 조직적 정체성(organizational identities)과 공여국의 이익 및 선호 사이의 불일치는 파트너십에 내재되어 있는 경우가 많다. 그리고 이러한 내재된 불일치는 장기적 관점에서 파트너십의 지속가능성을 저해하는 요인으로 작용한다. 파트너십 연구에서 자주 간과되는 또 하나의 옵션은 무시(neglect) 옵션이다. 공여기관의 입장에서 사업을 수행하거나 모니터링 및 평가를 할 수 있는 능력을 갖춘 파트너를 쉽게 선택할 수 없는 경우, 재원을 받는 사업수행기관이 공여국의 선호와 이익을 무시하는 파트너십을 형성할 수도 있다. 공여국/기관은 수원 파트너가 저항/절충이나 무시의 옵션을 선택했을 때 이들 수원파트너를 강하게 통제(control)하거나 포섭(co-optation)하려는 충동을 갖게 된다.

파트너가 파트너십 계약에 서명하여 공식적으로 합의된 내용에 동의하는 메커니즘은 파트너십 프로젝트의 목적을 달성하고 이들의 관계를 자연스럽게 형성하는 데 도움이 된다. 특히 파트너십 프레임워크로써 공식적인 법적 장치는 도움이 되는데, 이는 이들 법적 장치가 프로젝트의 다양한 단계(문제 분석, 개발전략, 모니터링 & 평가) 내에서 상호의존성, 평등 및 연결의 정도를 명확히 정의해 줄 수 있기 때문이다(OECD LEED 2006).

개발협력을 수행할 때 파트너 관계를 촉진하는 또 다른 요인은 모든 파트너에게 지속적으로 정보를 제공하고 참여할 수 있는 안정적인 커뮤니케이션 시스템을 확보하는 것이다. 이러한 커뮤니케이션 시스템은 모든 파트너가 파트너십의 비전, 목표, 목적을 공유하고 파트너와 오너십 사이의 감정적 연대를 강화할 수 있게 해준다(OECD LEED 2006).

또한 투명하고 개방적인 의사소통은 북반구의 공여국과 남반구의 사업수행 파트너 간의 힘(power)의 비대칭성을 재조정하는 데 도움이 된다. 이는 특히 남반구 NGOs가 그들의 역량을 강화하고자 할 때 도움이 된다(Fowler 1991). 한가지 유의해야 할 점은, 파트너 간의 원활한 의

사소통이 파트너십 자체의 성과를 개선하는 데 있어 유용하지만 공여국과 수원국 간의 구조적인 힘의 불균형 문제는 해결하지 못한다는 것이다(Crewe and Harrison 1998). 예를 들면, 개방적이고 투명한 커뮤니케이션, 참여 메커니즘, 권리이양(devolution), 이해관계자 분석은 수원국 파트너에게 계획을 강요할 수 있는 공여국의 도구가 될 수도 있다(Perera 1997).

3. 목적: 파트너십 형성 목적

개발 파트너십의 목적과 목표는 다양하다. 파트너십은 파트너의 역량강화, 네트워크 개발 및 강화, 아이디어와 경험의 공유를 지향한다고 볼 수 있다. 이런 점에서 파트너십은 질적(qualitative)이고, 전략적이며, 제도적인 것이라 할 수 있다. 전략적 파트너십이 가시적인 결과를 도출할 수도 있지만, 전략적 파트너십이 실질적으로 중요시하는 것은 프로젝트의 결과 혹은 산출물(output) 보다 파트너들의 제도적이고 조직적인 역량강화라고 볼 수 있다. 반면, 프로젝트의 실행에 중점을 두는 파트너십은 프로젝트의 결과 혹은 산출물을 더 중요시한다. 대부분의 개발프로젝트는 역량강화와 특정 프로젝트의 결과를 도출이라는 두 가지 모두를 목표로 한다. 그러나 역량강화를 강조하는 실제 프로젝트들의 제목에서도 알 수 있듯이, 실재(實在) 프로젝트에서는 둘 중 하나가 더욱 우선시되는 경우가 대부분이다.

전략적 개발 파트너십은 목표 집단(target group) 내에서 파트너의 지식, 경험 및 네트워크 또는 수혜자의 역량강화에 더 많은 관심을 쏟는 경향이 있다. 이와 같은 파트너십을 시작하려는 행위자는 사업수행 파트너와 수혜자 집단 간의 관계에 대해 더 많은 정보가 필요하다. 반면, 사업수행에 중심을 두는 파트너십의 공여기관은 사업수행 파트너가 수혜자와 어떤 관계를 맺고 있기보다는 이들 사업수행 파트너가 어느 정도의 사업 수행 역량을 갖고 있는가에 초점을 맞춰 파트너를 선택한다. 즉 사업수행에 중심을 두는 파트너십의 공여기관은 사업을 수행할 역량을 가지고 있지 않거나, 사업수행을 하는데 지나치게 큰 거래비용을 발생시키는 사업수행 파트너와는 파트너십을 맺으려 하지 않는다.

파트너의 선정 과정에 있어 역량강화라는 기준과 사업수행의 역량이라는 기준을 균형있게 고려하지 않을 경우, 개발 파트너십이 개발 행위자에게 미치는 영향은 부정적일 수 있다. 즉, 파트너들의 지식, 경험 및 수혜자와의 네트워크를 강화하는 데 초점을 맞춘 역량강화 파트너십이 사업수행 능력을 고려하지 않는다면 실망스러운 결과를 초래하는 경우가 많다. 공여국 주도로 이루어지는 광범위한 공공행정 개혁이 그리 좋은 결과를 가지고 오지 못하는 점, 혹은 기술지원이 수원기관과 공여기관 모두에게 좌절과 비판으로 가득한 불만족스러운 프로젝트로 전락하는 것 등이 그 예라고 할 수 있다(Adams 2015). 특히 기술지원의 경우, 현지 파트너의 학습역량, 응용 역량을 고려하지 않고 진행되는 경우가 많아 많은 비난을 받는다.

인프라(infrastructure) 구축을 위한 프로젝트 파트너십은 전문적인 지식과 사업 현장의 수혜자들과 긴밀한 네트워크를 가진 파트너보다 실질적으로 사업을 수행할 수 있는 능력을 갖춘 파트너를 선택하는 경향이 있다. 인프라 구축을 위한 개발프로젝트에 대한 저항, 반대 시위 등은 이러한 파트너십 성격을 나타내주는 일례라고 할 수 있다(James and

Lodge 2003; Terminski 2015). 이들 프로젝트의 파트너 선정 과정은 오히려 지역주민의 이익을 지키기 위한 사회운동이나 시민사회조직과 긴밀한 관계를 가진 파트너를 걸러내기도 한다. 이와 같은 사전 개발 파트너십(pre-development partnership) 구축 과정은 충성(loyalty)과 조정(adjustment) 전략이 아닌 파트너십 떠나기(exit), 입장 강변하기(voice) 전략을 선택함으로써 지역주민의 이익을 보장하기 보다는 원조자의 이해관계를 반영하는 개발 프로젝트에 대해 도전하고 저항하는 개발 커뮤니티를 고립시키기도 한다(AbouAssi 2012).

파트너십의 목적이나 목표에 대한 합의는 파트너십의 구축과 성공 가능성에 있어 매우 중요한 요소이다. 개발 목표에 대한 높은 수준의 합의는 개발 파트너십 파트너들로 하여금 프로젝트에 대한 헌신도를 높이게 하고, 파트너들의 혁신적인 역량을 강화한다. 목적과 목표에 대한 강한 합의를 구축하기 위한 두 가지 요소는 파트너의 평등 또는 동등한 권리와 프로젝트의 오너십이다. 프로젝트가 자신의 이익 또는 관심과 부합하지 않거나, 프로젝트 내에서 자신의 방식이 도입될 기회가 주어지지 않거나, 모든 의사결정이 하향식으로 이뤄지고 있다고 생각하게 되면, 파트너는 파트너십의 목적과 목표 달성을 위해 심혈을 기울이지 않을 것이다. 파트너는 기본적인 분석들을 공유하고 전반적인 목표와 원칙을 결정하는 과정에 참여해야 한다. 하지만 이와 같이 파트너 간의 평등과 오너십을 강화하는 과정은 특정한 책임을 가진 행위자들이 재원 또는 프로젝트의 본질을 결정하고 있는 현실과 자주 충돌한다(OECD LEED 2006). 파트너 간 이해관계를 상충되지 않게 하면서 목적이나 목표에 대한 합의 정도를 제고시키는 방법이 필요한 이유이다.

4. 파트너십 거버넌스(governance)

파트너십 거버넌스는 파트너십을 지속가능하게 만들기 위한 제도, 구조, 과정을 포함한다. 이는 다양한 요소를 포함하지만, 특히 갈등 해결을 위한 메커니즘, 의무와 책임을 명확히 하는 메커니즘, 책무성(accountability)을 보장하기 위한 시스템을 포함한다. 파트너십을 어떻게 운영하는가와 관련하여 다양한 전제 혹은 가정들이 존재한다.

첫째, 이슈 영역에 대한 이해는 파트너십의 본질을 결정하는 주요 요소이다. 이슈 영역에 대한 이해는 크게, 소비자-생산자 접근(consumer-producer approach)과 공급 체계 접근(system of provision approach)으로 구분될 수 있다(Fine 2013). 소비자-생산자 접근은 모든 개발분야에는 개발 서비스와 상품을 생산하는 담당하는 그룹과 수혜자 그룹이 있다고 가정한다. 이는 개발 서비스와 상품의 소비 과정에 초점을 두고 생산자와 소비자를 잠재적인 파트너로 파악한다. 예를 들어, 보건분야의 주요 파트너는 의료 서비스 제공에 관여하는 행위자들이다. 공급 체계 접근은 은 개발서비스와 재화를 제공하는 과정을 탐구하고, 제공 과정의 다양한 과정, 즉 생산, 분재, 재분배, 그리고 수혜자들이 제공되는 재화와 서비스를 사용하는 다양한 과정을 강조한다. 따라서 공급자 접근 공급 체계 접근이 개발 서비스와 재화를 제공하고 소비하는 다양한 과정에 관심을 두기 때문에 광범위한 범주의 개발 행위자들을 발견하게 된다. 앞서 언급한 보건분야의 예를 다시 들면, 보건분야는 의료 서비스를 제공하는 의료시스템(예를 들면, 제약회사, 기본 의약품 가격에 대한 정부 규제 메커니즘, 응급구호를 위한 교통시스템 등)에도 주목한다. 결과적으로 거버넌스 시스템의 범주는 소비자-생산자 접근 방식보다 공급 체계 접근방식이 보다 더 넓다고 할 수 있다. 또한 소비자-생산자 접근 방식보다 공급 체계 접근 방식에서 긴장, 갈등, 의무 및 책임의 형태와 이들의 본질은 더욱 다양하다고 볼 수 있다. 공급 체계 접근 방식의 시스템은 소비자-생산자 접근법 보다 더욱 다양한 이해관계자들과 파트너십을 맺는 경향이 있기 때문에 보다 더 복합적이고 복잡한 책무성 메카니즘에 주목한다.

둘째, 현재의 개발 파트너십은 공동의 목표를 위해 함께 일하는 데에 중점을 두는 비공식적 방식 보다 법률에 기초한 보다 공식적인 형태의 파트너십을 취한다(Hardiman 2006; Zheng et al. 2008). 이러한 경향은 파트너십에 존재하는 복잡다단한 문제들을 효율적으로 해결하려는 파트너십 형성의 주도자들의 의향이나 이해를 반영하는 것이라 볼 수 있다. 공식적 계약이나 협정은 특히 파트너의 참여가 개인적인 능력 또는 헌신에 의존한 경우 특히 유용하다. 하지만 이러한 공식적 파트너십에 대한 기대나 경향이 상황에 따라 유연하게 바뀔 수 있는 파트너십 형성에 방해가 되는 것도 사실이다. 예를 들면, 파트너십에 기반하여 진행되는 프로젝트 내에서 새로운 과제가 도출될 수도 있고, 새로운 파트너가 들어올 가능성도 있다. 유연한 프레임워크가 없는 파트너십은 목표 또는 목적을 달성하는데 필요한 혁신과 기회를 제한할 수도 있다.

셋째, 공동 의사결정(joint decision-making) 과정은 개발 파트너십 시스템의 거버너스, 특히 상이한 아이디어, 가치, 목표를 가진 개발행위자들이 상대방과 조율할 수 있게끔 하는 메카니즘으로써의 거버넌스를 구성하는 핵심 요소들 중 하나이다. 공동 의사결정 과정이 대상으로 삼는 이슈의 범위와 그 결정의 정도에 대한 다양한 견해와 가정(assumption)들이 있을 수 있다. 공동 의사결정 과정에 대한 한 가지 견해는 공동의 이해 관계를 참고하여 합의되어 정당성을 가진 프레임워크 내에서 다양한 문제를 논의하고 조정하는 것이다. 이 견해는 공동 의사결정 과정이 프로젝트 실행에 필요한 세부사항을 논의하기에 충분히 개방적이고 투명한지에 초점을 맞춘다. 공동 의사결정 과정에 대한 다른 견해는 파트너십을 형성하기 전에 합의된 프레임워크를 수립하는 것이 중요하다고 주장한다. 공동 의사결정의 기간(terms), 조건(conditions), 범위(scope), 절차에 대한 합의가 참여자의 동등한 권리에 기반해 수립되었는가의 문제가 공동의사결정 자체의 개방성과 투명성보다 더욱 중요하다고 생각하는 것이다. 이 견해는 공동의사결정 과정의 개방성과 투명성에 대한 평가에 주목하는 것을 뛰어 넘어 이러한 공동의사결정 과정의 프레임워크를 정할 때 어떤 제한 조건들이 이미 존재하였는가에 관심을 갖고 있다 (Eyben 2006; Faul 2016).

마지막으로 책무성(Accountability)을 어떻게 이해하는가의 문제는 개발 파트너십의 거버넌스의 본질을 결정하는 것과 중요한 관련이 있다. 책무성은 모든 파트너에게 자신의 행동에 책임을 지는 권한을 부여함과 동시에 정당한 방식으로 업무를 수행하도록 의무를 부과한다는 점에서 양방향으로 결정된다(Held and Koenig-Archibugi 2005). 책무성을 강화할 수 있는 메커니즘은 프로젝트 성과(outcome)와 관련된 파트너십의 효과성 향상에 중요한 요소이지만 이것은 또한 개발 파트너십의 거버넌스 구조와 과정을 강화하는 역할을 한다(Kim 2013).

5. 파트너십 성과

개발 파트너십에 대한 설명은 성과(outcome)의 어떤 부분이 측정되어야 하는가라는 질문에 먼저 답해야 한다. 개발 파트너십과 관련된 경험적 연구들은 프로젝트 성과와 관련하여 긍정과 부정이 섞여 있는 결과들을 제시한다(Shin et al. 2017). 이처럼 개발 파트너십의 성과가 다양하게 평가되는 이유는 개발 파트너십의 산출물(output) 또는 성과(outcome)가 다양한 이유도 있겠지만, 산출물과 성과를 평가하는 기준이 다르기 때문이다. 어떤 이들은 개발 파트너십이 수혜자들에게 제공하는 서비스를 얼마만큼 향상시켰는가에 초점을 두기도 하고, 또 어떤 이들은 부정의(injustice)를 양산해내는 정치, 경제, 사회구조와 관계를 근본적으로 전환하는 주체로써의 시민사회조직이 가진 역량이 얼마나 강화되었는가에 초점을 두기도 한다(Choudry and Kapoor 2013).

개발 성과는 개발에 대한 이해와 전략에 따라 다르게 받아들여진다. 개발 성과에 대한 센(Sen)의 분류인, 최종 성과(culmination outcome) 접근과 포괄적 성과(comprehensive outcome) 접근 방식은 개발 성과의 이해 방식에 대한 시사점을 제공한다(Sen 2010). 최종 성과접근은 확실하게 구분된 투입량에 대한 계산을 통해 명확하게 명시되고 측정할 수 있는 성과를 지칭한다. 이는 투입에 대한 결과, 즉 산출을 설명하는데 초점을 맞추고 있기 때문에 개발 과정 전반에 걸쳐 행위자와 기관의 상호작용, 이해관계, 예상치 못했던 영향 등과 같은 변수에는 관심을 많이 기울이지 않는다(Samson et al. 2015). 센은 최종 성과접근이 개발 또는 개발 성과에 대한 "행위자, 과정 또는 관계들의 관련성"을 보여 주지 못한다는 점에서 그 한계를 지적한다(Sen 2010).

센의 최종 성과 접근에 대한 비판과 포괄적 성과 접근에 대한 선호는 개발 파트너십의 성과를 어떻게 이해해야하는가에 대한 이해를 돕는다. 개발 파트너십은 개발협력을 위한 여러 가지 노력 중의 하나이다. 즉 파트너십은 설정된 목표 달성을 통해서뿐 아니라 광범위하게 정의된 개발의 궁극적인 목적 달성에 기여함으로써 개발에 기여해야 한다. 만약 개발 프로젝트의 목표가 다른 이들의 희생을 그 대가로 해서 달성된다면, 이렇게 달성된 목표는 개발 그 자체에 도움이 되지 않는다. 즉 프로젝트 성과에 대한 평가 범위가 협소한 경우, 장기적 또는 범분야 간 영향은 간과될 수 있다는 점을 유념해야 하는 것이다. 또한 파트너십 성과에 대한 평가는 즉각적인 성과 뿐 아니라 지속적으로 반복적인 영향과 포괄적인 영향 모두에 초점을 맞추어야 한다. 이에 더해, 파트너십 평가는 경제·정치적 힘의 배분 패턴을 형성하는 기관, 프로세스 및 행위자의 변화를 포함한 단기 및 장기 성과에도 관심을 가져야 한다.

Ⅳ. 개발파트너십의 이해와 평가

앞서 살펴본 바와 같이, 파트너십을 구성하는 주요 측면 또는 요인들은 다양한 부분에서 그 고유한 갈등을 가지고 있다. 프로젝트의 공동 주권에 대응하는 원조자의 일방적 주권, 동등한 권리에 대응하는 원조자의 포섭 또는 통제, 민주적 의사결정에 대응하는 하향식 결정, 그리고 최종성과에 대응하는 포괄적 성과 등이 그 갈등의 예라 할 수 있다. 이는 파트너십이 변하지 않거나, 바꿀 수 없는 안정된 질서를 의미하는 것이 아니라, 파트너 간의 상호작용에 따라 지속적으로 변화하고 영향받는 체제라는 것을 의미한다. 파트너십을 지속한다는 것의 의미는 절대적으로 안정적이고 변함없는 상태를 유지한다는 의미가 아니다. 지속적인 개발 파트너십에 내재한 다양한 갈등은 변화들을 일으킨다. 때로는 이러한 변화들이 매우 느리게 일어나기도 하고, 파트너십이 이러한 변화들에 잘 대응해서 오히려 이러한 변화들로 인해 추가 이익을 얻기도 한다.

구조적 이점 혹은 제약으로 인해, 개발 행위자들(예를 들면, 개발 파트너십의 구성원들)은 비전, 절차, 산출물, 성과 그리고 모니터링과 평가 등 다양한 범주의 이슈들에 대해 절충하고 조정하기 마련이다. 개발 파트너십이 유지되는 한, 이러한 절충과 조정 결과들, 즉 프로젝트에 대한 이해, 협약, 규칙 등은 상황의 변화에 따라 지속적으로 재검토, 재평가, 수정 또는 개편된다. 이에 따라서 파트너들 역시 지속적으로 자신들의 행위를 바꾸게 된다. 개발 파트너십은 파트너에 대한 세부 정보만 알거나 협약 또는 계약에 명시된 목적과 절차만을 통해서는 이해하기 어렵다. 파트너십을 더욱 잘 이해하기 위해서는 파트너들이 개발 파트너십 목표 달성을 위해 갖게 되는 방향성과 그 수정 내용을 파악하는 것이 필요하다.[1]

---

1 이 부분에 대해서 필자는 절충적 혹은 협상적 질서 이론(theories of negotiated order)에 대한 논의에서 영감을 얻었다. 협상적 질서이론은 모든 사회질서는 협상의 결과물이고, 조직적 구조와 규칙 역시 이러한 지속적으로 재구축된 협상적 질서의 반영에 지나지 않는다고 이해한다. 이는 주류적 시각, 즉 조직은 안정적(stable)이고, 공통의 목표를 공유하고 이를 달성하기 위해 노력하는 조직 참여자들에게 기능적 요구를 만들어내는 자기 유지적인 (self-maintaining)한 것이라는 시각에 정면으로 반대하는 시각이다. 다음의 연구를 참조하라. Strauss, A. L. (1978) *Negotiations: Varieties, contexts, processes and social order*. London; and C.J. Stevens, F. (2014),"Negotiated Order," In eds. W. C.

프로세스로서의 개발 파트너십은 다양한 단계가 있으며, 이는 다양한 유형의 개발 성과 뿐 아니라 축적되고 포괄적인 성과에도 영향을 미친다. 하지만 파트너십을 평가하는 주류 접근 방식은 "최종(cumulative)"으로 "목표 달성을 위한 파트너십의 능력(또는 그렇지 않은)을 야기하는 1차원적이고 단선형의 방식으로 작용하는 변수들의 집합적 결과"에 초점을 맞춘다(Kelly 2012). 따라서 개발 파트너십의 최종 성과와 포괄적 성과를 모두 포함하는 다면적 영향과 파트너십의 다양한 단계의 효과성을 측정 할 수 있는 방법론이 필요하다. 지금까지 논의 내용을 토대로 필자는 투입단계, 진행단계, 산출단계에 초점을 맞춘 개발 파트너십 평가 프레임워크와 8개의 전형적 파트너십 종류를 제안한다.

1. 투입(input) 단계

투입단계는 개발 파트너십이 수립되기 이전 단계로 파트너를 선정하는 기준, 파트너십의 조건과 규약, 파트너십을 맺음으로써 달성하려는 목표를 선정하는 기준을 만드는 과정이라 할 수 있다. 이론적으로 투입단계는 누구에게나 열려있다. 하지만 실제 개발협력 사업에서의 투입단계는 대부분 공여국에 의해 주도된다. 앞에서 살펴본 바와 같이 대부분의 공여국들은 파트너십에 참여할 수 있는 대상에 대한 명확한 기준을 가지고 있다. 잠재적 공여국의 과거 성과에 대한 제도적 또는 개인적

Cockerham, R. Dingwall & S. Quah (eds.), *The Wiley Blackwell Encyclopedia of Health, Illness, Behaviour, and Society.*

경험 역시 암묵적인 기준으로 중요한 역할을 한다. 공여국과 지역에서 사업을 수행하는 기관 간의 힘의 비대칭성을 떠올리면 사업수행 기관이 주도권을 잡기란 어려운 일임을 알 수 있다. 하지만 최근 일부 수원국은 공여기관과의 파트너십을 토대로 개발 프로젝트를 구체화하기 위해 자율성과 힘을 발휘하고 있다(Hayman 2009).

〈표 1〉 파트너십의 투입 단계 평가

구분	변수	세부 내용
파트너 선정	파트너 선정 기준	•누가 어떻게 파트너 선정 기준을 수립하는가? •선정 기준은 공여국 입장만 반영되어 있는가?
기간과 조건	파트너십 형성을 통해 기대되는 목표와 목적	•어느 정도로 목적과 목표가 이미 결정되었는가? •변경 가능한가?

위의 〈표 1〉은 투입단계 특징 평가를 위한 핵심 변수와 사용 가능한 맥락, 변수와 관련된 세부 내용이다. 구체적으로 파트너 선정, 파트너십 유지 기간과 조건 등을 통해 투입단계에서 개발 파트너십이 파트너들에게 얼마만큼 개방적인지 혹은 공여국의 이해관계에 초점이 맞춰져 있는지 또는 변화가능성이 충분한지 아니면 제공된 프레임워크 내에서 파트너십을 통해 기대되는 행동들이 얼마나 결정되어 있는지 등을 평가할 수 있다.

2. 진행(throughput) 단계

진행단계는 개발 파트너십이 달성하고자 하는 목적 이상으로 개발에 기여할 수 있도록 조직과 기관의 능력을 향상시킬 수 있는 메커니즘으로써의 파트너십의 질(quality)과 건전성과 관련이 있다(Caplan and Jones 2002). 이에 대한 예로써 재정 상황과 기술 능력향상 등이 있다. 이 단계는 목표, 전략, 이해 및 특정 문제에 대한 접근법, 모니터링 및 평가 기준 등에 대한 긴장, 갈등, 협상 등으로 가득 차 있다. 핵심 질문은 이러한 도전 과제들을 해결하기 위해 공식적이든 비공식적이든 파트너십 내부에 메커니즘이 존재하는지 검토하기 위한 것이다. 검토가 필요한 구체적인 이슈들은 다음과 같다. 의사결정 과정이 개방적이고 투명한지 여부, 의사결정과정에서 파트너가 동등한 권리와 기회를 갖는지의 여부, 그리고 공동 의사결정 과정에서 논의되어야 할 문제의 범위 등이다.

앞서 언급한 바와 같이 이 프로세스는 행위자들이 변화하는 조건에 적응하고 새로운 도전 과제들을 해결하고, 필요 시 새로운 파트너를 수용할 수 있을 정도로 유연해야 한다. 파트너 간에 공통적으로 합의된 평가기준이 존재하는지의 여부도 중요하다. 모든 파트너에 의해 이와 같은 기준과 지표들이 공동으로 결정되고 수용되지 않는 한, 분쟁은 불가피하게 발생하고 잠재적으로 파트너십에도 악영향을 줄 수 있다.

법적 구속력이 있거나 강제할 수 있는 문서의 존재는 개발 파트너십이 투명하고 개방적으로 작동할 수 있게 한다. 이러한 법적 장치, 예를 들면 법적 문서가 합의된 규칙과 규정을 어기는 파트너로부터 다른 파트너를 지켜줄 수 있는 메카니즘을 가지고 있는지 역시 중요한 문제라고 할 수 있다. 이는 공여국 자원(또는 재원)에 의존하는 수원국의 사업수행기관에게 특히 중요한 부분이다. 왜냐하면 공여국에 의해 형성된 프레임워크에 수원국의 사업 수행기관의 보호 조항을 포함시키는 것은 쉬운 일이 아니기 때문이다.

마지막으로 파트너, 특히 현지에서 사업을 수행하는 실행자들의 역량

강화를 위한 메커니즘과 요소가 얼마만큼 있는지도 중요하다. 현지에서 사업을 수행하는 실무자들을 위한 연수, 교육, 현장 교육 등을 위한 예산이 설정되어 있는지 역시 개발 파트너십이 달성하려고 하는 목표와 목적을 넘어서 궁극적으로 개발에 기여할 수 있는 파트너십을 보여주는 좋은 지표이다.

〈표 2〉 파트너십의 진행 단계 평가

구분	변수	세부 내용
공동의사 결정과정	개방성과 투명성	•의사결정과정이 개방적이고 투명한가?
	평등권과 기회	•의사결정 과정에 있어 파트너 간에 동등한 권리와 기회가 있는가?
	논의할 이슈의 범위	•공동의사결정의 이슈 범위는 어떻게 설정되어 있는가?
	평가 기준	•평가 기준은 공동으로 결정되었는가?
유연한 협정	새로운 업무와 새로운 파트너	•파트너가 새로운 조건과 업무, 그리고 새로운 파트너를 받아들일 수 있을 간큼 파트너십 협정이 유연한가?
파트너 간의 거버넌스	법적 구속력의 존재 여부	•파트너십에 대한 법적 구속력 또는 강제력을 지닌 법적 근거가 마련되어 있는가?
	현지 사업 실무자를 보호할 수 있는 법적 장치의 존재 여부	•현장 실무자를 보호할 수 있는 법적 근거와 조약이 존재하는가?
역량강화	현지 사업 실무자의 역량강화를 위한 예산 책정	•현장 실무자의 역량강화를 위한 메커니즘과 요소가 마련되어 있는가?

위의 〈표 2〉는 진행 단계에서 파트너십 평가를 위한 맥락, 변수 및 평가 질문들을 요약한 것이다. 이는 대부분 파트너십의 본질(nature)에 관한 것으로 행위자, 기관 및 프로세스와 같은 포괄적인 성과의 일부분과 관련되어 있다. 이와 같은 변수들에 대한 평가를 토대로 파트너십이 비

공여국 또는 실무자에게 유용한지 아닌지, 혹은 공여국이 주도하는지 실무자 중심인지에 대한 해답을 구할 수 있다.

3. 산출(output) 단계

개발 프로젝트에서 파트너십은 특히 가시적(visible)이다. 성과평가와 관련하여 파트너십 평가 관점은 프로젝트 중심 평가 관점보다 훨씬 광범위하다고 볼 수 있다. 파트너십이 파트너의 다양한 관계와 네트워크를 통해 개발에 영향을 미치기 때문에 파트너십의 관점은 프로젝트 평가 중심의 관점보다 훨씬 포괄적이다. 파트너의 다양한 분야, 이해관계 및 거버넌스의 정도는 개발 파트너십의 영향을 다차원, 다층적, 다분야적으로 만든다.

산출단계의 평가는 산출과 성과를 고려한다. 산출(output)은 파트너십의 실제 결과와 영향을 측정한다. 예를 들어, 만들어진 도로의 길이(length), 만들어진 접안시설의 숫자 등이 그것이다. 성과는 산출물을 투입으로 보았을 때 그 결과를 측정한다. 예를 들어, 구축된 도로를 이용하는 교통량, 접안시설을 이용한 적재량 등이 그것이다. 산출단계의 성과는 파트너십 그 자체를 포함할 수도 있다. 왜냐하면 형성된 파트너십이 추후의 협력 기반이 되기 때문이다. 형성된 파트너십이 지속가능한 구조적, 사회적 변화를 일으킬 수 있는지, 만약 일으킨다면 어떻게 일으키는지 등이 산출단계의 핵심 질문이다(Charles et al. 1998).

산출단계의 성과평가에는 두 가지 문제점이 있다. 첫째, 편익(benefit) 또는 성과는 종종 과대평가 된 반면 비용은 종종 과소평가 된다. 이러한 경향은 파트너십으로 진행된 인프라(infrastructure) 관련 프로젝트 내에서 발견된다. 이는 모든 관계자들이 종종 "낙관적인 편견(optimism bias)"을 가지고 있기 때문이다. 이들은 인프라와 관련된 실질적 필요 수요를 과대평가 하고 정당화하기 때문이다(Romero 2015; Jomo et al. 2016). 둘째, 원조기관은 장기(long-term) 성과보다 단기 성과에 우선순위를 두는 경향이 있다(Charles and McNulty 1999). 프로젝트 또는 파트너십 기간 이후에 확인 가능한 중간 결과와 이와 연계된 결과들의 명확성을 높일 수 있는 다양한 방법론이 개발되었지만, 전반적으로 개입에 관한 엄격한 영향분석에 대한 관심은 여전히 부족하다. 이러한 것이 장기 성과 측정을 소홀히 하는 원인이 되고 있다.

〈표 3〉 파트너십의 산출 단계 평가

구분	변수	세부 내용
예상되는 산출물	산출물	• 파트너십이 계획한 산출물을 어느 정도까지 만들어내는가?
목적한 성과	성과	• 파트너십을 통해 목적한 성과를 도출했는가?
성과의 성과	성과의 전이 (Spill-over)	• 파트너십을 통해 도출된 성과가 다른 성과를 이끌어내는 데 영향을 주는가?
한시적 성과	장기 성과	• 파트너십을 통해 새로운 개발 파트너십을 구축하는가?

위의 〈표 3〉은 산출단계 평가의 핵심질문과 관련된 예이다. 이 질문들은 파트너십의 결과가 즉각적인지, 예상되는 것인지, 장기적이고 범분야 섹터를 다루고 있는지를 묻는다. 이러한 평가를 토대로 우리는 파트너십이 포괄적(comprehensive)인지 혹은 최종적(culminating)인 성과를 도출했는지 알 수 있다.

4. 방법론과 지표

파트너십에 대한 포괄적인 이해와 평가를 위해 정성·정량 데이터와 지표가 필요하다. 정성적 데이터와 지표는 평가자들로 하여금 파트너들의 다양한 평가, 또는 평가 시각을 확인할 수 있게 도와주고, 정량데이터를 해석하기 위한 맥락과 관련된 풍부한 자료를 제공해 준다. 앞서 제시한 〈표 1〉부터 〈표 3〉까지의 질문들은 이러한 정성·정량 데이터 확보를 위한 질문들의 예이다. 이들 질문들은 보다 상세한 질문들로 발전되어야 할 것이다.

정성 데이터와 정량 데이터 및 지표가 모두 똑같이 중요하지만 특정 이슈 또는 맥락 평가를 위해 적절한 방법을 사용하는 것 또한 중요하다. 정량접근법과 정성접근법을 통합하기 위한 다양한 방법론이 개발되었다. 이는 별도의 접근법을 사용하는 것보다 더 완전하고 통합적 수준에서 데이터를 수집, 사용 및 분석할 수 있게 해준다. 프로젝트 각 단계에서 상반되는 정성결과와 정량결과가 나올 수 있는 파트너십의 맥락에서 특히 효율적이라 볼 수 있다. 정성과 정량의 혼합방법론은 두 데이터를 비교할 수 있게 해 주고, 또한 성격이 다른 데이터와 비교하여 검증할 수 있게 해 준다. 둘째, 혼합방법론은 파트너의 상이한 견해를 파악하는데 용이하기 때문에 통계적인 판단 뿐 아니라 파트너 경험에 근거한 판단을 가능하게 한다. 셋째, 다양한 형태의 파트너십과 평가 환경을 고려할 때 방법론은 유연할 필요가 있다. 혼합방법론은 거대한 레퍼토리를 가진 방법론이기 때문에 뛰어난 유연성과 적응력을 갖고 있다. 이상의 장점에도 불구하고, 복잡성의 증가, 다학제간 연구팀을 구성하고 운영하는 데 드는 비용의 증가 등은 혼합방법론 사용을 저해하는 요인으로 작용한다(Brannen 1992; Creswell et al. 2003).

V. 개발 파트너십의 이상적(ideal) 모델

지금까지 개발파트너십의 이상(ideal)과 실재(reality) 간의 차이를 통해, 개발파트너십이 항상 조화롭게 운영되는 것은 아니라는 것을 확인하였다. 파트너십을 형성하는 파트너 간의 관계가 협력적인가 또는 경쟁적인가, 서로를 지지하는가 혹은 대립적인가, 다양한 내부 혹은 외부 맥락에 얼마만큼 의존적인가에 따라 다양한 모습이 나타난다. 모든 파트너십에는 분명한 힘의 비대칭성이 존재하지만 파트너십의 정의(definition)에 따르면 어떤 파트너도 다른 파트너를 완전히 지배할 수는 없다. 협상은 안정성과 질서를 구축하는 것으로 파트너십의 일상적인 특징이라 할 수 있다. 중요한 점은 협력의 정도(degree)가 동등한가가 아니라 어느 정도 동등한가이다. 이와 같은 동등성의 정도에 관한 질문은 앞서 언급한 모든 이슈에 적용된다.

파트너십의 실적(performance)은 선형적이거나 축적되는 것이 아니다. 이는 각 단계에서 나타난 결과에 대한 만족과 성공의 정도가 다르기 때문이다. 파트너십을 포괄적으로 이해하고 평가하는 것의 핵심은 각각 다른 시기, 다른 맥락에서 다양하게 나타나는 파트너십의 실적들을 파악하는 것이다.

앞서 제시한 논의들을 토대로 주요 변수들을 도식화하면 아래 〈그림 2〉와 같다. 물론 각각의 변수들을 이분법적으로 구분했지만, 이는 단순히 서술의 편의를 위한 것으로 모든 변수들은 스펙트럼의 양극으로 이해해야 할 것이다. 이 도식은 다양한 종류의 개발 파트너십을 이해하는데 도움을 주고 각기 다른 단계의 개발 정책 과정과 어떻게 연결되는가를 보여준다.

〈그림 2〉 개발 파트너십 평가를 위한 변수

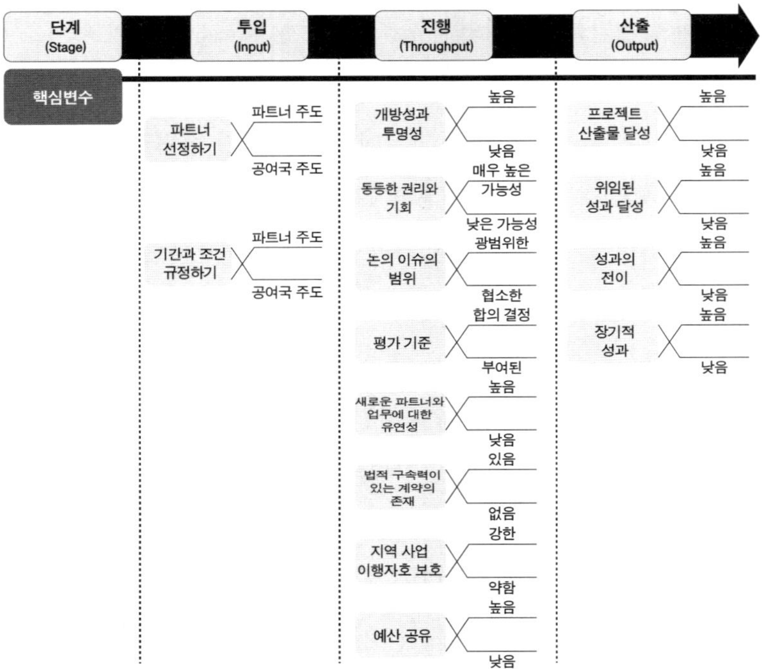

출처: 저자 작성

평가에 기초하여, 개별 파트너십은 아래 〈그림 3〉의 개발 파트너십 큐브 내 어느 곳에 놓여질 수 있다. 즉 개발 성과를 고려할 때, 파트너십은 각 차원에서의 정도(degree)를 나타내는 것으로 볼 수 있다.

〈그림 3〉 개발 파트너십의 8가지 유형

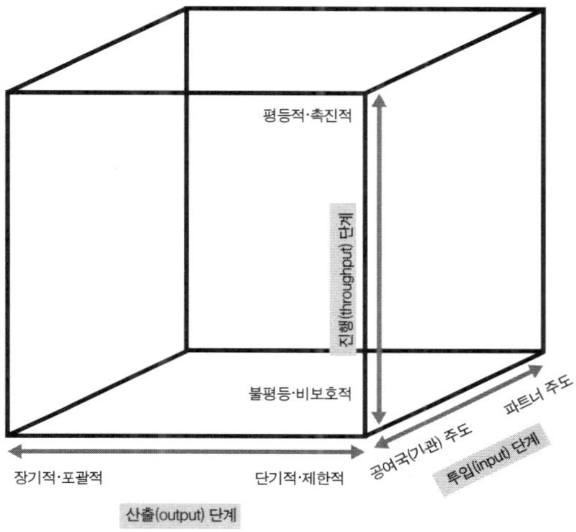

출처: 저자 작성

Ⅵ. 맺음말

파트너십을 구축하거나 파트너십을 통해 협력하는 것은 협력을 통해 얻을 수 있는 이점, 즉 단독으로 수행하기 어려운 일을 하게 해 준다는 점 뿐 아니라 개발 본연의 목적에 부합한다는 의미에서 그 자체로 이점이 있다(Huxham 1996). 하지만 개발 파트너십은 항상 조화롭고 안정적인 것이 아니다. 개발 파트너십은 참여자의 비대칭적인 힘(power), 아이디어와 접근의 다양성에서 비롯된 갈등과 불안정의 원인으로 가득 차 있다. 파트너십 형성의 핵심 이슈는 불안정과 갈등을 줄이고 개발 성과를 도출하는 것이다. 개발 파트너십을 이해하고 평가하는데 핵심적으로 필요한 것은 개발 파트너십의 주요 규범과 원칙이 어느 정도로 실현되었는가를 알 수 있게 해주는 충분한 정보이다. 규범과 원칙의 실현 정도가 파트너십을 통해 얻을 수 있는 혜택의 규모와 특성에 영향을 주기 때문이다. 빈곤 감소, 또는 거버넌스 개선과 같은 파트너십 프로젝트의 특정 성과는 사업 수행기관 또는 수원국가의 자율성, 자기 결정권 및 자존감 약화의 결과일 수 있다(Maxwell and Riddle 1998). 경우에 따라 파트너십이 해결 방안이 아닌 문제의 일부가 되기도 한다.

본 연구는 개발 파트너십의 발전 과정과 경험을 토대로 개발 파트너십의 규범과 원칙의 주요 측면을 파악함으로써 개발 파트너십의 성과를 평가하기 위해 3단계 접근법을 제시했다. 이러한 접근 방식을 뒷받침하는 핵심 아이디어는 프로세스 및 성과 지향적인 파트너십에 대한 포괄적인 이해와 사전-사후 파트너십 체제의 프로세스 및 영향에 대한 중요성 부여였다. 개발 파트너십은 정치적이고 지역 사회의 요구에 대응할 수 있을 만큼 유연해야 한다는 사실 또한 강조하였다. 이 글에서 진행된 논의는 개발 파트너십의 이해와 평가를 위해 파트너십이 이뤄지는 각기 다른 단계에서 다양한 규범과 가치에 조금 더 주의를 기울일 필요가 있다는 점을 강조했다.

파트너십 평가 도구로 제안된 프레임워크는 이론적이고 개념적인 논의를 바탕으로 전형적인 사례 또는 유형을 설명하고 강조하였다. 따라서 다음과 같은 부분에서 제한이 있다. 첫째, 파트너 간의 협상 전략이 충분히 다뤄지지 않았다. 앞으로 많은 연구가 진행되어야겠지만, 특히 파트너 간 협상 및 협상 프로세스에 초점을 맞춘 연구는 어떤 경우에 파트너십 형성 과정에서 합의된 점들이 다시 갈등과 충돌의 이유가 되는지 명확히 설명해야 할 것이다. 둘째, 제안된 프레임워크는 파트너십 외부에서의 역동성의 중요성을 강조했다. 그러나 파트너십 외부의 행위자들의 영향을 설명하기 위한 개념적, 이론적인 프레임워크를 제시하지 못했다. 광범위하게 정의된 국제 개발협력 분야의 행위자들 간의 역학관계에 대한 연구는 개발 파트너십의 평가 연구에 통합될 필요가 있다. 셋째, 여러 부문에 걸친 양자협력부터 다자협력에 이르는 다양한 형태의 개발 파트너십의 경험적 사례를 프레임워크 내에서 검토하여 이에 대한 한계를 검증하지 못했다. 개발 파트너십의 다양한 형태와 특성을 고려할 때, 특정한 개발 파트너십 사례에 적용할 수 있는 양적, 질적 방법론에 대한 심도 있는 연구도 필요하다. 보다 정교한 평가 도구를 개발하는 것은 개발 파트너십에 관한 보다 포괄적인 이론적 설명을 필요로 한다. 마지막으로 파트너십 관계를 보다 효율적으로 구성할 수 있도록 개발 파트너십 이해 관계자에게 명확한 지침을 제공할 수 있는 인덱스(index)가 개발되어야 할 것이다.

개발 파트너십을 이해하고 평가하기 위해 파트너십에 내재되어 있는 요인을 이해하는 것을 넘어서, 정치, 경제, 사회적 구조와 행위자, 정책 및 관행 등을 망라하여 이해하여야 한다. 또한 개발 파트너십의 경험적 근거와 그 데이터를 강화하고, 개발 파트너십 이론, 특히 다양한 파트너십 구축의 원인, 동인, 제도, 프로세스, 행위자 및 성과 등에 대한 이론을 구축하는 것도 매우 중요하다. 파트너십 분석을 위해 본 연구에서 제시한 프레임워크를 광범위한 개발 프로젝트에 적용함으로써 향후 연구과제에 기여할 수 있을 것으로 기대한다.

참고문헌

AbouAssi, K. 2012. "Hands in the Pockets of Mercurial Donors: NGO Response to Shifting Funding Priorities." *Nonprofit and Voluntary Sector Quarterly* 42: 584-602.

Adams, J. 2015. "Capacity building: important but unsuccessful." In D., Blog (ed.), *DevpolicyBLOG*. Australia: Devpolicy Blog.

Audit Commission. 1998. *A Fruitful Partnership: Effective Partnership Working*. London: Audit Commission.

Bailey, F. & A. M. Dolan. 2011. "The Meaning of Partnership in Development: Lessons for Development Education." *Policy & Practice: A Development Education Review* 30-48.

Banks, N. & D. Hulme. 2012. *The Role of NGOs and Civil Society in Development and Poverty Reduction*. ed. B. W. Paper. Manchester: the Brooks World Poverty Institute.

_____. 2014. "New Development Alternatives or Business as Usual with a New Face?" *Third World Quarterly* 35: 181-195.

Banks, N., D. Hulme & M. Edwards. 2015. "NGOs, States, and Donors Revisited: Still Too Close for Comfort." *World Development* 66: 707-718.

Bingham, R. D. & R. Mier. 1993. Preface. In R. D. Bingham & R. Mier (eds.), *Theories of Local Economic Development*. Newbury Park, CA: Sage Publications, Inc.

Brannen, J. 1992. "Combining Qualitative and Quantitative Approaches: An Overview." In J. Brannen (ed.), *Mixing Methods: Qualitative and Quantitative Research*. Avebury: Aldershot.

Bräutigam, D. & M. Segarra. 2007. "Difficult Partnerships: the World Bank, states and NGOs." *Latin American Politics and Society* 49: 149-181.

Brinkerhoff, D. W. 1999. "Exploring State-Civil Society Collaboration: Policy Partnerships in Developing Countries." *Nonprofit and Voluntary Sector Quarterly* 28: 59-86.

_____. 2002. *Partnership for International Development: Rhetoric or Results?* London: Lynne Rienner Publishers.

C.J. Stevens, F. 2014. "Negotiated Order." In W. C. Cockerham, R. Dingwall & S. Quah (eds.), *The Wiley Blackwell Encyclopedia of Health, Illness, Behaviour, and Society.*

Caplan, K. & D. Jones. 2002. "Partnership Indicators: Measuring the effectiveness of multi-sector approaches to service provision." In B. P. f. D. W. S. Cluster (ed.), *Practitioner Note Series.* London: BPD Water ad Sanitation Cluster.

Charles, C. & S. McNulty. 1999. *Partnering for Results: Assessing the Impact of Inter–Sectoral Partnering.* USAID.

Charles, C. L., S. McNulty & J. A. Pennell. 1998. *Partnering for Results: A Users Guide to Intersectoral Partnering.* USAID.

Choudry, A. & D. Kapoor. 2013. *NGOization: complicity, contradictions and prospects.* London: Zed Books.

Clarke, A. and M. Fuller. 2010. "Collaborative Strategic Management: Strategy Formulation and Implementation by Multi-Organizational Cross-Sector Social Partnership." *Journal of Business Ethics* 94: 85-101

Creswell, J. W., V. L. Piano Clark, M. L. Gutman & W. E. Handson. 2003. Advanced Mixed Methods Research Designs. In A. Tashakkori & C. Teddlie (eds.), *Handbook of Mixed Methods in Social and Behavioral Research.* Thousand Oaks, CA.: Sage.

Crewe, E. & E. Harrison. 1998. *Whose Development?:An Ethnography of Aid.* London and New York, NY: Zed Books.

Eyben, R. 2006. Making Relationships Matter for Aid Bureaucracies. In R. Eyben (ed.), *Relationships for Aid.* London and New York, NY: Earthscan.

Faul, M. 2016. "Multi-Sectoral Partnerships and Power." Geneva: UNRISD.

Fine, B. 2013. "Consumption matters." *Ephemera: Theory & Politics in Organisation* 13: 217-248.

Foli, R. 2015. "Transnational actors and policy making in Ghana: the case of the livelihood empowerment against poverty." *Global Social Policy* 1-19.

Fowler, A. 1991. "Building Partnerships between Northern and Southern Development NGOs: Issues for the 1990s." *Development in Practice* 1, 5-18.

Franzoni, J. M. & K. Voorend. 2011. "Actors and ideas behind CCTs in Chile, Costa Rica and El Salvador." *Global Social Policy* 11: 279-298.

Gordon, D. M. 1987. "The global economy: new edifice or crumbling foundations." *New Left Review* 168: 24-64.

Hardiman, N. 2006. "Politics and Social Partnership: Flexible Network Governance." *Economic and Social Review* 37(3): 343-374.

Hayman, R. 2009. "Rwanda: Milking the Cow. Creating Policy Space in Spite of Aid Dependence." In L. Whitfield (ed.), *The Politics of Aid.* Oxford: Oxford University Press.

Held, D. & M. Koenig-Archibugi. 2005. "Introduction." In D. Held & M. Koenig-Archibugi (eds.), *Global Governance and Public Accountability*. Oxford: Blackwell.

Herzer, D. & P. Nunnenkamp. 2013. "Private donations, government grants, commercial activities, and fundraising: Cointegration and causality for NGOs in international development cooperation." *World Development* 46: 234-251.

Hirschman, A. O. 1978. "Exit, Voice, and the State." *World Politics* 31: 90-107.

Hofstede, G. 1980. *Culture's Consequences: International difference in work–related values*. London: Sage.

Hulme, D. & M. Edwards. 1996. "Too close for comfort? The Impact of official aid on nongovernmental organizations." *World Development* 24: 961-973.

Huxham, C. 1996. "Collaboration and Collaboration Advantage." In C. Huxham (ed.), *Creating Collaborative Advantage*. London, Thousand Oaks, CA, and New Delhi: Sage Publication.

James, O. & M. Lodge. 2003. "The Limitations of 'Policy Transfer' and 'Lesson Drawing' for Public Policy." *Political Studies Review* 1: 179-193.

Jomo, K., A. Chowhhury, S. Krishnan & D. Platz. 2016. "Public-Private Partnerships and the 2030 Agenda for Sustainable Development: Fit for Purpose." In *DESA Working Paper*. New York, NY: UN DESA.

Kayizzi-Mugerwa, S. 1998. "Africa and the donor community: from conditionality to partnership." *Journal of International Development* 10: 219-225.

Kelly, C. 2012. "Measuring the Performance of Partnerships: Why, What, How, When?" *Geography Compass* 6/3: 149-162.

Kim, T. 2013. "Global Governance and the Accountability of International Development: The Dilemma of Acceptance and Abuse." *The Korean Journal of International Studies* 53: 259-295.

Lewis, J. 1999. "Reviewing the Relationship Between the Voluntary Sector and the State in Britain in the 1990s." *International Journal of Voluntary and Nonprofit Organizations* 10: 255-270.

_____. 2004. "The state and the third sector in modern welfare state: independence, instrumentality, partnership." In A. Evers & J. L. Laville (eds.), *The Third Sector in Europe.* Cheltenham: Edward Elgar.

Ling, T. 2000. "Unpacking partnership: the case of health care." Clarke, J. Gewirtz, S. & Mclaughlin, E. (eds). *New Managerialism New Welfare?* Buckingham: Open University Press. 82-101.

Maxwell, S. & R. Riddle. 1998. "Conditionality or Contract: Perspectives on Partnership for Development." *Journal of International Development* 10: 257-268.

OECD. 1996. *Shaping the 21st Century: The Contribution of Development Cooperation.* Paris: OECD.

OECD LEED. 2006. *Successful Partnerships.* Vienna: OECD LEED Forum on Partnerships and Local Governance.

Orenstein, M. A. 2005. "The New Pension Reform as Global Policy." *Global Social Policy* 5: 175-202.

_____. 2008(a). "Global pensions policy." In N. Yeates (ed.), *Understanding global social policy.* Bristol: Policy Press.

_____. 2008(b). *Privatizing Pensions: the transnational campaign for social security reform.* Princeton, NJ: Princeton University Press.

______. 2011. "Pension privatization in crisis: Death or rebirth of a global policy trend." *International Social Security Review* 64: 65-80.

Peckham, S. 2003. "Who are the partners in public health." In J. Orme, J. Powell, P. Taylor, T. Harrison & M. Grey (eds.), *Public Health for the 21st Century: New Perspectives on Policy, Participation and Practice.* Maidenhead: Open University Press.

Peet, R. & E. Hartwick. 2009. *Theories of Development.* New York, NY and London: Guilford Press.

Perera, J. 1997. "In unequal dialogue with donors: experiences of the Sarvodaya Shramadana Movement." In D. Hulme & M. Edwards (eds.), *NGOs, States and Donors.* Basingstoke: Macmillan.

Pfeffer, J. & G. Salancik. 1978. *The External Control of Organizations: A Resource Dependence Perspectives.* New York: Harper and Row.

Porter, M. 1980. *Competitive Strategy.* New York: Free Press.

Rhodes, R. A. W. 1981. *Control and power in central–local government relations.* Aldershot: Ashgate.

Richey, L. A. & S. Ponte. 2014. "New actors and alliances in development." *Third World Quarterly* 35: 1-21.

Robertson, S. & R. Dale. 2014. "Global education policy." In N. Yeates (ed.), *Understanding global social policy.* Bristol: Policy Press.

Romero, M. J. 2015. *What lies beneath? A critical assessment of PPPs and their impact on sustainable development.* Eurodad.

Samson, M., S. van Katwyk, M. Fröling, R. Ndoro, C. Meintjes, L. Buts & B. Renaud. 2015. "Methods of Measuring the Impacts of Social Policy in Political, Economic and Social Dimensions." In *Working Paper 2015–4.* Geneva: UNRISD.

Seitanidi, M. M. 2010. *The Politics of Partnerships.* Dordrecht, Hedelberg,

London and New York: Springer.

Sen, A. 2010. *The Idea of Justice.* London: Penguin Books.

Shin, W., Y. Kim & H.-S. Sohn. 2017. "Do Different Implementing-Partnership Lead to Different Project Outcomes? Evidence from the World Bank Project-Level Evaluation Data." *World Development* 95: 268-284.

Sohn, H-S and K. Kang. 2015. "Evaluation Framework of Development Partnership Reconsidered- A Case of Developmental Public Private Partnership (DPPP) of South Korea." *Journal of Asia–Pacific Studies* 22(1): 111-132.

Stirrat, R. & H. Henkel. 1997. "The development gift: the problem of reciprocity in the development world." *Annals of the American Academy of Political and Social Science* 554: 66-80.

Strauss, A. L. 1978. *Negotiations: Varieties, contexts, processes and social order.* London: Jossey-Bass.

Teichman, J. 2007. "Multilateral lending institutions and transnational policy networks in Mexico and Chile." *Global Governacne* 13: 557-573.

Terminski, B. 2015. *Development–induced Displacement and Resettlement.* Stuttgart: ibidem Press.

Unite Nations Research Institute for Social Development (UNRISD). 2016. "Policy innovations for transformative change." Geneva: UNRISD.

Vaillancourt, Y. 2009. "Social Economy in the Co-Construction of Public Policy." *Annals of Public and Cooperative Economics* 80: 275-313.

Van Huijstee, Mariëtte, Mara Francken and Pieter Leroy. 2007. "Partnerships for sustainable development: A review of current literature." *Environmental Sciences* 4(2): 75-89.

Walz, J. & V. Raachandran. 2011. "Brave New World: A Literature Review of Emerging Donors and the Changing Nature of Foreign Assistance." In *Centre for Global Development Working Paper.* Centre for Global Development.

Wildridge, V., S. Childst, L. Cawthra & B. Madget. 2004. "How to create successful partnerships: a review of the literature." *Health Information and Libraries Journal* 21: 3-19.

Willis, K. 2011. *Theories and Practices of Development.* London and New York, NY: Routledge.

Zheng, J., J. Roehrich and M. Lewis. 2008. "The dynamics of contractual and relational governance: Evidence from long-term public-private procurement arrangements." *Journal of Purchasing and Supply Management* 14(1): 43-54.

Zimmermann, F. & K. Smith. 2011. "More Actors, More Money, More Ideas for International Development Co-operation." *Journal of International Development* 23: 722-738.

Ⅱ.

국제개발협력 파트너십의 주요 이슈

제4장 국제개발협력에서의 다자주의(Multilateralism) 위기에 대한 비판적 검토: 행위자와 규범의 제도화를 중심으로*

손혁상 (경희대학교)

이열청 (유엔사회개발연구소)

정수빈 (사)농식품신유통연구원)

I. 들어가며

국제연합(United Nations, 이하 UN) 창설 이후, 다자주의는 인권, 환경 무역 분야 등에서 거버넌스의 핵심 원칙으로 기능해왔다. UN 창설 75주년을 맞이하면서, '다자주의를 위한 동맹(Alliance for Multilateralism)', 'UN 2020 이니셔티브(initiative)' 등 다자주의에 대한 재조명과 논의들

* 이 논문은 2018년 대한민국 교육부와 한국연구재단의 지원을 받아 수행된 연구(NRF-2018S1A3A2075117)이며, 2020년『국제정치논총』제60집 2호에 게재된 논문을 수정 및 보완하였다.

이 활발해지고 있다. 역설적이지만, 이러한 논의를 이끈 것은 다자주의의 위기로 해석될 수 있는 일련의 국제동향들이다. 미국 등 주요 강대국들은 일방주의(unilateralism) 외교정책으로의 회귀, 양자주의(bilateralism) 선호, 또는 국익에 근거한 다자주의의 선택적 수용 경향을 보이며, UN을 비롯한 전통적 다자기구(multilateral organization) 역시 초국적 문제에 대하여 효과적인 대응을 하지 못하고 있다는 비판에 직면해있다(Flockhart 2020; Linn 2018). 다자기구가 서구적 가치와 그 이해관계를 주로 반영하여 기능한다는 회의적 시각의 대두는 다자주의의 정당성과 효과성에 의문이 제기되는 현실을 반영한다(박재영 2018).

한편, 다자기구의 수가 급증하면서 각국의 이해관계에 따라 여러 기구로 논의의 장이 분산되는 '포럼 쇼핑(forum shopping)' 현상에 대한 우려와 함께, 포럼 쇼핑 현상이 오히려 다자주의의 활성화를 보여주는 것이라는 반론 또한 제기되고 있다(Murphy and Kellow 2016). 그러나 국제형사재판소(International Criminal Court, ICC)나 세계무역기구(World Trade Organization, WTO) 등 일부 다자기구가 주권국가에 행사할 수 있는 영향력에 대한 거부감이 확산하는 추세에 있고, 이주민 문제 등으로 인하여 기존까지 다자간 협력을 지지해 온 일부 주요 국가에서 다자적 문제해결에 대한 국내 여론도 악화되고 있다는 점에서 포럼 쇼핑 현상에 대하여 보다 비판적으로 접근해야 할 필요가 있다(Hirschmannam and Ulbert 2019).

다자협력이 활발한 국제개발협력(international development cooperation) 분야에서 다자주의는 주로 다자원조(multilateral aid)의 맥락에서 논의되었는데, 최근 다자성양자원조(multi-bi aid)가 증가하고 있는 추세로 말미암아 다자주의의 위기는 국제개발협력에서도 제기되고 있다(Reinsberg 외 2015; Sohn and Kim 2017). 다자성양자원조는 지정기여(earmarked) 방식으로 다자기구를 통해 집행되지만 공여국의 전략적 목적에 따라 양자원조(bilateral aid)와 유사하게 활용될 가능성이 보다 높기 때문이다. 뿐만 아니라 신흥공여국, 시민사회, 기업 등 국제개발협력분야 내에서 다양한 행위자들의 영향력이 커졌고, 개발재원 중에서 민간재원이 급격하게 확대되고 있는 현 추세는 유럽 국가들이나 미국 등 전통공여국 중심의 다자적 개발협력 매커니즘이 점차 사라지는 것이 아닌가 하는 불안을 야기하고 있다. 그렇다면 국제개발협력에서도 다자주의가 위기에 처해 있고 일방주의나 양자주의가 지배적 규범을 차지한다고 볼 수 있는 것인가?

본 연구는 이러한 문제의식을 바탕으로, 국제개발협력에서 다자주의가 어떻게 작동하고 있으며 그 위기의 징후는 무엇인지, 그리고 다자원조 규범에 어떤 변화가 일어났는지에 대해 분석한다. 이를 위해 제2장에서는 다자주의에 대한 이론적 논의들을 정리한다. 제3장에서는 국제개발협력의 다자주의를 보다 다차원적으로 분석하기 위해 행위자와 규범의 제도화를 중심으로 인권과 환경 분야에서 다자주의가 주로 어떠한 맥락에서 논의되는지를 비교·검토한다. 그리고 앞 장의 논의에 근거하여 결론에서는 국제개발협력에서 제기되는 다자주의의 위기에 대하여 비판적으로 접근하고자 한다.

II. 다자주의에 대한 이론적 논의

다자주의는 다자성에 대하여 양적 측면과 질적 측면 중 어디에 초점을 맞추느냐에 따라서 여러 방향으로 정의될 수 있다(Kreps 2009). 양적 측면에서 다자주의는 현실주의에 근거하여 "셋 또는 그 이상의 국가들이 모여 국가 정책을 조정해나가는 것(the practice of coordinating national policies in groups of three or more states)"이다(Keohane 1990). 이 관점에 의하면 다자주의에 중요한 것은 국가 간 협상의 원칙 및 방법보다는 협상에 참여하는 국가의 수다.

한편, 질적 측면에서 다자주의는 "일반화된 행위원칙(generalized principles of conduct)", "불가분성(indivisibility)", "확산된 상호성(diffuse reciprocity)"에 근거하여 셋 이상의 국가들이 정책을 조율하는 것이다(Ruggie 1992). 이때, 일반화된 행위원칙이란 특정 국가의 이익과 상황에 근거한 임시적이고 자의적인 대응이 배제된 국제적 행위원칙을 의미하며, 불편부당성(impartiality), 일관성(consistency), 국제법에 대한 존중(respect for international law) 등을 주요 요소로 담고 있다(박재영 2018). 불가분성은 안보와 밀접한 개념으로 다자간 협력에 참여하는 특정 국가가 외부 국가에 의하여 공격을 받았을 때 이를 그 협력 당사국 모두에 대한 공격으로 보는 것을 의미하며, 확산된 상호성은 협력 국가들이 자국의 이익만을 추구하기 보다는 공동의 이익을 지향한다는 것을 말한다(Ruggie 1992). 결국 다자주의에 대한 질적 접근은 자유주의를 기반으로 자국의 이익 외에도 타국의 이익, 그리고 국제규범 모두를 고려하여 각국이 호혜적인 정책을 이끌어 낼 수 있음을 주장한다.

이러한 논의들을 바탕으로 피네모어(Martha Finnemore)는 다자주의가 19세기에는 공동의 위협에 대한 전략적 대응 차원에서 양적 확대를 이루었고, 20세기에는 국제적 원칙(principles)을 공유하고 이를 합의하는 과정에서 질적 변화가 있었다고 밝혔다(Finnemore 1996). 더불어 다자주의를 위해서는 다자적 합의와 이행 과정 도두에 강대국 및 이해당사국 뿐 아니라 해당 문제와 이해관계가 없는 국가(disinterested states)들도 참여해야 한다고 주장했다(Finnemore 1996). 나아가 다자주의를 주권국가 중심의 국제관계이론보다는, 다자적 규범의 실천 및 비정부기구(Non-governmental Organization, 이하 NGO) 등 민간행위자의 역할을 중시하고 국가 기능의 변화를 기대하는 글로벌 거버넌스(global governance) 차원에서 다루는 것이 보다 적절하다는 논의도 진행된 바 있다(Gaye Güngör 외 2016).

한편 카포라소(James A. Caporaso)는 다자주의를 구체적 조직으로서의 다자기구(multilateral institution)와 다자주의 제도(institution of multilateralism)로 구분한다. 이 구분에 따르면, 다자기구란 각종 UN 기관들과 같이 공식적이며 구체적으로 존재하는 국제적 조직을 의미하며, 다자주의 제도란 앞서 언급했던 "일반화된 행위원칙(generalized principles of conduct)", "불가분성(indivisibility)", "확산된 상호성(diffuse reciprocity)"의 조직원칙을 의미한다. 다자주의 제도는 실존하는 조직 외에도 G-20과 같이 성문화된 수준이 비교적 낮은 국제적 관행 및 조직에서도 발견할 수 있다(Caporaso 1992). 주목할 점은 사안별로 다자기구의 힘이 강하더라도 다자주의 제도, 즉 다자주의의 조직 원칙은 약할 수 있는 등 이 두 요소가 항상 비례하여 작용하는 것은 아니라는 것이다(Martin 1992). 그러나 동시에 다자기구가 다자주의 제도를 형성하고 다자주의 제도가 다자기구 설립을 촉진하는 등 다자기구와 다자주의 제도는 서로 복잡한 인과관계를 보이기도 한다(Caporaso 1992).

다자주의의 확산과 강화는 냉전이 종식되면서 본격적으로 이루어졌다. 그간 진영 논리에 의하여 억눌려온 다양한 차원의 문제들이 냉전의 종식을 계기로 구 식민지 국가 및 분쟁 국가를 중심으로 터져 나오기 시작했고, 서구 국가들은 자신들의 이해관계와 큰 상관이 없는 경우 직·간접적으로 역사적 책임이 있음에도 불구하고 이에 관여하기를 꺼렸다. 그 과정에서 비안보적 사안들을 중심으로 UN 등 다자기구의 역할이 확대될 수 있었다. 이때 다자기구는 강대국들의 국익 추구 수단으로 활용되기도 했다. 즉 강화된 다자기구와 약화된 다자주의 제도라는 현상이 나타나기 시작한 것이다. 그러나 이후 신생 독립국들과 NGO 등이 다자주의의 중요한 행위자로 참여하면서 다자주의 제도가 강화되고, 다자기구가 기존처럼 이들에게 우호적으로만 작동하지 않게 되자 일부 국가들에서 다자기구 또는 다자주의 제도에 기반한 협약 등을 탈피하려는 움직임이 나타나고 있다(박재영 2018). 미국의 파리기후변화협약(Paris Climate Change Accord) 및 UN교육과학문화기구(United Nations Educational, Scientific and Cultural Organization, UNESCO) 탈퇴와 영국의 브렉시트(Brexit) 계획이 이에 해당한다. 그 와중에 중견국 및 신흥국들을 중심으로 기존의 다자기구를 강화하거나 이와 경쟁하기 위한 새로운 다자기구를 만들려는 노력이 가시화되고 있다는 점에서 오늘날의 다자주의는 복잡한 상황에 직면해있다고 볼 수 있다(Morse and Keohane 2014).

현실주의와 자유주의는 이러한 다자주의에 대하여 각기 다른 시각을 제공한다. 우선, 현실주의 관점에서 다자주의의 주요 행위자는 주권 국가이며, 이들 국가의 행위를 결정짓는 주된 요인은 국익과 권력에 기반한 국제관계이다. 현실주의자들은 국제규범을 국가 행위의 독립된 변수로 보지 않는다. 이들은 국제규범을 구속력이 약하고 국가의 의지에 따라 파기되기도 쉬우며, 국제규범 자체가 특정 국가의 이익을 반영하여 형성된 것으로 인식하기 때문이다(Thomas 2001). 반면, 자유주의는 국가 외에도 다자기구, 시민사회, 기업 등 다양한 행위자들을 다자주의의 주요 행위자로 인정한다. 또한, 이 행위자들은 상호 연결되어 있기에 문제해결을 위해 서로 협력할 수 있으며, 그러므로 그 협력의 바탕이 되는 국제규범과 국제제도는 각 행위자에게 자체적으로 큰 영향력을 행사한다는 것이 자유주의자들의 주장이다. 한편 구성주의는, 앞선 현실주의나 자유주의와는 다르게, 행위자와 이들이 만들어낸 관계 및 체제를 시대적 맥락에 따라 변화가 가능한 것으로 간주한다. 따라서 구성주의자들에게 국제규범은 매우 중요한 의미를 지닌다. 국제규범은 행위자들의 정체성 및 행위의 의미와 서로 영향을 주고받으며, 정체성을 구성하고 행위를 규제하는 등 변화를 이끌어내는 역할을 수행하기 때문이다(Katzenstein 1996).

다자주의(multilateralism)는, 'ism'을 접미사로 둔 그 용어적 특성에서도 알 수 있듯이, 특정한 이념(ideology)을 내포하고 있다(Caporaso 1992). 이는 다자주의가 가치중립적이지 않으며, 자연스럽게 발생한 현상이 아니라는 것을 의미한다. 따라서 다자주의는 다양한 요인들에 의하여 각기 다르게 발현된다. 지속가능발전목표(Sustainable Development Goals. 이하 SDGs), 국제인권규약(International Covenants on Human Rights), 파리기후변화협약 등을 모두 다자주의의 산물로 볼 수 있으나, 각각의 다자주의는 그 형성 원인, 경로, 참여자 간의 상호작용 등에서 서로 다른 특징들을 내포하고 있을 수 있다. 따라서 국제개발협력의 다자주의를 다양한 측면에서 검토하기 위해서는 위와 같은 여러 부분에서의 특징들을 살펴보는 것이 중요하며, 이는 인권과 환경 등 관련 분야에서의 다자주의에 대한 비교 분석을 통해 보다 명확히 이해할 수 있다.

III. 인권, 환경, 국제개발협력 분야 다자주의 비교

본 장에서는 앞선 장에서 살펴본 바와 같이, 다자주의 연구에 있어 대표적 학자인 피네모어와 카프라소의 논의를 바탕으로 다자 행위자, 규범(norm)과 제도(institution) 중심의 분석 틀을 구성하여 인권, 환경 분야의 다자주의의 특징을 다루고 이를 국제개발협력 분야와 비교 분석한다. 본 연구는 다자주의를 보다 입체적으로 조망하기 위해, 카프라소 논의에 기반해 다자주의 규범의 제도화 과정을 종적으로 재구성, 분석하고, 피네모어 주장에 근거해 각 제도화 과정을 다시 다자주의 행위자에 따라 횡적으로 분석하는 이론적 틀을 구성했다. 인권과 환경에서의 다자협력은 국가 안보나 무역 영역에서의 다자 협력과 쉽게 구분될 수 있다. 또한, 개발 분야의 다자협력과 그 발생 원인, 행위자 등에서의 유사성이 높아 안보나 무역 분야 등에 비하여 상대적으로 개발 분야와의 비교가 용이하다. 이에 따라 인권, 환경, 개발 분야에서 행해진 중요한 다자적 합의들에 기반하여 그 주요 행위자와 다자 규범의 제도화 경로와 정도를 중심으로 살펴본다.

행위자란 국가, 국제기구, NGO, 기업 등 다자주의 내에서 영향력을 행사하는 주체들을 의미한다. 규범은 구속력을 지니기도 하는 다자적 합의의 기초라고 볼 수 있으며, 제도는 이러한 규범을 실제로 이행하는 장치에 해당한다. 다자 규범의 제도화란 다자적으로 합의된 규범이 제도적 차원에서 실제 이행 수준으로 연결되는 과정을 뜻한다. 이를 토대로 아래 〈그림 1〉에 제시된 바와 같이, 각 분야에서 주요한 행위자는 무엇이며 이들의 행위는 어떻게 나타나는지, 다자적 논의의 주된 쟁점은 무엇인지, 다자주의는 어떤 다자기구를 통해 실질적으로 기능하고 있는지, 일부 분야에서의 양자 요소들이 다자주의와 어떻게 상호작용하는지를 검토하고, 나아가 다자 규범의 제도화는 어떠한 방향으로 진행되었는지를 의제 형성과정과 행위자에 대한 구속력, 그리고 실질적 이행(implementation)을 중심으로 검토함으로써 다자주의에 대하여 보다 입체적으로 접근하고자 한다.

〈그림 1〉 연구 프레임워크

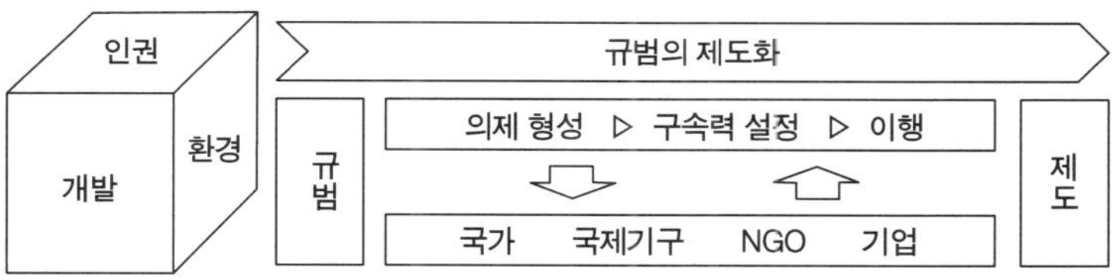

출처: 저자 작성

1. 인권 분야 다자주의

인권 분야의 다자 규범은 주권 국가의 가입 및 비준을 통해 법적 효력을 지니는 인권 관련 조약과 법적 효력은 없으나 국제적 기준으로 인정되는 인권 다자기구의 각종 지침 및 권고 등을 포괄한다. 이는 UN헌장(Charter of the United Nations, 1945)과 세계인권선언(Universal Declaration of Human Rights, 1948)과 이를 구체화한 국제인권규약(1966)을 중심축으로 하고 있다. UN헌장의 인권조항을 통해 각국은 인권 증진이 UN을 통한 다자간 협력의 주요 목적 중 하나임을 천명하였고, 세계인권선언은 군사력 및 경제력 수준에 상관없이 당시 UN 회원국 58개국 중 48개국의 찬성(기권 8개국, 불참 2개국) 속에 인권이 보편적(universal)이라는 것을 각국이 공유하는 계기가 되었다(조효제 2011).

하지만 이들 규범은 실질적 구속력이 없었고 내용상으로도 불충분한 부분이 있었기에, 이를 보완하기 위하여 국제인권규약이 채택되었다. 국제인권규약은 크게 '경제적·사회적·문화적 권리에 대한 국제규약(International Covenant on Economic, Social and Cultural Rights, 이하 A규약)'과 '시민적·정치적 권리에 대한 국제규약(International Covenant on Civil and Political Rights, 이하 B규약)'으로 구성되었는데, 이는 인권을 보다 세부적으로 규정하였고 무엇보다 이전의 인권 규범들과는 다르게 법적 효력을 지니는 다자 규범이라는 점에서 의의가 있었다(강효백 2010). A규약과 B규약은 각각 경제·사회·문화적권리위원회(The Committee on Economic, Social and Cultural Rights)와 시민·정치적권리위원회(Human Rights Committee)를 설치하고 선택의정서(optional protocol)를 만듦으로써 구속력을 확보하고자 하였다. 위원회는 선택의정서를 국가 보고 제도를 통해 규약 가입국에게 규약 이행에 대한 보고서를 의무적으로 제출받는다. 다른 한편, 개인 청원 제도를 통해 인권을 침해당한 개인을 구제할 여건을 만들었으며, 국가 간 진정 제도를 통해 가입국 간 규약 이행을 감독할 수 있도록 하였다. 그러나 제도의 실효성을 확보하기 위해서는 국가의 동의가 필수적이어야 했다. 이에 따라 각국은 주권과 외교의 논리로 제도의 실질적 이행에는 소극적으로 대응하였으며, NGO들은 의제 형성 단계 및 비판 차원에서 부분적으로만 기능할 뿐 국가에 결정적인 영향력을 행사하지는 못하였다(박찬운 2009).

인권 증진 및 보호를 위한 다자제도에는 대표적으로 UN인권이사회(United Nations Commission on Human Rights)의 보편적 정례검토(Universal Periodic Review, 이하 UPR), 특별절차(Special Procedure), 진정절차(Complaint Procedure) 등이 있다. UN인권이사회의 전신인 UN인권위원회(United Nations Commission on Human Right)는 헌장 제 68조에 의하여 창립된 것으로, 이후 UN인권위원회는 2006년에 UN인권이사회로 발전하였다.

우선 UPR은 특정 인권 관련 조약의 비준국 여부와 상관없이 UN 회원국이라면 반드시 해당 국가의 포괄적 인권 상황에 대하여 회원국들끼리 상호 심의(peer review)를 받는 제도를 말한다. 이는 국가에 대한 구속력이 비교적 강한 제도로서 기존 인권 제도상의 선별성, 이중기준, 정치화 논란에 대한 대응으로 2007년부터 실시되었다. UPR의 주요 특징 중 하나는 시민사회의 자문, 비판, 보고서 제출 등의 행위에 정당성을 부여하고, 나아가 NGO를 비롯한 시민사회를 인권 개선 조치를 위한 정부의 주요 파트너로 제도적으로 공식화하고 있다는 점이다(김한균 2017).

특별절차는 UN인권이사회로부터 권한을 부여받은 독립된 인권 전문가 집단이 특정 국가의 특정 인권 문제에 대하여 유엔에 보고하는 제도이며, 진정절차는 특정 국가에서 발생한 '지속적인 형태의 중대하고 입증된 인권침해(a consistent pattern of gross and reliably attested violations of human rights)'에 대하여 그 피해자인 개인 또는 집단이 해당 국가를 상대로 UN인권이사회에 진정을 요청하는 제도이다. 하지만 특별절차는 해당 국가가 비협조적일 경우 실질적으로 기능하기 매우 어렵다(조정현 2013). 진정절차를 통해 해당 국가가 조사를 수락하거나 진정절차 결과를 수용하여 피해자가 실제로 구제받는 경우는 매우 적은 편이다(서창록 2020).

그밖에 인종차별철폐협약(International Convention on the Elimination of All Forms of Racial Discrimination, 1969), 여성차별철폐협약(Convention on the Elimination of all forms of Discrimination Against Women, 1967), 고문방지협약(Convention against Torture and Other Cruel, Inhuman or Degrading Treatment or Punishment, 1984), 아동권리협약(Convention on the Rights of the Child, 1989) 등의 규범들 역시 국가에의 구속력 문제와 직면하고 있다(조정현 2013).

한편, 인권 분야 다자제도에서 UN인권위원회, UN경제사회이사회(United Nations Economic and Social Council) 내 각종 기능위원회, UN총회(United Nations General Assembly) 내 3 위원회로 대표되는 UN헌장기구(Charter-based bodies)외에도 인권협약기구(Treaty-based bodies)는 인권 분야 다자주의의 한 축을 이룬다. 인권협약기구는 앞서 언급한 인종차별철폐협약, 여성차별철폐협약, 고문방지협약 등의 이행을 감시하는 각 조약별 독립적 전문가 위원회를 의미한다. 인종차별철폐위원회(Committee on the Elimination of Racial Discrimination), 여성차별철폐위원회(Committee on the Elimination of All Forms of Discrimination Against Women), 고문방지위원회(The Committee Against Torture) 등이 이에 해당한다. 이 기구들은 해당 인권 조약에 가입한 국가들이 제출한 이행 보고서를 심사하고 시정이 필요한 경우 개선을 권고한다. 하지만 국가들의 정기적인 이행 보고서 제출을 강제할 수 없으며, 인권 문제의 소지가 있는 현장을 직접적으로 확인하기 어렵다는 점에서 한계가 있다(서보혁 2013).

그럼에도 불구하고, 인권 분야의 다자주의에 있어서 국가는 의제 형성 및 구속력 논의와 이행에 모두에 걸쳐 주요 행위자로 기능한다. 국가는 조약 비준, 인권의 우선순위 설정, 자국의 인권에 대한 보고서 제출, 인권 문제에 대한 조사 수용, 인권 문제 개선 권고 수용 및 거부 등의 행위를 통해 다자 규범 및 제도와 상호작용한다. 국가는 자국 내 인권에 대한 결정권을 지니는 강력한 주체이며, 따라서 국가 주권과의 긴장 관계 속에서 다자 규범과 제도의 구속력을 어디까지로 설정할 것인지, 특정 문제를 과연 보편적 인권의 문제로 규정할 수 있는지가 인권 분야 다자주의의 주요 쟁점이 되어 왔다.

이에 비하여, 시민사회는 비록 그 참여가 점차 활성화되고 있지만, 인권에 대한 다자주의 내에서 주로 의제 형성 차원에서 부분적으로 기능하고 있다. 대인지뢰금지협약(Mine Ban Treaty, 1997)의 과정에서도 알 수 있듯이 NGO는 세계적 여론을 환기하고 협약에 반대하는 국가들에게 압력을 행사하는 등 분명히 중요한 역할을 하였다(이상환 2001). 그러나 국익 기반의 자유주의적 관점에서 실질적으로 협약의 비준을 이끈 것은 캐나다 등 주요 중견국들의 노력이었다고 볼 수 있으며, 그마저도 미국이나 러시아 등 주요 강대국들의 동참을 이끌어내지는 못하였다(Kim 2007). 이와 유사하게 확산탄금지협약(Convention on Cluster Munitions, 2010)에서도 NGO는 주로 협약을 주도하는 중견국들의 조력자이자 정보제공자로서 기능하였으며 국가의 예산 지원으로부터 자유로

울 수 없었다는 점에서, 다자주의의 주요 행위자로 이해하기에는 다소 무리가 있다(Bolton and Nash 2010).

인권 분야의 다자주의는 주로 UN 체제 내에서 진행되고 있으며, 그 중에서도 UN인권이사회에 그 기능이 집중되어 있음을 알 수 있다. UN인권이사회는 인권 관련 의제 형성에 있어서 핵심 행위자로 기능한다. 다만 구속력 논의나 실제 이행에서는 국가 주권에 의하여 그 기능이 제한되는 측면이 있다. 위에서 언급한 다자기구 외 중요한 인권 관련 다자기구는 UN인도주의업무조정국(United Nations Office for the Coordination of Humanitarian Affairs), UN난민고등판무관사무소(United Nations High Commissioner for Refugees), 국제노동기구(International Labour Organization, 이하 ILO), 국제형사재판소(International Criminal Court) 등이 있으나, 이들 기구는 각자가 맡은 특수한 영역 하에서 인권 관련 다자 규범 및 제도를 주로 수용하는 기관이기에 다자주의 차원에서는 논의의 중심에 있지 않고 있는 것으로 판단된다. 지역 수준의 인권 관련 다자기구에 대한 논의는 아직 부족한 편이다. 특히 아시아에서는 아세안정부간인권위원회(ASEAN Intergovernmental Human Rights Commission) 외에는 찾아보기 어려운데, 그마저도 내정불간섭 원칙 하에 국가만을 행위자로 삼고 있으며 자문기관이기에 참여국에 이행 의무를 강제할 수 없다는 한계를 지닌다(서창록 2013).

인권을 위한 기업의 역할은 주로 다자주의의 이행 부분에서 드러난다. 기업 관련 다자적 논의는 1970년대에 경제개발협력기구(Organization for Economic Cooperation and Development, 이하 OECD)의 '다국적기업 가이드라인(Guidelines for Multinational Enterprises, 1976)' 및 ILO의 '다국적기업 및 사회 정책 원칙에 대한 삼자 선언(Tripartite Declaration

Concerning Multinational Enterprises and Social Policy, 1977)'에서 시작되었다. 이후 2000년대부터 UN을 중심으로 기업의 인권에 대한 의무를 제도화하려는 움직임이 나타나고 있다(김인재 2014). 그러나 여전히 의제 형성과 구속력 논의에 있어서 기업은 능동적 행위자보다는 국가, 국제기구, NGO를 주축으로 도출된 다자적 합의에 대한 수용자에 가깝다(김인재 2014). 기업의 의무를 제도화하려는 노력은 인권과 개발 분야가 접목되면서 보다 구체화하였는데, 이에 대하여는 개발 분야 다자주의에서 후술하도록 하겠다.

2. 환경 분야 다자주의

환경 분야 다자주의는 1972년에 열린 UN인간환경회의(United Nations Conference on the Human Environment)를 기점으로 크게 활성화되었다(Marcoux 2009). 해당 회의는 스웨덴 정부의 요청에 따라 UN총회에 의해 행해졌으며, 인간환경선언(Declaration of the United Nations Conference on the Human Environment)의 26개 원칙은 인권과 환경의 보호를 위한 세계 각국의 협력 및 경제선진국과 개발도상국 "공동의 그러나 차별화된 책임(common but differentiated responsibilities)"을 강조하였다. 이에 따라 UN환경계획(United Nations Environment Programme, 이하 UNEP)이 설립되어, 국제적 환경 이니셔티브(initiatives)를 조율하고 환경문제에 직면한 개발도상국을 지원할 기반이 조성될 수 있었다. 이후 채택된 대표적인 환경 분야 다자 규범으로는 3대 국제환경협약으로 일컬어지는 기후변화에 관한 UN 기본 협약(United Nations Framework

Convention on Climate Change, 이하 UNFCCC), UN 생물 다양성 협약(United Nations Convention on Biological Diversity, 이하 UNCBD), 그리고 UN 사막화 방지 협약(United Nations Convention to Combat Desertification, 이하 UNCCD)이 있다.

우선, UNFCCC(1992)는 그 자체로는 구속력이 없으나 교토의정서(Kyoto Protocol, 1997)를 통해 각국의 경제적 상황에 따라 온실가스 감축 및 국가통계 작성 및 보고 의무를 부과하였다. 그 과정에서 감축 의무를 둘러싸고 경제선진국과 개발도상국 간, 그리고 경제선진국 간 합의가 계속하여 불발되었는데, 1997년에 교토의정서가 채택되었음에도 불구하고 2005년에서야 발효되었다는 점이 이를 잘 나타낸다. 그마저도 미국을 시작으로 캐나다, 일본, 러시아 등 주요 온실가스 배출국들이 연이어 탈퇴하였으며, 2차 공약기간(2013-2020)에는 각국에 대한 구속력마저 없게끔 설정되었다.

이러한 상황에서도 UNFCCC는 교토 매커니즘(Kyoto Mechanism)을 통해 제도적 이행을 위한 노력을 지속해왔다. 교토 매커니즘은 온실가스 배출권을 국가간에 매매할 수 있는 배출권거래제도(Emission Trading Scheme), 경제선진국이 다른 경제선진국의 온실가스 감축사업에 참여한 경우 해당 국가의 온실가스 감축분을 자국의 감축분으로 인정받을 수 있도록 한 공동이행제도(Joint Implementation), 경제선진국이 개발도상국의 온실가스 감축사업에 투자한 경우 개발도상국의 온실가스 감축분을 자국의 감축 목표에 포함할 수 있도록 한 청정개발체제(Clean Development Mechanism)로 구성된다. 해당 매커니즘은 2015년 이후의 파리 협정에서도 이어지고 있는데, 환경 분야에 시장적 요소를 도입하는 것에 대한 비판과 더불어, 각종 위원회를 통한 이행 감독 역시 국가의 동의에 절대적으로 의존하고 있다는 한계를 지적받고 있다(이일호 2013).

UNCBD(1992)는 생물다양성 보전과 생물자원의 지속가능한 이용을 위한 각국의 의무를 규정하고 있으며, 카르타헤나 의정서(Cartagena Protocol, 2000)와 나고야 의정서(Nagoya Protocol, 2010)에 의하여 구속력을 지니게 되었다. 이 역시 앞선 UNFCCC와 마찬가지로 경제선진국과 개발도상국 간 이해관계 충돌로 인하여 합의가 잘 이루어지지 않았으며, 애초의 취지였던 생물다양성 보존에서 벗어나 생물 유전자원에 대한 소유권 및 이익 배분으로 논의가 집중되고 있다(Baten and Titumir 2012). 이를 잘 드러내는 것이 사전통보승인(Prior Informed Consent) 제도인데, 타국이 특정 국가의 생물유전자원에 접근하고자 할 경우 당사국에게 사전에 승인을 받아야 하는 것을 말한다.

UNCCD(1994)는 사막화 피해를 겪고 있는 아프리카 국가들에 의하여 지속적으로 발의되어 결국 채택된 것으로, 관련 논의는 1992년 이전까지 경제선진국들의 미온적 태도 하에 고착상태에 있었다(소병천·손희두 2007). 이에 따라 사막화 피해당사국은 사막화 방지를 위한 장기전략을 수립해야 하고 경제선진국은 이러한 피해당사국을 기술협력 등을 통해 지원해야 하는 의무를 지니는데, UNCCD의 경우 UNFCCC 및 UNCBD와 다르게 강제성이 없는 협약이다. 한편 제도적 차원에서 UNCCD를 뒷받침하는 기관은 당사국총회(Conference of Parties)와 상설사무국(The Secretariat), 그리고 과학기술위원회(The Committee on Science and Technology)다. 당사국총회는 2001년 이후로 2년마다 정기적으로 개최되고 있으며 UNCCD와 관련된 결정권을 지닌다. 각국은 상설사무국을 통하여 협약 이행 내용을 당사국총회에 제출해야 하고, 과학기술 위원회는 각국에 사막화 방지를 위한 정브 및 자문을 제공한다.

지금까지의 논의에서 파악할 수 있듯이, 국가는 의제 설정, 구속력 논의, 이행에 있어서 환경 분야 다자주의의 주요 행위자로 기능했다. 환경 분야에서 다자주의는 강대국뿐만 아니라 중견국 및 개발도상국을 포괄하는 방향으로 변화해왔음에도 불구하고, 환경 분야에서 다자주의의 한계를 보여주는 경우는 대부분 소수 강대국 간 합의 불발이 주된 원인이었지, 여러 행위자의 참여에서 기인한 비효율성 증가에 의한 것은 아니었다(Kahler 1992). 따라서 다자간 환경협약들이 강대국의 참여를 이끌어 낼 수 있을 만큼 얼마나 유연한지가 그 체결 및 발효에 결정적인 요인이 되었다(Marcoux 2009.

개발도상국의 경우 협약에 대부분 공동의 이해관계를 가지고 대응함으로써 다자주의에서 영향력을 확보할 수 있었고, 유해 폐기물의 불법 이동을 제한하는 바젤협약(Basel Convention, 1989)을 주도하는 등 주된 행위자로서 기능하였다. 하지만 개발도상국이 이해관계를 앞세워 다자간 환경협약 체결 자체를 어렵게 하거나 그 실효성을 약화시킨다는 비판에도 직면해있다(조정원 2007). 이러한 상황에서 NGO의 경우 각종 다자간 환경협약들에서 그 역할의 중요성과 필요성을 점차 인정받고 있다. 그러나 의제 형성 단계 및 미시적 이행 차원에서 조력자 역할에 그칠 뿐, 구속력 논의에 있어서 영향력이 제한되어 다자적 합의의 주요 당사자로서 기능한다고 보기에는 다소 무리가 있으며 이는 비단 환경 분야에만 해당하는 내용은 아니다(Raustiala 2012).

환경 분야 다자주의는 결국 국가에 대한 구속력과 국가 간 이해관계를 주요 쟁점으로 하고 있다고 볼 수 있는데, 이러한 쟁점들을 주로 조율하는 역할을 해온 기구가 UNEP다. 이는 다자간 환경협약 준수 매커니즘이 분쟁 해결보다는 분쟁 예방의 형태로 발전해 온 특성과 합치되는 부분이다(Goeteyn and Maes 2011). 그러나 UN총회의 보조기구(subsidiary organ)로서 설계된 UNEP는 각종 다자간 환경협약의 사무국들의 영향력이 커지면서 이들이 국제기구화되며 독자적 이행능력에서 한계를 드러냈다(신연재 2007). UN 내부에서조차 자리 잡는 것이 쉽지 않았는데, 협력을 기대했던 UN개발계획(United Nations Development Programme)과는 오히려 그 권한을 두고 분쟁이 발생하며 UNEP는 더욱 위축되었다(신연재 2007). 그러므로 환경 분야 다자주의는, UN이 중요한 채널(channel)로 기능하고 있음에도 불구하고, 각 환경 안건별 협약 이행을 위한 사무국 수준의 기구들로 다자기구로서의 실질적 영향력이 분산되어 있다는 것을 특징으로 한다. 환경 분야에서 다자기구는 의제 형성, 구속력 논의, 이행 전반에 걸쳐서 그 기능이 제한적으로 발현되고 있는 것이다. 지역 다자기구 역시 조정기구로서 주목을 받지 못하고 있다.

기업은 환경 관련 다자주의 과정에서 일부 이행 차원을 제외하고는 행위자로서 잘 드러나지 않는다. 환경 보호를 위한 기업 규제 및 의무 부여는 다자간 협약보다는 개별 국가 차원에서 주로 이루어지고 있기 때문이다(민혁기 2010). 인권 분야와 마찬가지로 환경 분야에서도 기업은 대부분 국가 주도로 설정된 규제 및 의무의 대상으로서 수동적으로 반응해왔다. 최근 환경 보호를 위한 기업의 주체성을 강조하고 있는 개념인 자율환경협약(Voluntary Environmental Agreement)이 유럽 내 국가들을 중심으로 확산하고 있으나, 다자적 논의에서 기업의 목소리는 여전히 작다(김기환·문성진 2018). 그러나 SDGs의 출범과 함께 환경과 개발 분야가 보다 밀접해지면서 다자주의에서 기업의 역할이 점차 강조되고 있다.

3. 국제개발협력 분야 다자주의

개발협력 분야 다자주의에 대한 본격적인 논의에 앞서 국제개발협력에서의 다자주의 위기론에 의문을 제기한 본 연구의 문제의식을 재론하고자 한다. 이러한 우려의 시각은 일부 공여국에서 나타나는 일방주의가 원조정책에도 반영될 가능성, 다자성양자원조의 증가추세, 그리고 민간재원의 확대 등을 근거로 삼고 있다. 그러나 이는 개발 분야에서 작동하고 있는 다자주의를 단순히 양자원조 대 다자원조라는 원조방식에 근거한 부분적 시각으로 바라본 결과일 수 있다.

개발 분야에서 다자 규범에 대한 논의는 UN새천년선언(United Millennium Declaration, 2000)과 함께 이듬해에 새천년개발목표(MDGs: Millennium Development Goals, 이하 MDGs)가 발표된 이후로 본격화하였다. 그 이전에는 1960년대부터 1990년대까지 UN을 중심으로 네 차례에 걸친 UN개발 10년(United Nations Development Decade) 계획 등의 개발 전략들이 수립되었고, 인간기본욕구(basic human needs), 인간개발(human development), 지속가능한 발전(sustainable development), 남남협력(south-south cooperation) 등의 개념들이 개발에 도입되었다. 그러나 이것들은 단순히 공여국의 원조 규모 또는 개발도상국의 경제성장률 목표치를 설정하는 수준에 그치거나, 개발 관련 담론에 대한 것들이었다는 점에서 이를 제도화 차원에서 본 연구에서 보고자 하는 다자 규범으로 포괄하기에는 다소 무리가 있다.

다만 해당 기간에 UN 외에도 세계은행(World Bank), 국제통화기금(International Monetary Fund, 이하 IMF), OECD 개발원조위원회(Development Assistance Committee, DAC) 등 다양한 국제기구가 주요한 다자

주의 행위자로서 등장하였다는 점에서 앞서 살펴본 인권 및 환경 분야와 구분될 수 있다. 한편, UN무역개발회의(United Nations Conference on Trade and Development)에서의 77개국 그룹(G-77) 등에서도 알 수 있듯이, 경제선진국뿐만 아니라 개발도상국들도 연합하여 다자적 국제무대에서 영향력을 발휘할 수 있었다.

MDGs는 189개국 정상들이 참여한 제55차 정기 총회에서 만장일치로 채택된 것으로, 세계 빈곤의 반감을 천명하며 이를 위한 8개의 실천적 목표를 제시하였다는 점에서 의의가 있다. 이는 OECD DAC의 '21세기 개발협력전략(Shaping the 21st Century: the Contribution of Development Cooperation)' 등 기존까지의 다양한 개발 관련 논의들을 수렴한 결과물이었다. 이에 UN, OECD, 세계은행, IMF는 '모두를 위한 더 나은 세계를 위해(Better World for All: Progress towards the International Development Goals)'라는 보고서를 통해 MDGs에 호응하였고, 세계 각국 역시 MDGs 이행을 위한 정책을 수립해 나갔다(조한슬·김아리·이인호). 하지만 MDGs는 구속력이 없는 규범으로서 각국의 역량과 의지에 그 이행이 크게 좌우되었고, 그마저도 국가 중심의 수직적 구조 속에 양적 모니터링과 보고 차원에 집중되는 경향을 보였다(Fehling 외 2013). 애초에 MDGs의 논의 과정에서부터 주요 공여국 외에 개발도상국과 NGO 및 기업 등의 참여는 제한적이었다.

MDGs는 이후 원조효과성(aid effectiveness) 논의를 촉발시켰는데, OECD와 세계은행은 공동으로 네 차례에 걸친 원조효과성 고위급회담(High-Level Forum on Aid Effectiveness)을 개최하였다. 그 결과 파리선언(Paris Declaration, 2005)에서 원조의 질적 제고를 위한 5대 원칙과 아크라행동강령(Accra Agenda for Action, 2008)이 채택될 수 있었다. 고위급회담은 로마에서 진행된 1차 회담(2003) 때에는 주로 공여국 주도로 진행되었으나, 파리에서의 2차 회담(2005)부터 국제기구와 NGO의 참여가 증가하였다. 이후 원조효과성을 위한 다자적 논의에서 NGO의 영향력은 점차 커져서 아크라에서의 3차 회담(2008)에서 NGO의 역할이 돋보일 수 있었다. 그 결과 아크라행동강령은 NGO를 개발의 독립적 행위자로 인정하였다. 부산에서의 4차 회담(2011)에서 NGO들은 '더 나은 원조를 위한 시민사회의 목소리(Civil Society Voice for Better Aid)'라는 연합을 결성하여 의제 형성과 기획 단계 전반에 걸쳐서 큰 영향력을 발휘할 수 있었다(정상화 외 2012). 한편 로마선언(Rome Declaration, 2003), 파리선언, 아크라행동강령, 부산선언(Busan Declaration, 2011) 모두 MDGs와 마찬가지로 구속력 있는 규범이 아니었고, 그 실질적 이행에 대한 제도적 장치가 미비하였다는 점에서 한계가 있다.

2015년 9월, UN총회는 '우리의 세계를 바꾸기: 지속가능한 발전을 위한 2030 의제(Transforming our World: the 2030 Agenda for Sustainable Development, 이하 UN 2030 의제)'라는 결의를 통해 SDGs를 출범시켰다. SDGs는 '우리가 원하는 미래(The Future We Want, 2012)', '아디스아바바 행동 의제(Addis Ababa Action Agenda, 2015)' 등 MDGs 이후를 위한 일련의 다자적 합의의 결과물들을 기반으로 하고 있다. 그리고 그 과정에 공여국과 개발도상국, 국제기구, NGO, 기업 등 다양한 행위자들이 참여하였다는 점에서 MDGs의 형성과정과 비교했을 때 분명히 발전된 모습을 보인다(권상철·박경환 2017).

국제개발협력에서 다자주의 행위자는 다른 분야에 비하여 다양하게 나타났다. 인권과 환경 분야에서의 행위자는 주로 국가였고, 국가 중에서도 강대국의 의사가 다자적 합의 성사 여부에 결정적으로 작용하였다. 반면에 개발 분야에서는 개발도상국도 의제 형성과 구속력 논의, 그리고 이행에 이르는 다자주의 과정에서 영향력을 발휘할 수 있었다. NGO 및 기업의 참여와 이를 제도화하고자 하려는 움직임도 비교적 크게 나타났다. 국제개발협력 거버넌스는 보다 다자적 체계로 발전해온 것이다(정상화 외 2012). 뿐만 아니라 UN기구 외에도 OECD, 세계은행, IMF 등 다양한 국제기구가 실질적 행위자로서 기능하고 있다는 점에서 인권 및 환경 분야와 차이를 보인다.

아시아개발은행(Asian Development Bank), 아프리카개발은행(African Development Bank), 미주개발은행(Inter -American Development Bank) 등 지역 차원의 다자기구가 활성화되고 있는 것도 특징이다. 이는 개발 분야 다자주의의 역동성을 보여주는 것으로 해석될 수 있다. 다만 지역 다자기구와 기존의 전통적 다자기구가 경쟁 관계에 있는지, 아니면 지역 다자기구가 전통적 다자기구 체계의 일부에 해당하며 이를 보완하는 기능을 하는지는 여전히 논쟁적인 문제이다(Wang 2017). 아시아인프라투자은행(Asian Infrastructure Investment Bank)과 중국을 둘러싼 논란에서도 알 수 있듯이, 지역 다자기구가 특정 국가의 영향력 확대를 위한 도구로 활용될 가능성에 대한 우려 또한 제기된다(Chow 2016).

개발 분야 다자주의에서의 쟁점은 다자 규범의 실제 이행 차원에서의 효과성에 보다 초점이 맞춰져 왔다. 이는 국가에 대한 구속력을 주요 쟁점으로 하는 인권 및 환경 분야 다자주의와 다른 점이다. 실제 이행 과정에서 국가의 동의가 결정적인 영향을 미치더라도, 인권과 환경 분야 다자 규범은 그 본질적 목표 달성을 위해 국가에 법적 의무를 부과하는 방향으로 논의되어 왔다. 물론, 인권에 비해 환경 분야에서는 그 강제력이 약화되는 모습을 보인다. 그러나 개발 분야 다자 규범은 국가에 대한 구속력이 거의 미비된 채로 국가를 포함한 다양한 행위자에게 도덕적이고 정치적인 의무를 강조해 왔다. 이 때문에 행위자의 자발적 참여에 기반한 모니터링과 보고에 편중되어 다자 규범의 제도화가 이루어졌으며, 그 과정에서 행위자의 실질적 책무성(accountability)은 다자적 논의상에서 주로 수사적으로 활용되는데 그쳤다는 비판도 제기된다(김태균 2013).

SDGs 역시 다른 개발 관련 규범들과 마찬가지로 법적 구속력이 없는 규범에 해당한다. 그럼에도 불구하고 SDGs는 개발 주체에 책무성(accountability)을 강조하고 있는데, 대표적으로 국가는 국가 이행 계획(National Implementation Plan)을 수립해야 하고, UN 고위급 정치포럼(High level Political Forum)에 자발적 국별평가(Voluntary National Reviews)를 제출해야 하는 등 SDGs의 이행과 그 성과에 대한 보고 의무를 지니게 되었다. 이는 보고가 의무사항이 아니었던 MDGs와는 다른 점이다. 이와 함께, SDGs는 제한적으로나마 기업에도 그 이행을 제도화하고 있다(김태균 2017). UN 2030 의제는 'UN 기업과 인권 이행원칙(UNGPs: United Nations Guiding Principles on Business and Human Rights, 2011)'의 중요성을 명시하였다(이성훈 2017). 나아가 SDGs는 기업의 사회적 책임(Corporate Social Responsibility)을 설정하고 있는 ISO(International Organization for Standardization) 26000, GRI (Global Reporting Initiative) Index, UNGC(United Nations Global Compact) 10대 원칙, UNCTAD의 경제단위 SDGs 이행 기여보고를 위한 핵심지표 등과 연계하여 기업의 지속가능성 보고(sustainability reporting)를 위한 지침이 되었다. 2017년 기준, 세계 250대 기업들 중 93%가 지속가능성을 다루는 보고서를 발간하였다(Carp 외 2019).

IV. 나가며

국제적으로 확대되고 있는 일방주의 및 양자주의 움직임에 따라 특히 안보와 무역 분야를 중심으로 다자주의의 위기에 대한 우려가 커지고 있다(Aberastury 2019; Narikar 2019; Smith 2018). 국제개발협력에서는 다자원조에서 양자적 성격을 띠는 목적이 지정된 기여금(earmarked funding)의 비중이 2007년 대비 2016년에 두 배 이상 증가하는 등의 현상으로 말미암아, 개발 분야에서 다자주의에 대한 불신이 높아지고 다자적 개발협력 시스템이 축소될 수 있다는 주장 역시 제기된다(OECD 2018). 한편, 다자성양자원조가 다자주의에 악영향을 미칠 수 있다는 주장에 대하여, 이것이 현실적 여건상에서 다자기구의 영향력을 키우는 기능을 한다는 반론도 존재한다(김종섭 · 김희연 2016).

본 연구는 국제개발협력에서 다자주의 위기의 실체를 분석하고 이해하기 위해, 다자주의 발생 원인과 경로, 그리고 행위자가 유사한 인권, 환경 분야와의 질적 비교 분석을 시도하였다. 국제개발협력에서 다자주의의 위기는 단순히 양자원조와 다자원조에 초점을 맞춘 이분법적인 접근으로는 충분히 설명될 수 없기 때문이다. 예를 들면, 증가한 양자원조가 다자원조와 상호작용하여 다자주의의 틀 내에서 다자주의의 원칙과 가치를 더욱 공고히 할 수도 있다. 특히 양자간 협력이 특별히 나타나지 않았던 인권 분야와는 대조적으로, 환경 분야에서 다자주의는 국제개발협력과 결합하여 양자 간 협력을 중요한 요소로 포괄하는 모습을 보였다. 기후변화 이슈에서의 공동이행제도와 청정개발체제, 사막화 방지를 위한 기술협력 등이 이에 해당한다(유상희 · 임동순 2008; 소병천·손희두 2007). UNCCD는 그 이행에 있어서 다자적 지원과 양자적 지원을 모두 인정하고 있는데, 경제선진국들의 경우 다자적 방식보다는 개발도상국에 대한 양자적 지원에 대한 선호가 높았다(소병천·손희두 2007).

따라서 본 연구는 다자주의에 대하여 보다 입체적으로 접근하기 위해 카프라소와 피네모어의 논의에 기반해 규범의 제도화 과정을 의제 형성, 구속력 논의, 이행으로 나누어 종적으로 검토하고, 이 각각의 과정에 국가, 국제기구, NGO, 기업 행위자의 행태 분석을 통해 횡적으로 보완하는 분석 틀을 구성했다. 인권, 환경, 개발 분야 다자주의의 특성은 아래 〈표 1〉과 같이 정리할 수 있다.

〈표 1〉 인권, 환경, 개발 분야 다자주의 비교

			인권	환경	개발
규범의 제도화	의제형성	국가	일부 경제선진국이 주도	일부 경제선진국이 주도하나, 개발도상국 영향력 증대	일부 경제선진국이 주도하나, 개발도상국 영향력 증대
		국제기구	UN인권이사회 중심	UNEP 중심이나, UNEP의 영향력은 비교적 약함	UN, OECD, 세계은행, IMF 등 다양한 채널
		NGO	영향력 비교적 강함	영향력 제한적 확대	영향력 확대
		기업	영향력 거의 없음	영향력 거의 없음	영향력 제한적 확대
	구속력	국가	법적 구속력 논의의 주체 법적 구속력이 비교적 강함	법적 구속력 논의의 주체. 법적 구속력이 점차 약해짐	법적 구속력 논의 자체 미비. 법적 구속력이 거의 없음
		국제기구	영향력 거의 없음	영향력 거의 없음	영향력 제한적 확대
		NGO	구속력 논의 진전의 촉진자로서 기능하나, 영향력은 제한적	구속력 논의 진전의 촉진자로서 기능하나, 영향력은 제한적	구속력 논의 진전의 촉진자로서 기능하나, 영향력은 제한적
		기업	도덕적·정치적 의무 확대	법적 의무 제한적 확대 도덕적·정치적 의무 확대	도덕적·정치적 의무 확대

규범의 제도화	이행	국가	이행을 위한 제도가 존재하나, 국가의 동의 없이는 실질 이행이 어려움	이행을 위한 제도가 존재하나, 국가의 동의 없이는 실질 이행이 어려움	이행의 효과성 논의까지 이루어지나, 모니터링 및 보고에 제도가 편중되는 경향을 보임
		국제기구	UN인권이사회 중심	UN 내 다양한 기구가 이행하나, 기구 간 견제 발생 각 MEA 위원회 역할 증가	UN, OECD, 세계은행, IMF 등 다양한 채널 신규 다자기구 형성 및 기구 간 협력 및 경쟁 발생
		NGO	미시적 차원의 이행 정보제공, 비판 및 견제	미시적 차원의 이행 정보제공, 비판 및 견제	이행을 위한 제도 형성에 영향력 확대 미시적 차원의 이행 정보제공, 비판 및 견제
		기업	수동적 의무 이행	수동적 의무 이행	이행을 위한 제도 형성에 영향력 확대

출처: 저자 작성

〈표 1〉에서 확인할 수 있듯이, 국제개발협력에서 다자주의는 MDGs로부터 SDGs로의 변화를 거치며 보다 많은 행위자를 포괄하고, 다자기구의 수를 늘리고 그 역할을 강화하였다. 그 결과 개발 분야에서 다자주의 행위자는 공여국, 개발도상국, 국제기구, NGO, 기업 등 매우 다양하게 나타날 수 있었다. 의제(agenda) 형성과 구속력 논의 및 실질 이행(implementation)에 있어서도 다양한 참여자에게 권한과 의무를 부여했다.

그러므로 국제개발협력에서 다자주의가 위기에 처해 있다고 보기에는 아직 이르다고 할 수 있다. 물론, 기존까지의 다자 규범들이 법적 구속력이 없다는 점에서 제도화 차원에서의 한계를 보이기도 한다. 이 같은 상황에서도 개발 분야 다자 규범들은 도덕적, 정치적 의무를 점차 강화해나가고 있다는 점에서 다자 규범의 제도화는 점진적으로 진행되고 있다고 볼 수 있다. 이전 장에서 언급했다시피 국제개발협력에서 다자주의는 21세기에 이르러 본격화되기 시작하였다. 국제개발협력에서 다자주의는 아직 초기 단계이다. 그러므로 이를 감안했을 때, 현시점에서 다자 규범과 제도의 구속력 미비라는 한계에도 불구하고, 국제개발협력에서의 다자주의는 확장 가능성을 담고 있다고 판단된다.

본 연구는 규범의 형성과 그 제도화에 초점을 맞추어 다자주의에 접근하였다. 그 특성상 본 연구가 다룬 담론들은 대부분 경제선진국 및 공여국을 중심으로 논의된 것들이었고, 따라서 본 연구는 다자주의의 장에서 점차 중요한 행위자로 부상하고 있는 신흥국과 개발도상국의 역할을 충분히 다루지 못했다는 한계를 보인다. 향후 다자적 규범의 제도화 과정에서의 신흥국과 개발도상국 역할에 초점을 둔 후속 연구를 진행할 예정이다.

참고문헌

강효백. 2010. "국제인권규약 가입에 따른 중국헌법상 기본권조항의 현황과 개선논의 분석."『중앙법학회』 12(3).

권상철·박경환. 2017. "새천년개발목표(MDGs)에서 지속가능개발목표(SDGs)로의 이행: 그 기회와 한계."『한국지역지리학회지』 23(1).

김기환·문성진. 2018. "환경규제는 자발적인 수 없는가? 자율환경협약의 논리와 효과성."『한국공공관리학회보』 32(4).

김인재. 2014. "기업의 인권존중책임에 관한 국제기준과 법적 과제."『저스티스』 140.

김종섭·김희연. 2016. "다자성양자원조: 다자원조의 양자화인가 양자원조의 다자화인가? 국가 사례의 제도적 접근."『국제·지역연구』 25(1).

김태균. 2013. "글로벌 거버넌스와 개발협력의 책무성: 수용과 남용의 딜레마."『국제정치논총』 53(4).

_____. 2017. "2030 지속가능발전시대 기업의 사회적 책임: 글로벌 거버넌스와 제도주의 접근을 중심으로."『국제개발협력연구』 9(1).

김한균. 2017. "유엔 정례인권검토제도(UPR)와 형사사법개혁의 인권지향적 체계화."『형사법의 신동향』 56.

민혁기. 2010.『글로벌 환경규제의 현황과 시사점』 서울: 산업연구원

박재영. 2018.『국제기구와 글로벌 거버넌스』 서울: 법문사.

박찬운. 2009. "사회권규약선택의정서의 내용과 의미에 관한 소고."『인권과 정의』 392.

서보혁. 2013. "유엔 북한인권정책의 특징과 추세."『현대정치연구』 6(1).

서창록. 2013. "아시아 지역의 인권 상황과 한국 인권 외교의 방향."『JPI 정책포럼』 126.

_____. 2019. "유엔은 개인의 인권침해를 어떻게 다루는가 [휴먼 라이츠

브리핑] ② 유엔 인권 메커니즘의 인권침해 진정 절차." (검색일: 2020.02.20.).

소병천·손희두. 2007. "사막화방지협약과 국내의 활용방안에 관한 연구." 『비교법제 연구』 7(7).

유상희·임동순. 2008. "EU의 기후변화협약 대응 정책 평가 및 시사점."『유럽연구』 26(1).

이상환. 2001. "세계시민사회와 국제비정부기구: 국제사회에서 INGOs의 역할과 한계를 중심으로."『21세기 정치학회보』 11(1).

이성훈. 2017. "지속가능발전목표(SDGs)와 인권기반 개발협력."『국제개발협력』 4.

이일호. 2013. "파리기후협정 전후 시장 매커니즘의 발전과 전망 - CDM, JI, 및 SDM을 중심으로."『환경법연구』 39(2).

정상화·서창록·유웅조. 2012. "21세기 외교전략과 공적개발원조 정책." 『국제개발협력』 4.

조정원. 2007. "기후변화와 평화."『평화와 종교』 4.

조정현. 2013. "최근 국제사회의 북한 인권 논의 동향: 유엔 북한 인권 조사위원회(COI)를 중심으로."『JPI 정책포럼』 126.

조한슬·김아리·이인호. 2017.『KOICA의 MDGs 이행실적 및 시사점』 성남: 한국국제협력단.

Aberastury, Debora Virginia. 2019. "Populism, Multilateralism and Supranationalism: Looking at Cases from the European Union (EU) and the Community of Latin American and Caribbean States (CELAC)." *ProQuest Dissertations Publishing* No. 27545097 (October 2019), (검색일: 2020.03.16.).

Baten, Mohammed Abdul and Rashed Al Mahmud Titumir. 2012. "Financialization of Biodiversity." Conference (6-9 March 2012, Quito Ecuador): Seminar on Scaling up Scaling up Biodiversity

Finance (March 2012).

Bolton, Matthew and Thomas Nash. 2010. "The Role of Middle Power-NGO Coalitions in Global Policy: The Case of the cluster Munitions Ban." *Global Policy* 1(2).

Caporaso, James A. 1992. "International Relations Theory and Multilateralism: The Search for Foundations." *International Organization* 46(3).

Carp, Mihai, Păvăloaia Betianu Leontina, Mihai-Bogdan Afrăsinei and Iuliana Georgescu. 2019. "Is Sustainability Reporting a Business Strategy for Firm's Growth? Empirical Study on the Romanian Capital Market." *Sustainability* 11(3).

Chow, Daniel C.K. 2016. "Why China Established the Asia Infrastructure Investment Bank." *Public Law and Legal Theory Working Paper Series* 333.

Fehling, Maya, Brett D. Nelson and Sridhar Venkatapuram. 2013. "Limitations of the Millennium Development Goals: A literature review." *Global Public Health* 8(10).

Finnemore, Martha. 1996. "Constructing Norms of Humanitarian Intervention," in Peter J. Katzenstein (eds.), *The Culture of National Security: Norms and Identity in World Politics*, New York: Columbia University Press.

Flockhart, Trine. 2020. "Is this the end? Resilience, ontological security, and the crisis of the liberal international order." *Contemporary Security Policy* 41(2).

Goeteyn, Nils and Frank Maes. 2011. "Compliance Mechanism in Multilateral Environmental Agreements: An Effective Way to Improve Compliance?" *Chinese Journal of International Law* 10(4).

Güngör, Gaye and Assel Tutumlu. 2016. "Why Revisit Multilateralism?" in Assel Tutumlu and Gaye Güngör (eds.). *Multilateralism in Global Governance: Formal and Informal Institutions.* Peter Lang GmbH, Internationaler Verlag der Wissenschaften; New edition edition.

Hirschmannm, Gisela and Ulbert, Cornelia. 2019. *Global Governance Spotlight: Shaping Multilateralism: Principles and opportunities for multilateral cooperation in the UN.* Bonn: Development and Peace Foundation.

Kahler, Miles. 1992. "Multilateralism with Small and Large Numbers." *International Organization* 46(3).

Katzenstein, Peter J. 1996. "Introduction: Alternative Perspectives on National Security," in Peter J. Katzenstein (eds.). *The Culture of National Security: Norms and Identity in World Politics*, New York: Columbia University Press.

Keohane, Robert O. 1990. "Multilateralism: An Agenda for Research." *International Journal* 45(3).

Kim, Hyun. 2007. "International Cooperation Theory and State-INGO Collaboration: The Case of the Mine Ban Treaty." *Korean Political Science Society* 15(2).

Kreps, Sarah E. 2009. "Multilateral Military Interventions: Theory and Practice." *Political Science Quarterly* 123(4).

Linn, Johannes. 2018. "Recent Threats to Multilateralism." *Global Journal of Emerging Market Economies* 9-1-3.

Marcoux, Christopher. 2009. "Institutional Flexibility in the Design of Multilateral Environmental Agreements." *Conflict Management and Peace Science* 26(2).

Martin, Lisa L. 1992. "Interest, power, and multilateralism." *International Organization* 46(4).

Morse, Julia C. and Robert O. Keohane. 2014. "Contested multilateralism." *The Review of International Organizations* 9(4).

Murphy-Gregory, Hannah and Aynsley Kellow. 2016. "Chapter Four: Forum Shopping and Global Governance," in Wihelm Hofmeister and Jan Melissen (eds.). *Rethinking International Institutions – Diplomacy and Impact on Emerging World Order*. Singapore: World Scientific Publishing Co Pte Ltd.

Narikar, Amrita. 2019. "Trade Multilateralism in Crisis: Limitations of Current Debates on Reforming the WTO, and Why a Game-Changer is Necessary," in Teddy Y. soobramanien, Brendan Vickers and Hilary Enos-Edu (eds.) *WTO Reform: Reshaping Global Trade Governance for 21st Century Challenges*. London: Commonwealth Secretariat.

OECD. 2018. *Multilateral Development Finance: Towards a New Pact on Multilateralism to Achieve the 2030 Agenda Together*. Paris: OECD Publishing.

Raustiala, Kal. 2012. "NGO in International Treatymaking," in Duncan B. Hollis (eds.). *The Oxford Guide to Treaties*. New York: Oxford University Press.

Reinsberg, Bernhard, Katharina Michaelowa and Vera Z. Eichenauer. 2015. "The rise of multi-bi aid and the proliferation of trust funds," in B. Mak Arvin and Byron Lew (eds.). *Handbook on the Economics of Foreign Aid*. Cheltenham: Edward Elgar Publishing Limited.

Ruggie, John Gerard. 1992. "Multilateralism: the Anatomy of an Institution." *International Organization* 46(3).

Smith, Mike. 2018. "The EU, the US and the crisis of contemporary multilateralism." *Journal of European Integration* 40(5).

Sohn, Hyuk-Sang and Joo Hee Kim. 2017. "A Critical Analysis of Multilateral Aid of Middle Power States." *Korean Political Science Review* 51(3).

Thomas, Ward. 2001. *The Ethics of Destruction: Norms and Force in International Relations.* Ithaca: Cornell University Press.

Wang, Hongying. 2017. "New Multilateral Development Banks: Opportunities and Challenges for Global Governance." *Global Policy* 8(1).

제5장 반동 이후: 제3세계론의 쇠퇴와 남남 협력의 정치세력화*

김태균 (서울대학교)

이일청 (유엔사회개발연구소)

I. 들어가며: 지구적 프로젝트로서 제3세계론의 역사적 진화

지구상의 지리적 영역은 크게 북반구와 남반구로 나누어진다. 지금까지 우리에게 익숙한 인류의 역사는 북반구에 위치한 국가들이 지배해 왔다고 해도 과언이 아니다. 이른바 글로벌 남반구(Global South)는 19

* 본 논문은 2015년 대한민국 교육부와 한국연구재단의 지원을 받아 수행된 연구(NRF-2015S1A3A2046224)이며, 2018년『국제정치논총』제58집 3호에 게재된 논문을 수정 및 보완하였다.

세기 북반구에 위치한 서구의 제국주의에 의해 식민지로 전락했다가 제2차 세계대전이 종료된 후 식민주의에서 독립하여 '제3세계'라는 신생국 집단을 형성하게 된다. 제3세계라는 용어는 미국 중심의 자유진영 '제1세계'와 소련 중심의 공산주의 '제2세계'와 구분되는 새로운 정치공간을 지칭하는 개념으로 특정 지리적 영역을 일컫는 의미가 아니라 신생독립국을 분리해서 통칭하는 하나의 기술적 개념으로 프랑스 파리에서 시작되었다. 제1세계에서 바라보는 제3세계와 달리, 신생독립국들에게 제3세계는 남반구 시민들의 식민주의를 극복하고 새로운 집합정체성을 구축하는 생존 프로젝트였다(Fanon 1963; Prashad 2012). 이는 제국주의와 식민주의에 대항한 남반구 투쟁역사의 산물이었으며, 아프리카·아시아·라틴아메리카 인민들의 새로운 세계에 대한 동경이자 희망이었다. 따라서 전후 신생독립국들이 스스로의 정체성을 이러한 의미로 재구성하였다는 측면에서 제3세계 프로젝트를 앤더슨(Benedict Anderson)의 '상상공동체(imagined communities)'로 인식하기도 한다(Lee 2010; Anderson 1983).

제3세계론 프로젝트는 다양한 부침의 계기를 통해 역사적으로 진화해 왔다. 20세기 초 유럽사회에서 시작하여 1955년 반둥을 필두로 1961년 카이로·베오그라드, 1966년 하바나 등에서 인도의 네루(Jawaharlal Nehru), 이집트의 나세르(Gamal Abdel Nasser), 인도네시아의 수카르노(Sukarno) 3인방과 가나의 은크루마(Kwame Nkrumah), 쿠바의 카스트로(Fidel Castro), 베트남의 응우옌티빈(Nguyen Thi Binh)과 호치민(Ho Chi Minh), 알제리의 벤 벨라(Ahmed Ben Bella), 그리고 남아프리카공화국의 만델라(Nelson Mandela)가 중심이 되어 글로벌 남반구 인민들의 새로운 세계를 위한 정치적 연대를 통해 기존 북반구 중심의 국제질서에 변화를 시도하였다(Prashad 2007; Mišković 외 2014). 그러나 새로운 정치공간과 이데올로기로서 작동하였던 제3세계론은 국제정치경제 질서와 글로벌 거버넌스에 새로운 영향을 주입함과 동시에 제3세계의 발전궤적이 기존 북반구 중심의 질서에 의해 왜곡되는 부정적인 현상이 지속되었다. 1955년 반둥체제가 1961년 비동맹운동(Non-Alignment Movement: NAM)으로, 1967년 유엔 내 77그룹 구축으로, 1970년대에는 신국제경제질서(New International Economic Order: NIEO) 제안으로 계속해서 확장되었지만, 1970년대 두 차례의 오일쇼크와 1980년대 국제경제질서의 신사조로 부상한 신자유주의와 이에 입각한 세계은행과 국제통화기금의 구조조정정책으로 인하여 제3세계의 독자적인 영역과 연대기제에 제동이 걸리게 된다. 따라서 신국제경제질서의 조기 종언이 가시화되고 1990년대 초반 소련의 해체로 시작된 사회주의의 붕괴로 인하여 제3세계 프로젝트가 남반구에 잔존하는 단순한 지역별 문화민족주의 형태로 간주되는 등 지금까지 글로벌 남반구를 하나의 연대체로 결합시키는 구심체로서 제3세계론이 추구해 온 역할은 점차 힘을 잃게 된다(Ayoob 1195; 경남대학교 극동문제연구소 편 1991).

탈냉전 시대에 들어와 제3세계론은 학계와 국제사회의 현장에서 존재감을 잃어가는 한편, 두 가지 방식의 생존전략으로 현실적인 진화를 거듭하여 왔다. 특히, 냉전체제가 종식된 이후 제3세계는 북반구 동서경쟁구조의 극복을 위한 대안적 연대체로서 기존의 거시적인 역할을 지양하게 되고, 철저하게 현실화된 특정 개도국 그룹의 공동이익을 위하여 미시적인 전략을 정치적으로 도모하게 된다. 첫째, 반둥체제 이후 비동맹운동이 개발협력이라는 현실적인 목적에서 개도국 간에 상호의존하는 '남남협력(South-South cooperation)'으로 전략화되면서 경제사회적 상호 개발의 이익을 위하여 선진공여국을 배제하고 개도국의 연대기제를 극대화하는 현실주의적 생존전략이다(Carmody 2013). 두 번째 생존전략은 특정 개도국 그룹이 정치세력화를 통해 북반구 중심의 글로벌 거버넌스에 도전하는 방식인데, 이는 기존의 제3세계론과 달리 개도국 전체를 대표하는 것이 아니라 소수의 개도국 그룹을 대표하는 브릭스(BRICS)와 같은 남반구의 강대국 연합체 구축으로 특화되어 왔다.[1] 이는 지구적 프로젝트로 수용되었던 제3세계론이 보다 실용적이며 현실주의적 정치세력화로 전환되는 역사적 진화과정을 목도하는 것을 의미한다. 또한 남남협력과 정치세력화라는 두 가지의 생존전략이 반드시 구분되어 추진되는 것이 아니라 서로 교차되거나 연동되는 경우가 빈번하기 때문에 '남남협력의 정치세력화'라는 하나의 수렴된 현상으로 인식할 수 있다.

이러한 제3세계론의 역사적 배경을 토대로 본 연구는 1955년 반둥체제 이후의 글로벌 남반구가 진화해 온 역사적 궤적을 추적하는 것을 주요 목적으로 삼는다. 지금까지 한국 학계에서는 종속이론과 세계체제

1 브릭스라는 용어는 브라질, 러시아, 인도, 중국, 남아프리카공화국의 약성어로 BRICS라 표현하며, 이 표현은 처음에는 남아프리카공화국을 제외하고 다른 4개국이 2006년 유엔총회 회의차 BRIC라는 연합체를 결성하였는데 2010년 남아프리카공화국이 본 연합체에 가입하면서 BRICS가 온전체로 사용되었다. 'BRIC'이라는 용어는 2001년 골드만삭스(Goldman Sachs)의 최고경영자인 오닐(Jim O'Neill)이 보고서에서 처음으로 사용하여 그 이후 공식용어와 같이 활용되어 왔다. 남아프리카공화국이 경제적, 정치적 측면에서 다른 4개국에 비해 낮은 수준이기 때문에 BRICS의 회원국으로 부적합하다는 평가가 있는 반면, 아프리카를 대표하는 유일한 회원국이고 가입 이후 점차 경제성장이 회복하고 있다는 점에서 남아프리카공화국이 BRICS에 회원국으로 활동하는 것에 대한 긍정적인 분석도 나오고 있다.

론으로 대변될 수 있는 대항이론으로서 제3세계론이 1980년대와 1990년대에 급부상하였다가, 냉전종식과 신자유주의와 맞물려서 제3세계론이 쇠퇴하면서 동시에 사회과학계에서 제3세계에 대한 연구가 사라지게 되었다고 평가할 수 있다.[2] 따라서 글로벌 남반구 연구의 스펙트럼 전체에서 볼 때 한국 학계의 수준은 제3세계론이 형성되어 반둥체제가 구축된 초기단계와 제3세계론이 쇠퇴한 이후 현 단계까지 어떻게 진화되었는가에 대한 심층 연구가 생략되어 있다. 특히, 최근 2010년대에 들어와 유엔이 기존 남북협력(North-South cooperation)의 보완적 협력 방안으로 남남협력을 강조하고 있는 외부효과로 한국에서는 남남협력에 관한 기술적이면서도 도구적인 측면에서 글로벌 남반구의 개발학적 연구가 단편적으로 진행되고 있다.[3] 다시 말해, 남남협력의 개발학적 가

2 1980년대와 1990년대 제3세계와 관련된 한국 사회과학계의 대표적인 연구결과로 경남대학교 극동문제연구소 편,『한국과 제3세계의 민주변혁』(마산: 경남대학교출판부, 1989); 김세균·이수훈 공편,『변혁기 제3세계 사회주의』(서울: 나남, 1992); 박태순 외,『제3세계연구 1』(서울: 한길사, 1984); 임현진,『현대 한국과 종속이론』(서울: 서울대학교출판부, 1987); 정진상 편,『주변부 사회구성체와 국가: 제3세계국가의 성격논쟁』(서울: 한울, 1986); 중앙대학교 제3세계연구소 편,『제3세계』(서울: 중앙대학교 제3세계연구소, 1984).

3 유엔은 2015년 이른바 '지속가능발전목표(Sustainable Development Goals: SDGs)'로 지칭되는 '지속가능발전을 위한 2030 의제(2030 Agenda for Sustainable Development)'를 천명하고 모든 회원국이 SDGs를 2030년까지 달성하기 위한 다양한 계획을 주문하였다. 특히, SDGs 달성을 위한 재원확보 및 이행주체가 기존의 북남협력을 넘어선 새로운 대안적인 기획이 필요하다는 점을 유엔이 강조하게 되고, 이러한 맥락에서 남남협력이 SDGs 이행을 위한 대안적인 협력방안으로 주도을 받게 되었다. 유엔 내에 이를 체계적으로 조직하고 남남협력 및 삼각협력을 강화하기 위하여 전문부서를 설치하고 있는데, '유엔남남협력사무국(United Nations Office for South-South Cooperation: UNOSSC)'이 대표적이며 UNOSSC는 전 세계에 형성된 남남협력의 유형과 특징을 조사하고 관리하는 역할을 수행하고 있다.

치가 식민주의 시대부터 이어져 온 제3세계론의 현실주의적 진화로 역사적 맥락에서 해석되는 것이 아니라, 개발협력 프로젝트의 효과성을 제고하기 위한 수단으로써 남남협력을 기계적으로 활용하는 정책 중심의 연구가 한국 학계에서는 대세로 자리 잡고 있다는 의미이다.[4]

이에 본 연구는 프랑스의 아날학파(Annales School)가 강조하는 구조사 중심의 장기지속(longue durée)을 토대로 최근 부상하고 있는 '국제정치사회학(International Political Sociology: IPS)'[5]을 활용하여 식민주의, 탈식민주의, 비동맹주의, 남남협력, BRICS의 정치세력화까지 글로벌 남반구 및 제3세계 연구의 지속된 흐름과 특징을 단계별로 분석하여 그 연속성과 진화방식을 추적할 것이다(Braudel 1992; Bremen 1990; Braveboy-Wagner 2003; Basaran 외 2017). 특히, 반둥체제의 중요성과 '반둥 이후'로 명명될 수 있는 단계적 차별성을 부각시켜 1955년 반둥에서 개최된 아시아-아프리카 회의가 남긴 비전과 규범적 가치가 그 이후 비동맹주의, 77그룹, 신국제경제질서, 남남협력으로 전개되는 글로벌 남반구의 주요 토대가 되었다는 점을 새롭게 강조할 계획이다(Mackie 2005;

---

4 최근에 남남협력을 주제로 발표된 정책연구의 대표적인 사례로 서지현, "브라질-아프리카 간 "남-남 협력"의 요인과 동학," 『한국아프리카학회지』 제50권 (2017), pp. 77-113; 임소진, "개발효과성 이론으로 본 신흥경제국의 남남협력 참여," 『국제·지역연구』 제23권 (2)호 (2014), pp. 33-58; 정지원·권율·정지선·박수경·이주영, 『국제사회의 남남협력 현황과 우리의 추진방안』(서울: 대외경제정책연구원, 2011) 등이 있다.

5 국제정치사회학은 국제정치경제(International Political Economy: IPE)와 유사하게 국제관계 현상을 사회학적 시각에서 분석하고 해석하는 새로운 접근법을 통칭한다. 유럽 정치학자와 사회학자들이 중심이 되어 국제정치사회학(IPS)을 국제정치학회(International Studies Association: ISA)의 독립분과로 창설했으며, 2007년에는 IPS 분과에서 발행하는 *International Political Sociology*를 ISA 공식저널의 하나로 인정하여 출간하기 시작하였다.

Eslava 외 2018; Kahin 1955). 반둥체제 이후 냉전 종식까지 제3세계에서 활발하게 논의되고 도모된 탈식민주의와 비동맹주의가 상호 어떻게 중첩되고 일종의 개도국 간에 상상공동체로서 제3세계론이 형성되었는가, 그리고 더 나아가 이러한 상상공동체가 어떻게 냉전시대 이후에 붕괴되고 보다 실용적이고 현실적인 방향으로 글로벌 남반구 연구가 진화되었는가를 분석한다(Kelly and Kaplan 2001).

II. 국제정치사회학적 상상력

글로벌 남반구 연구를 원활하게 진행하기 위하여 국제관계 현상을 분석하는 데 있어 경제학적 시각을 가미한 '국제정치경제'와 유사한 통합적 접근법으로 국제정치를 사회학적으로 해석하는 국제정치사회학(IPS)에 주목할 필요가 있다. IPS는 기존 국제정치이론이 의도적으로 배제한 '사회적(the social)'인 변수를 적극적으로 복원함으로써, 국가 수준의 분석단위에서 해석이 어려운 국가-사회, 국내-국제, 사회-정치 등의 국제관계 현상을 구성주의적으로 수용한다(Bigo and Walker 2007; Basaran 외 2017). 전통적으로 사회학의 힘은 그 상상력에서 비롯되는데, IPS에 기반을 둔 사회학적 상상력은 역사사회학과 정치사회학이 교집합으로 구성되는 총체성에서 거듭 재생산된다(Mills 1959). 역사사회학적 그리고 정치사회학적 상상력은 글로벌 남반구에 관한 거시적인 분석을 추진하는데 반드시 요구되는 방법론적 요소로서, 제3세계론의 태동·발전·쇠퇴를 역사적으로 해석하고 반둥 이후 글로벌 남반구의 정치적 진화과정을 설명하기 위한 분석틀의 두 축이 된다.

먼저, 역사사회학적 상상력은 아날학파의 장기지속 개념에 주요 근거를 두고 있으며 특정한 사건이나 일시적 국면의 서술에 국한된 역사학의 전통을 초월하여 역사의 하부구조를 구성하는 장기지속현상을 사회발전이라는 거시적 프로젝트로 재해석하는 사회학적 노력이다(Skocpol 1984; Braudel 1992). 제3세계 및 글로벌 남반구의 구조적 형성과정 분석을 위한 역사사회학적 상상력은 그 형성과정을 역사적 단계로 구분하여 추적하는 구조사 분석을 시도한다.[6] 역사사회학이 사건사를 뛰어넘어 사회사와 구조사 중심의 전체사적 접근을 강조하는 이유는 엘리트 중심의 역사적 인물을 분석하여 민중을 역사의 무대에서 소외시켰던 기존의 정치사 전통을 극복하고 거시적인 체제 구조의 변화를 장기지속이라는 시공간의 틀에 입력하여 태생부터 현재에 이르기까지 전체적인 사회구조의 구성과 재구성을 설명하는 것이다. 제3세계론과 관련된 역사적 형성과정은 크게 세 단계로 나누어 접근할 수 있는데, (1) 제3세계라는 개념이 생성되고 2차 세계대전이 종료된 후 식민주의에서 독립하여 1955년 인도네시아 반둥에서 개최된 아시아-아프리카회의(Asian-African Conference, 또는 반둥회의)까지의 제1단계, (2) 반둥체제가 형성되어 1990년대 냉전이 종식된 후 제3세계론이 퇴색되고 신자유주의 중

6 아날학파가 강조하는 장기지속현상을 분석하기 위한 전체사적 접근은 크게 사건사, 사회사, 그리고 구조사로 역사적 단계를 구분한다. 인간 중심의 시간지속성을 역사의 전체로 인식하고 이를 개인적·정치적 시간으로 다루는 사건사, 사회적 시간으로 다루는 사회사, 그리고 지리적 시간까지 포함하는 구조사로 나누어 접근한다. 아날학파 학자들은 공통적으로 사건사보다는 역사적 주기성을 보여주는 사회사와 전체사적 총체성을 보여주는 구조사 분석에 집중해 왔다.

심의 세계화가 팽배한 제2단계, 그리고 (3) 마지막으로 글로벌 남반구 흐름이 제3세계론에서 남남협력과 BRICS 등의 정치적 권역화 현상으로 전환하는 역사적 제3단계로 구조적 변천을 분석할 수 있다. 앞서도 피력했지만, 현재 한국 사회과학계가 위치한 단계는 제1단계와 제3단계가 생략된 채 두 번째 단계에 대한 연구가 집중적으로 진행되었고 이 또한 현재 정체된 상태이다.

역사사회학적 시각에서 장기지속의 글로벌 남반구 형성과정을 해석할 수 있다면, 냉전시대 이후 현재까지 제3세계론이 분화되어 진화를 거듭해 온 남남협력과 남반구의 정치세력화에 대한 분석은 정치사회학적 상상력의 동원을 필요로 한다. 정치사회학적 접근은 국가뿐만 아니라 사회에 잠재된 권력의 구조를 연구대상으로 포함시킴으로써, 국가 중심의 고립된 분석틀을 지양하고 국가와 사회 간의 관계성을 규명하는 정치권력의 사회적 구조에 천착한다(Lipset 1960; Bendix 1968). 따라서 정치사회학은 기존 개도국 간의 연대를 위한 거시적 프로젝트로의 제3세계론이 신자유주의 등장과 냉전종식으로 인하여 어떻게 개발협력에 목적을 둔 남남협력과 정치세력화를 위한 현실주의적 궤적을 밟게 되었는가를 입체적으로 이해할 수 있는 사회학적 상상력을 제공한다(Go 2016). 앞서 논의한 남남협력의 기계적 해석과 정책적 활용에 관한 연구의 한계를 극복하고 기존 남북협력 중심의 개발협력 방식을 뛰어넘는 대안적 모델로 제시된 남남협력의 구조적 특성을 분석함으로써, 쇠퇴하고 있는 제3세계 프로젝트를 남남협력이 어떻게 대체하고 있는가, 그리고 BRICS가 어떻게 글로벌 거버넌스 체제에 도전하고 글로벌 남반구를 정치화하고 있는가에 대한 논의를 발전시키고자 한다. 이러한 제3단계에서 남남협력의 정치세력화 현상을 분석하기 위하여 정치적 요소

이외의 사회적인 요소들—예를 들어, 비동맹운동이 탈냉전시대에 제3세계 국가의 시민사회에 어떤 방식으로 접목되어 기존의 연대의식과 현재의 현실적인 이해관계가 혼재되고 그 결과 남남협력과 같은 새로운 방식의 운동영역이 형성되었는가—을 추적할 계획이다.

결론적으로, 국제정치사회학적 상상력은 역사사회학과 정치사회학을 적극적으로 혼합하여 분석대상을 해부하기 위한 전체사적 총체성을 극대화하고 제3세계의 대안적 해석을 위한 국제관계 현상의 사회학적 시공간을 확장하는 작업을 의미한다(Hobden 2002). 제3세계 연구의 제2단계에 정체되어 있는 한국적 맥락에서는 더더욱 제1단계와 제3단계를 연속적으로 연결하기 위한 이러한 전체사적 총체성이 필요하다. 이를 토대로 다음은 제3세계의 역사적 변천을 최초 형성의 시기, 반둥체제의 확립, 그리고 이후 쇠락의 길로 접어드는 과정을 연속적으로 검토함으로써 먼저 제1단계와 제2단계를 연결하는 작업을 도모한다.

III. 제3세계의 역사적 기원과 변천

제3세계론의 역사적 기원은 역설적이게도 식민지를 경영한 제국주의 국가들에서 시작되었다. 대표적으로 '제3세계'라는 표현을 논의하고 만들게 된 담론의 경연장은 프랑스의 파리였고, 그 이전에 제3세계를 대표할 수 있는 최초의 국제적 연대체가 벨기에의 브뤼셀에서 창설되었다. 식민지를 경영했던 북반구 주체들에 의해 수동적인 의미에서 제3세계의 개념이 생성되었음에도 불구하고, 제3세계론을 확장하고 발전시킨 주인공은 제2차 세계대전에서 독립한 신생 개도국들이었다. 제3세계 프로젝트가 정점을 찍은 역사적 계기는 1955년 인도네시아 반둥회의라는 사실에 반론을 제기하기 어려울 정도로 반둥회의가 남긴 족적과 영향력은 대단하였다. 즉, 반둥회의 이후의 제3세계는 곧 반둥체제의 연장이라고 평가해도 무방할 정도이다. 그러나 1970년대 초반까지 지속적으로 세를 확장하였던 제3세계는 결국 외생변수인 오일쇼크와 신자유주의의 도래, 그리고 냉전의 종식에 따라 급격히 쇠락의 길로 접어든다. 제3세계론의 쇠퇴를 단순히 외생변수들로만 설명할 수 없으며, 제3세계 내부에 배태되어 온 내생변수들의 부정합도 제3세계 프로젝트가 국제정치 무대에서 사라지는 계기가 되었다. 따라서 제3세계의 역사적 구조를 추적하는 제1단계와 제2단계의 연결고리를 제3세계의 태동, 반둥체제의 형성, 그리고 제3세계의 쇠퇴로 구분하여 재정리할 필요가 있다. 이는 또한 제3단계에서 글로벌 남반구가 보여주는 새로운 진화의 궤적과 연동되는 역사적 배경을 제공하는 역할을 한다.

1. 제3세계의 태동: 반제국주의, 식민주의, 포스트식민주의의 다층적 중첩

식민지 경영의 주요 핵심 국가였던 프랑스의 파리에서 '제3세계(Third World)'의 개념이 태동했다는 사실이 역설적으로 들릴지 모르지만, 오히려 프랑스의 독특한 역사적 경험에서 그 개념이 생성될 수 있었다는 해석이 더욱 설득적이다. 제3세계라는 용어는 1952년 프랑스의 인구학자이자 역사인류학자였던 소비(Albert Sauvy)가 *L'Observateur*에 냉전시대의 자본주의 중심의 NATO 블록과 공산주의 중심의 소련 블록에 속하지 않는 신생독립국 그룹을 편의상 구분하기 위해 사용했던 계기에서 시작되었다.[7] 소비는 프랑스혁명의 역사에 등장하는 제1계급(clergy)·제2계급(aristocracy)과 구별되는 사실상 혁명의 주역이었던 제3계급(Third Estate)에서 힌트를 얻어 제3세계의 개념을 사용하게 된다. 프랑스의 구체제(ancien régime)를 허물고 새로운 공화정을 세우기 위해 제3계급은 의회를 건립하고 인민 전체가 의회의 주인이 되는 시민혁명을 추구했고 이를 위하여 계급 간의 단결을 강조하였던 점에서 소비는 프랑스혁명이 제3세계에게 계몽된 미래를 보여준다고 강조했다(Prashad 2007). 따라서 제3세계의 개념적 기원은 식민주의의 극복과 제3세계 국가의 자주독립과 단결의 희망적 메시지를 담고 있다.

개념상의 제3세계가 1950년대 초 파리에서 시작되었지만, 실제 초국적 운동으로서 반제국주의를 선포한 연대체의 시작은 1927년 세계 각지에서 온 175명의 대표들이 브뤼셀에서 결성한 '반제국주의연맹(League Against Imperialism: LAI)'에서 비롯된다(Louro 2013). LAI는 양차 대전 사이에 결성되어 활동했던 초국가 수준의 반제국주의 국제연대기관으로, 식민통치를 받고 있는 남반구에서 온 107명의 공산주의단체·반식민주의단체 활동가들과 68명의 북반구 제국주의 국가에서 참가한 반제국주의 활동가들이 총망라해 있다는 점에서 대단히 중요한 의

7 제3세계의 표현은 소비가 처음 사용한 이후로 주로 서유럽의 언론매체를 통해 불어권에 널리 전파되었으며, 영어권에서는 Peter Worsley, *The Third World: Culture and World Development* (London: Weidenfeld and Nicholson, 1964)가 출간된 이후 적극적으로 공론화되었다.

미를 시사한다.[8] LAI는 전 세계 규모의 대대적인 반제국주의 운동을 선도하는 목표를 독립적으로 추진했지만, 코민테른(Comintern)의 전위조직 중 하나로 간주되는 오해를 사기도 한다. 실제로 1924년 이후 코민테른이 어려움에도 불구하고 국제사회주의자 및 노동자 그룹과 식민지역의 반식민주의 정당 소속 부르주아 계급을 연대하여 반제국주의 운동을 시도한 역사적 사실이 3년 뒤 LAI의 창설에 직접적인 동기가 되었다는 해석이 있다. 또한 1924년부터 1927년까지 사이에 조직되었던 중국 공산당과 국민당 간의 연합전선인 제1차 국공 합작이 LAI로 하여금 반제국주의 운동에 연대가 가능한 모든 세력을 규합하는 데 직접적인 기폭제 역할을 하게 된다. 이러한 맥락에서 제3세계 프로젝트의 실질적인 기원은 좌우의 이데올로기적 스펙트럼과 상관없이 식민주의의 타파와 반제국주의 운동이라는 공동의 목표를 위한 정치세력을 규합하는 초국가적 연대였다는 것을 알 수 있다(Petersson 2014).

LAI의 형성과 유사한 역사적 상황에서 제3세계가 형성하는 민족주의를 '국제민족주의(internationalist nationalism)'로 이해하는 것이 타당하다(Prashad 2007). 즉, 제3세계 프로젝트가 본연의 정체성을 확보하기 위하여 특유의 근대 민족주의를 형성하게 되는데, 제1세계 및 제2세계가 내세우는 자본주의 내지 공산주의에 입각한 민족주의가 아니라 이러한 이분법적 프레임을 극복하기 위하여 국제 연대를 강조하는 국제민족주의를 제3세계가 천착하는 것이다. 이는 식민주의를 타파하기 위하여

8 LAI는 프랑스어로는 Ligue contre l'impérialisme et l'oppression coloniale로, 독일어로는 Liga gegen Kolonialgreuel und Unterdrückung로 표현되어 반제국주의를 위한 국제연대를 최초로 표방하게 된다.

신생국가들은 절대적으로 일국가 중심이 아닌 국제 연대가 필요하였고 개별 국가에서 발현되는 민족주의는 본질적으로 국제주의의 에토스를 담게 되었다는 반제국주의 특징을 반증한다(Padmore 1972; Singham and Hume 1986). 제3세계의 집합적 정체성은 표면적으로 인위적인 유형화를 통해 작위적인 구성물로 만들어지는 것이 아니라 수많은 반식민주의 민족주의 운동이 시행착오를 거쳐 제3세계 국가들 사이에서 사회적 정당성을 확보하게 되고 식민주의의 인종차별을 종식하기 위한 문화투쟁이 계속되는 과정에서 미완성된 결과물이다.[9] 이러한 제3세계의 집합 정체성은 비동맹운동(NAM), G-77, 아프리카-아시아 그룹, 또는 유엔 내의 다양한 협의체로 다층적으로 구현되게 된다.

정치적 측면뿐만 아니라, 제3세계 프로젝트는 문화적 산업으로 확산되었다. 대표적으로, 칠레의 시인인 네루다(Pablo Neruda), 이집트의 가수인 쿨숨(Umm Kulthum), 인도네시아의 화가인 커튼(Sudjana Kerton), 이란의 문인인 알레 아흐마드(Jalal Al-e Ahmad) 등을 손꼽을 수 있다. 특히, 알레 아흐마드는 1962년에 출간한 *Gharbzadegi: Weststruckness*라

9 제3세계의 정체성에 관한 주요 문헌은 다양한 학자와 문인들 사이에서 탄생하였다. 우선, 1950년 처음 출간된 Aimé Césaire, *Discourse on Colonialism* (New York: Monthly Review Press, 2000)은 이른바 '제3세계 선언문(Third World manifesto)'으로 간주될 만큼 식민주의의 해체와 제3세계의 부상을 상징적으로 선포하였다. 이와 함께 1940년대, 1950년대는 포스트식민주의를 재구상하는 다각도의 학술적인 시도가 이루어졌는데 대표적으로, W. E. B. Du Bois, *Color and Democracy: Colonies and Peace* (New York: Harcourt, Brace and Co, 1945); Jean-Paul Sartre, *Black Orpheus* (New York: French & European Publications, 1948); Frantz Fanon, *Black Skin, White Masks* (New York: Grove Press, 1952[2008]); Albert Memmi, *The Colonizer and the Colonized* (Boston: Beacon Press, 1957[1965]); Richard Wright, *White Man Listen!* (New York: Perennial, 1957[1995]); Padmore (1972) 등을 손꼽을 수 있다.

는 책을 통해서 오리엔탈리즘의 시초 격인 '서구중독증'의 개념을 주창하고 1984년에 *Occidentosis: A Plague from the West*를 통해 서구 식민주의의 문화적 잔재를 극복을 위한 문맹퇴치를 사회개발의 최전선에 배치할 것을 강조한다. 탈식민주의 운동이 정치권에서만 통용되는 정치적 사안이 아니라 모든 제3세계 인민들의 일상성활의 한 부분으로 편입되는 과정을 알레 아흐마드의 문화운동을 통해 확인할 수 있다. 한편, 아프리카의 현대 문학이 태동하는 계기를 부여했던 1934년부터 1948년까지 프랑스의 '네그리튀드(negritude)' 운동을 통해 문화운동이 특정 정치이념과 연결되는 현상을 상징적으로 보여준다. 네그리튀드 운동의 핵심인물이었던 세제르(Aimé Césaire)는 마르크스주의에 토대를 둔 새로운 탈식민주의 운동을 주도하게 되는데, 세제르에게 반식민주의는 단순한 프롤레타리아 혁명에 기반을 두는 것이 아니라 계급투쟁을 초월한 전 세계의 인종차별과 파시즘을 종식하고 식민주의 체제를 혁명적으로 개조하는 당대의 가장 역사적인 운동을 대표하는 마르크스주의를 수정·보완하는 진정한 문명화 프로젝트였다.[10]

이렇게 다층적으로 분화되고 중첩된 제3세계를 위한 문명화 프로젝트는 궁극적으로 '포스트 식민주의(post-colonialism)'를 위한 노정으로 수렴된다. 포스트식민주의는 식민지 지배가 이미 종식된 상태이지만

10 아프리카의 현대 문학이 태동하는 계기를 구체적으로 제시해 주는 예는, 아마도 1934년부터 1948년 사이에 일어난 네그리튀드(negritude) 운동으로 보는 것이 가장 타당할 것이다. 당시 프랑스에 유학 중이던 일단의 흑인 유학생들, 세네갈의 생고르(Leopold Sedar Senghor), 프랑스령 기아나의 다마스(Leon Damas), 마르티니크의 세제르(Aieme Cesaire) 등은 파리에서「흑인 학생(L'Etudiant Noir)」이라는 잡지를 창간하여 시작(詩作) 활동을 함으로써 모욕과 고통과 불의를 안겨 준 서구 문학에 대항하여 자신들의 혈통의 근원을 찾아 흑인들 자신의 존재 확인 작업을 꾀하였다. Césaire (2000) 참고.

식민통치자들의 물리적 통치가 철수된 이후에도 계속 잔존하는 구 식민 통치의 문화적·사회적·경제적 착취 및 압력에 문제의식을 갖기 시작하여 '신식민주의(neocolonialism)'라는 개념을 새롭게 재구성하고 제3세계 정체성을 개편하는 과정에서 형성되었다. 다시 말해, 포스트식민주의는 식민 직후에 신비화 효과를 갖는 기억상실에 대한 이론적 저항이며, 포스트식민주의라는 새로운 담론을 통해 식민 과거를 다시 소환하고 그 암울한 과거가 재현되는 탈식민시대의 식민화 현상을 반문하려는 학문적 임무를 맡은 하나의 학문적 기획이다(Chakrabarty 2000). 따라서 포스트식민주의에 따르면 식민주의는 식민 점령의 종언과 함께 종식된 것이 아니라, 새로운 방식의 신식민주의가 지배자와 피지배자를 불가피한 상호의존관계로 엮으며 식민지에서 독립한 신생국가의 행동을 규정한다는 것이다(Gandhi 1998). 파농이 신생국가에서 서구 시민사회인 듯 자처하는 행위의 허구성을 폭로하려고 했던 노력을 이러한 포스트식민주의 맥락에서 인식할 수 있다. 또한 포스트식민주의는 서구의 계몽주의적 휴머니즘에 대항하면서 포스트구조주의나 포스트모더니즘의 해체주의적 성향과도 결합하는 방식으로 진화하는데, 이러한 포스트식민주의 이론의 주요한 성과는 예컨대 1970년대 사이드(Edward Said)의 '오리엔탈리즘' 또는 1980년대 푸코(Michel Foucault)나 데리다(Jacques Derrida) 등의 포스트구조주의적 담론에 지대한 영향을 주었다.

요컨대 제3세계의 기원은 아시아, 아프리카, 라틴아메리카의 남반구에 오랫동안 드리워진 제국주의의 그늘을 지우기 위한 다층적인 문명화 프로젝트에서 비롯되었다고 결론지을 수 있다. 여기서 다층적인 문명화는 제3세계론 자체가 반제국주의·탈식민주의·포스트식민주의 운동에 동원이 가능한 세력과 담론이 특정 이데올로기적 성향과 상관없이 중첩되어 표출되는 제3세계 정체성의 집합체였다는 것을 의미한다. 따라서 식민주의 청산과 신생국의 독립을 보장할 수 있는 새로운 국제질서를 위한 다양한 담론이 상호 중첩되어 제3세계라는 상상공동체를 구성하게 되는 반면, 현실적 측면에서는 공동의 목표와 정책을 모색하여 제3세계의 위치를 공고화할 수 있는 구체적인 제도적 장치가 사실상 1955년 반둥회의 이후 비동맹주의로 수렴되는 단편적인 실천성을 보이게 된다.

2. 반둥체제의 형성: 비동맹주의의 주류화

제3세계의 태동 이후, 글로벌 남반구 신생국가들의 가장 중요한 고민은 단순한 담론으로서의 제3세계가 아닌 구체적인 실천의 궤적을 담보하는 제3세계를 어떻게 국제정치질서에 구축하는가에 있었다는 것이 중론이다(Berger 1986; Acharya 2014; Prashad 2012; Lee 2010). 1955년 4월 네루·수카르노·나세르·저우언라이가 합작하여 제3세계 29개 국가 정상들이 최초로 모이게 되는 반둥회의에서 제3세계의 구체성은 극대화된다. 반둥회의를 개최하기 위하여 1954년 인도-중국 정상회의에서 네루와 저우언라이가 평화 5원칙을 발효하고, 동년 스리랑카 콜롬보에서 개최되었던 콜롬보회의에서 아시아-아프리카 회의를 개최하는 계획을 도모하였다. 실제로, 반둥회의를 통해 담론으로서 제3세계론과 집합행동으로서의 제3세계론이 절충되는 역사적인 계기가 마련되었고 국제정치 무대에서 제3세계라는 새로운 행위주체에 대한 인식이 확장되기 시작하였다(Muppidi 2016). 이러한 반둥회의는 다음 세 가지 측면에서 제3세계의 핵심 플랫폼으로 작동하게 되는데, 이른바 '반둥체제'라고 통칭할 수 있을 정도로 반둥회의 이후 비동맹운동을 비롯하여 남반구 국가들의 다양한 연대체 발전에 지대한 영향을 미치게 된다.

첫째, 반둥회의를 반제국주의, 탈식민주의, 인종차별철폐와 인권, 경제·문화협력 등이 혼합된 거시적인 제3세계 프로젝트의 집합체로 승화시킴으로써 반둥회의는 명실상부 제3세계의 담론과 실천을 결합한 플랫폼과 방향성을 제공하게 되었다(Devetak 외 2016; Wright 1956; Chakrabarty 2005). 반둥회의에 참가한 29개 아프리카, 아시아의 신생독립국가들은 냉전시대의 미국과 소련 블록이 대립하는 구조를 배격하고 제3의 노선인 제1세계 및 제2세계의 모든 국가들과의 동맹을 부정하는 비동맹주의를 반둥회의의 주요 정치적 성과로 전면에 내세우는 동시에, 궁극적으로는 제3세계에 대한 인종차별과 인권문제를 해결하려는 문화정치의 소산이자 제3세계 국가들 간의 경제협력과 문화협력을 강조하여 남남협력의 단초까지 제공하였다.[11] 아래와 같이 1955년 4월 24일 반둥에서 결의된 '아시아-아프리카 회의 최종 커뮤니케(Final Communiqué of the Asian-African Conference of Bandung)'를 통해 총 7조항과 세계평화와 협력 증진을 위한 10대 선언이 채택되었다(〈표 1〉 참

11 1955년 반둥회의에 참가한 남반구 국가들은 아프가니스탄, 예멘, 이라크, 팔레비, 인도, 인도네시아, 영국령 골드코스트, 이집트, 에티오피아, 캄보디아, 사우디아라비아, 시리아, 수단, 실론, 태국, 중국, 터키, 일본, 네팔, 파키스탄, 버마, 베트남민주공화국, 필리핀, 베트남공화국, 요르단, 라오스, 리비아, 라이베리아, 레바논, 그리고 키프로스 등이다. 본래 아프리카의 로디지아를 포함해 30개국이 초대되었으나 로디지아는 국내 정세의 불안정으로 인하여 반둥회의 불참을 통보하게 된다. 여기서 우리가 주목해야할 사실은 중국과 적대 관계에 있는 대만, 자유진영과 공산진영 간의 대리전쟁 및 휴전 상황에 있는 대한민국과 북한, 그리고 몽골은 비동맹주의에 입각하여 초청되지 않았다는 것이다.

조). 반둥커뮤니케의 내용은 반둥 이후 제3세계 프레임에서 다층적으로 분화되어 형성되는 비동맹운동 정상회의, 77그룹, 그리고 유엔 내 조직화 활동 등과 같은 제3세계 프로젝트에 중요한 근거이자 토대로 활용되게 된다.

〈표 1〉 반둥회의 최종 커뮤니케 내용

A. 경제협력(economic cooperation)
B. 문화협력(cultural cooperation)
C. 인권과 자결주의(human rights and self-determination)
D. 종속된 인민의 문제(problems of dependent peoples) - 식민주의의 흔적 지우기
E. 기타 문제(other problems): 팔레스타인, 인도네시아, 예멘에 대한 정치적 지지 선언
F. 세계평화와 협력 증진(promotion of world peace and cooperation)
G. 세계평화와 협력 증진 선언(declaration on the promotion of world peace and cooperation)

1. 보편적인 인권 존중 및 유엔헌장의 목표와 원칙 존중
2. 모든 국가의 주권과 영토보전 존중
3. 모든 인종의 평등과 모든 국가의 평등 인정
4. 타국가의 국내문제 불간섭
5. 유엔헌장에 준거하여 개별 국가가 스스로 또는 집단으로 자위할 권리 존중
6. (a) 강대국의 이해관계를 위하여 집단방위 사용 금지
   (b) 타국가에 압력을 가하는 행위 금지
7. 특정 국가의 영토보전 및 정치적 독립에 반한 침략행위 또는 위협 금지와 무력사용 금지
8. 유엔헌장에 준거하여 모든 국제분쟁을 분쟁당사국의 평화적 방법과 협상, 조정, 중재 및 법적 조치를 통한 해결
9. 상호이익과 협력 증진
10. 정의와 국제책무에 대한 존중

출처: Ministry of Foreign Affairs Republic of Indonesia, *Asia–Africa Speaks from Bandung* (1955), pp. 161-69.

반둥커뮤니케는 우선적으로 독립 이후 아시아-아프리카 간의 경제적·문화적 개발을 위한 상호이익과 우호증진의 필요성을 전면에 부각하면서 앞으로 제3세계 신생국들이 중점적으로 추진해야할 목표로 경

제발전과 문화발전을 강조하였다(A, B 조항). 이는 반둥체제에서 그리고 반둥 이후 지속적으로 남반구 국가들 사이에서 강화되어 온 남남협력의 토대로 작동한다. 경제·문화발전과 함께 반둥커뮤니케는 각국 관계 및 사회정치문화 문제의 검토를 제3세계 프로젝트가 다루어야 할 중요한 의제로 강조하고 있는데, 여기에 국가주권, 인권, 민족문제, 식민주의 등 아시아-아프리카 국가에게 특히 중요한 여러 문제의 검토가 포함되어 있다(C, D, E 조항). 특히, 본 커뮤니케에 핵무기를 비롯한 군비축소 및 식민주의 근절을 직접적으로 표방하는 독립된 조항이 채택되지는 않았지만 미국과 소련 중심의 군비경쟁을 경계하는 원칙을 고수하고 있으며, 팔레스타인·인도네시아·예멘에서 발생하는 식민주의 청산 작업을 지지하는 선언을 담아내고 있다. 마지막으로, 반둥커뮤니케는 현대 세계, 특히 아시아-아프리카 국가들의 지위와 세계 평화 추진을 위하여 제3세계가 공헌할 수 있는 10대 선언을 커뮤니케의 일부로 포함함으로써, 반둥체제가 반제국주의·탈식민주의·포스트식민주의 담론과 함께 제3세계 프로젝트의 구체적인 실천 목표를 접목하여 원칙화하는데 성공하였다고 평가할 수 있다(F, G조항). 따라서 10대 선언을 비롯한 반둥커뮤니케는 반둥 이후 제3세계가 국제정치질서에 도전할 수 있도록 인도하는 나침반 역할을 하게 된다.

〈표 2〉 제3세계 역사적 변천의 주요 과정

주최도시 [국가]	연도	주요내용
브뤼셀(Brussels) [벨기에]	1927	반제국주의연맹(League against Imperialism) 창설
반둥(Bandung) [인도네시아]	1955	아시아-아프리카 회의(Asian-African Conference) 개최

<table>
<tr><td rowspan="2">카이로(Cairo) [이집트]</td><td>1957</td><td>아프리카-아시아 인민연대회의(Afro-Asian Peoples' Solidarity Conference) 개최</td></tr>
<tr><td>1961</td><td>아시아-아프리카 여성회의(Asian-African Women's Conference) 개최
아프리카-아시아경제협력기구(Afro-Asian Organization for Economic Cooperation) 회의에서 공동시장 주창</td></tr>
<tr><td>베오그라드(Belgrade) [유고슬라비아]</td><td>1961</td><td>비동맹운동(Non-Aligned Movement) 공식 출범</td></tr>
<tr><td>하바나(Havana) [쿠바]</td><td>1966</td><td>삼개대륙회의(Tri-continental Conference) 개최</td></tr>
<tr><td rowspan="2">알제(Algiers) [알제리]</td><td>1967</td><td>제1차 77그룹 회의 개최</td></tr>
<tr><td>1973</td><td>제4차 비동맹운동 정상회의에서 신국제경제질서(New International Economic Order) 제안</td></tr>
</table>

출처: Prashad (2007, 2012).

제3세계 주체들이 반둥회의 이후 1970년대 오일쇼크 이전까지 활발하게 제3세계 프로젝트를 실천한 주요 역사적 이벤트를 〈표 2〉에서 확인할 수 있다. 인도네시아 반둥에서 제3세계 프로젝트가 구체화되고 반둥체제의 기틀을 다졌다면, 그 다음 제3세계의 무게중심은 이집트 카이로로 이동하였다.[12] 우선 1957년 카이로는 식민주의에서 진정한 해방과 아시아와 아프리카의 연대를 위해 조직된 국제NGO인 '아프리

12 최근 연구에 따르면 제3세계 내에서 주요 선도국가와 지도자들 간에 일종의 주도권 쟁취를 위한 경쟁이 있었으며 반둥에서 네루와 수카르노가 주도권을 장악했다면 이에 대응해서 나세르가 반둥 이후 연대회의를 이집트로 이관하려는 노력이 지나칠 정도로 강했다는 해석이 있다. 그리고 반둥회의 이전에 네루가 아시아-아프리카 연대회의를 반둥이 아닌 뉴델리에서 개최하려고 기획했을 정도로 제1차 회의에 대한 각 국 지도자들의 집착과 경쟁은 상당히 심했다는 것을 알 수 있다. Carolien Stolte, "'The Asiatic Hour': New Perspectives on the Asian Relations Conference, New Delhi, 1947," in Nataša Mišković, Harald Fischer-Tiné and Nada Boškovska (eds.), *The Non-Alignment Movement and the Cold War: Dehli–Bandung–Belgrade* (Abingdon: Routledge, 2014)를 참조.

카-아시아국가연대위원회(Solidarity Council of the Afro-Asian Countries)'가 주최하는 '아프리카-아시아인민연대회의(Afro-Asian People's Solidarity Conference)'를 개최하는 데 성공하였다.[13] 또한 1961년에 카이로는 반둥회의의 유산을 여성에 집중하여 연대방향을 재조정하는 '아시아-아프리카여성회의(Asian-Afro Women's Conference)'를 개최하였고, 동년 '아프리카-아시아경제협력기구(Afro-Asian Organization for Economic Cooperation: AFRASEC) 회의에서 개도국 간 상호원조를 통한 아시아-아프리카 공동시장(common market) 구축을 주창하였다(AFRASEC 1961). 반둥 이후, 카이로가 아시아-아프리카회의의 사무국 역할을 수행하면서, 아시아-아프리카 경제협력까지 이끌어내면서 인도네시아에 이어 제3세계의 맹주국으로 자리 잡게 된다. 이와 동시에 1961년 반둥회의에서 가시화되었던 비동맹주의의 연대체가 유고슬라비아의 베오그라드에서 티토의 지도력 하에 공식적으로 NAM 정상회의로 출범하게 된다. 따라서 1960년대에 확장된 제3세계 프로젝트는 반둥(델리)-카이로-베오그라드로 형성된 삼각구도로 발전하게 된다(Mišković 외 2014).

---

13 아프리카-아시아국가연대위원회는 1957년 이후 1960년 4월 기니의 코나크리(Conakry)에서 개최된 제2차 회의에서 '아프리카-아시아인민연대기구(Afro-Asian People's Solidarity Organization: AAPSO)'로 명칭을 변경하게 된다. 1979년에 AAPSO는 '소비에트 아프리카-아시아연대위원회(Soviet Afro-Asian Solidarity Committee)'를 포함한 80개 회원기구로 확장하게 된다. 옵서버 지위를 보유한 기구는 세계노동조합연맹(World Federation of Trade Unions), 세계민주청년연맹(World Federation of Democratic Youth), 여성국제민주연맹(Women's International Democratic Federation), 그리고 세계평화평의회(World Peace Council) 등으로 모두 일정 정도 구소련과 관계가 있었다.

둘째, 반둥회의는 비동맹운동(NAM)을 제3세계 국가들 간에 정치적 행동방식의 구심체로 제도화하는데 역사적인 계기가 되었다. 반둥회의의 성과가 1961년 베오그라드에서 NAM으로 가시화되었고, 그 이후 3년에서 5년 단위로 주요 회원국들이 돌아가며 주최한 NAM 회의는 2012년 기준 120개 국가가 회원국으로 가입할 정도로 제3세계론 주류로 자리 잡았다(〈표 3〉 참조). 반둥부터 베오그라드의 NAM까지 제3세계의 제1세대라고 할 수 있다면, 1966년 쿠바의 하바나에서 아시아·아프리카·라틴아메리카의 대륙 간 연대회의체인 제1차 '아시아·아프리카·라틴아메리카 인민연대회의(Solidarity Conference for the Peoples of Africa, Asia and Latin America)' 또는 '삼개대륙회의(Tricontinental Conference)'는 베트남전쟁과 더불어 제3세계의 제2세대가 형성되는 역사적인 계기를 제공하였다고 평가할 수 있다(〈표 2〉 참조). 1961년 베오그라드 회의 이후, 제3세계의 토대를 마련한 제1세대의 주력 정치인들이 점차 역사의 뒤안길로 사라지기 시작하였다. 네루는 1964년에 사망하였고, 수카르노는 미국이 지원한 쿠데타에 의해 축출되었으며, 우 누(U Nu)는 랭군에서 가택연금 조치 당하였고, 나세르는 이집트 국내 민주주의를 탄압하는 행보를 보이게 된다. 하바나 삼개대륙회의에서 주요 의제로 거론되었던 베트남전쟁 지원은 더 이상 정치적 비동맹주의에 엄격하지 않았던 제1세대에 의존하지 않고 새로운 NAM의 정치적인 역할에 충실하려고 노력하였다. 제3세계의 체제 운영을 맡게 된 제2세대의 주요 정치인으로 쿠바의 카스트로, 알제리아의 부메디엔(Houari Boumediène), 잠비아의 카운다(Kenneth Kaunda), 자메이카의 맨리(Michael Manley) 등을 거론할 수 있는데, 제1세대와 달리 제1세계의 확장과 개입에 대한 정치적 관용이 부족했으며 미국 및 미국의 동맹국과의 타협 가능성을 배제하는 강한 입장을 고수하였다. 이에 삼개대륙회의에서 카스트로는 미국의 베트남 개전을 강력하게 비판하고 베트남 인민에 대한 제3세계의 연대를 강조하였다(Solidarity Conference for the Peoples of Africa, Asia, and Latin America 1966).

〈표 3〉 비동맹운동 정상회의

	일시	주최국	주최도시	의장
1차	1961년 9월	유고슬라비아	베오그라드	Josip Borz Tito
2차	1964년 10월	통일아랍공화국 (현 이집트)	카이로	Gamal Abdel Nasser
3차	1970년 9월	잠비아	루사카	Kenneth Kaunda
4차	1973년 9월	알제리	알제	Houari Boumediène
5차	1976년 8월	스리랑카	콜롬보	William Gopallawa Junius Jayewardene
6차	1979년 9월	쿠바	하바나	Fidel Castro
7차	1983년 3월	인도	뉴델리	Neelam Sanjiva Reddy Zail Singh
8차	1986년 9월	짐바브웨	하라레	Robert Mugabe
9차	1989년 9월	유고슬라비아	베오그라드	Janez Drnovšek Broisav Jović Stjepan Mesić Branko Kostić Dobrica Ćosić
10차	1992년 9월	인도네시아	자카르타	Suharto
11차	1995년 10월	콜롬비아	카르타헤나	Ernesto Samper Andrés Pastrana Arango
12차	1998년 9월	남아프리카공화 국	더반	Nelson Mandela Thabo Mbeki
13차	2003년 2월	말레이시아	쿠알라룸푸르	Mahathir Mohamad Abdullah Ahmad Badawi
14차	2006년 9월	쿠바	하바나	Fidel Castro Raúl Castro

15차	2009년 7월	이집트	샤름엘셰이크	Hosni Mubarak Mohamed Hussein Tantawi Mohamed Morsi
16차	2012년 8월	이란	테헤란	Mahmoud Ahmadinejad Hassan Rouhani
17차	2016년 9월	베네수엘라	포를라마르	Nicolás Maduro
18차	2019년	아제르바이잔	미정	미정

출처: 저자 작성

이렇듯, 반둥체제가 더욱 확대된 제3세계의 제2세대인 삼개대륙회의로 확대되면서 NAM은 더욱 더 제3세계 프로젝트의 핵심 행동원칙으로 공고화된다(Rothermund 2014). 〈표 3〉에서 확인할 수 있듯이, NAM 정상회의는 1961년 9월 베오그라드에서 제1차 회의로 시작하여 2019년 아제르바이잔에서 제19차 회의를 예정하고 있을 정도로 글로벌 남반구의 주요 이벤트로 제도화된 반둥 이후의 최대 역사적 성과물이다. 그럼에도 불구하고 비동맹주의의 원칙이 무색할 정도로 NAM 회원국들이 제1세계, 그리고 제2세계와 비공식적인 등맹관계를 유지하는 경우가 많아지게 되고 이에 따라 쿠바 등의 대표적인 반미국가를 제외하고는 미소간의 대리전이 발발할 때 강력한 비판의 목소리를 내지 못했다는 비판을 받게 된다. 현재까지 명맥을 이어 온 NAM 정상회의는 제3세계의 전통적인 연대체 역할을 수행하고 있지만, 각 회원국마다 현실주의적 선택으로 비동맹주의 원칙을 배제하거나 형식적인 비동맹 원칙에 동의하는 이중적인 모습이 목도되어 왔다. 이는 사실 반둥 이후에 새롭게 나타난 현상이 아니라, 1955년 반둥회의에 이미 식민주의와의 투쟁을 강력하게 주장하는 그룹과 식민주의 청산에 소극적인 비동맹주의 그룹 간의 갈등이 형성되었고 1961년 베오그라드에서 후자가 전자를 압도하게 되어 작금의 비동맹 원칙의 이중적인 모순이 역사적으로 형성된 구조사의 일부라는 해석이 가능하다(Rey 2014).

셋째, 반둥커뮤니케의 10대 선언에 명기되어 있듯이 제3세계 프로젝트는 반둥회의를 계기로 유엔을 남반구 국가들이 활동하는 주요 국제무대로 상정하게 되고 제3세계 집합행위의 정당성을 유엔헌장에서 찾는 경향이 정착되었다. 유엔에 적극적으로 참여함으로써, 국제정세에 제3세계 국가들의 집단적인 개입과 영향력을 극대화할 수 있으며, 이를 통해 제3세계의 이해관계를 대변할 수 있는 다양한 플랫폼과 기구가 점차 확장되었다. 반둥회의 이전부터 제3세계 대표들의 유엔 활동이 적극적으로 이루어졌다는 것을 확인할 수 있는데, 1945년 유엔을 창설하는 샌프란시스코 회의와 동년 런던에서 개최된 UNESCO 창설 회의에 제3세계 국가들은 대표단을 파견해 미국과 소련의 양 블록과 다른 독립적인 목소리를 내는 데 주력하였다.[14] 또한, 1953년에 출범한 '유엔경

14 1945년 샌프란시스코 유엔 창설회의에서 루즈벨트(Eleanor Roosevelt) 여사가 세계인권선언(Universal Declaration of Human Rights)의 초안을 논의할 때 라틴아메리카 29개국 대표가 중요한 역할을 했는데, 특히 쿠바의 시스네로스(Guy Pérez Cisneros)가 파나마 대표의 지원을 받아 인권의 영역이 교육, 노동, 보건, 사회보장까지 확장되도록 영향을 미쳤다. 한편, 1945년 런던 UNESCO 회의에서는 인도의 카우르(Rajkumari Amrit Kaur)가 중심이 되어 미국 중심의 제1세계와 소련 중심의 제2세계가 제3세계가 주장하는 의제에 관심을 보이지 않는 행태를 비판하고 2차 세계대전 이후의 전후 세계질서가 아직도 착취와 부조리로 가득 찬 위선을 극복하고 '진정한 자유(true freedom)'를 추구해야 된다고 역설하였다. 세계인권선언은 Mary Ann Glendon, "The Forgotten Crucible: The Latin American Influence on the Universal Human Rights Idea," *Harvard Human Rights Journal* 16 (2003)을, UNESCO의 경우는 UNESCO, *Conference for the Establishment of the United Naitons Educational, Scientific and Cultural Organisation, Institute of Civil Engineers, London, November 1–16, 1945* (Paris: UNESCO, 1945)를 참조.

제개발특별기금(Special UN Fund for Economic Development: SUNFED)' 에도 적극 가담하여 제3세계의 영역을 확보하려고 노력하였다(Manzer 1964).

반둥 이후에는 제3세계의 다양한 의제를 구체적으로 담당할 수 있는 유엔체제 내부에 제도적 플랫폼 구축에 집중하였다(Hovet 1964). 1964년 유엔에서 제3세계 국가들이 그들만의 의제를 제안하고 추진하기 위하여 GATT 대항체인 유엔무역개발회의(UN Conference on Trade and Development: UNCTAD)를 창설하는데 주도적으로 참여하였다. 제1차 UNCTAD 총회가 열린 1964년 3월 제네바에서 선진국에 대한 개도국의 협상능력을 강화하기 위하여 개도국 77개국이 공동선언을 채택하고 유엔 내 하나의 제3세계 플랫폼을 구축하였다. 77그룹의 결성은 유엔의 장내에서 추진되었지만, 실제 77그룹 내부 회의는 유엔 외부인 알제리에서 1967년 제1차 77그룹회의가 개최되었다(〈표 2〉 참조). 반둥체제에서 주류적 집합행위가 NAM으로 수렴되는 반면, 제3세계 개도국이 유엔에서 어떠한 의제에 집중하는가에 따라 77그룹의 위상과 권한이 강화되기도 한다. NAM이 주로 강대국과의 국제정치 및 글로벌 거버넌스에 치중하는 한편, 77그룹은 경제·금융·발전 이슈들을 주로 다루어 왔다. 특히, 77그룹은 남반구와 북반구의 경제적 격차 문제에 천착해서 UNCTAD 총회를 통해 개도국의 의견을 조정하고 선진국에 종합적인 경제적 요구를 하는 등 새로운 세계경제질서를 확립하는 데 공헌한 것으로 평가되고 있다. 이러한 제3세계의 경제개발 플랫폼으로서의 77그룹은 알제리에서 1973년에 개최된 제4차 비동맹운동 정상회의에서 NIEO를 제안하게 되고 이는 곧 1974년 제6회 유엔특별총회에서 원칙적으로 인정을 받게 되어 '신국제경제질서 수립선언'이 채택되었다.[15] 1970년대 후반으로 가면서 두 차례의 오일쇼크로 인하여 NIEO에 대한 선진국의 대대적인 반격이 시작되고 결국 NIEO는 미완성인 제3세계 프로젝트의 일환으로 남게 된다(Laszlo 외 1980).

정리하자면, 제3세계의 역사적 진화인 구조사 중 제1단계와 제2단계에 해당되는 시기의 주요 특징은 1927년 창설된 LAI에서 비롯된 제3세계 프로젝트는 1955년 반둥회의를 통해 제3세계의 담론과 실천이 비동맹주의 중심으로 봉합되었고, 1961년 베오그라드 회의를 통해 비동맹주의가 제3세계의 대표적인 연대행위로 자리를 잡게 되었으며, 1974년 유엔특별총회에서 NIEO가 주창될 때까지 그리고 그 이후에도 개도국은 유엔을 제3세계 프로젝트가 실행될 수 있는 주요 공간으로 인식하고 활용하였다고 요약할 수 있다. 따라서 제1단계와 제2단계를 아우를 수 있는 공통의 특징은 바로 반둥체제의 형성과 내재적 발전이라 할 수 있는데, 이러한 반둥체제에 대한 평가는 다양하게 이루어져 왔다. 반둥회의는 국제정치이론 중 현실주의가 주장하는 참여국가의 전략적 이해관계가 투영되는 전형적인 경쟁구도의 회의로 해석할 수 있지만, 일부 영국학파 학자들은 반둥회의가 이러한 현실주의 해석을 뛰어넘어 '칸트적인 도덕적 연대'를 실질적인 행동으로 보여주었고 '국제사회로부터 식민주의 및 제국주의라는 악을 퇴출'하는 제3세계의 집합적 노력이라고

15 NIEO와 이와 관련된 선언문의 주요 내용은 1970년대 당대 국제경제의 질서는 선진국에게 주로 혜택이 돌아가고 개도국에게는 지속적인 종속이 이어지기 때문에, 국제경제질서에 근본적인 변혁이 이루어지지 않으면 제3세계 개도국에게는 세계 경제에 참여하는 동기가 부여되지 않는다는 접근에 토대를 두고 있다. 구체적으로 NIEO는 자원의 항구주권, 개발도상국 상품의 가격연동제에 의한 가격보상, 생산국 카르텔 촉진 등의 요구를 포함하고 있다.

평가했다(Wight 1987; Jackson 2005; Keal 2003). 그럼에도 불구하고, 미국과 정치적으로 밀접한 미국의 동맹국인 일본, 필리핀 등을 반둥회의에 배제하지 않고 비동맹 원칙에 위배됨에도 불구하고 심지어 적극적으로 유치하기 위해 노력했다는 역사적 증거들을 그냥 지나칠 수 없다(Prashad 2007). 따라서, 반둥회의가 단순히 정치적으로 순도가 높은 연대체로서 제3세계를 대표하는 역할을 수행했다는 긍정적인 평가와 다분히 현실주의적인 이해관계가 투영되어 초기부터 비동맹주의에 위배되는 회원국을 정치적으로 수용했다는 부정적인 해석이 동시에 상존하게 된다.

IV. 제3세계 프로젝트의 쇠퇴: 글로벌 남반구와 남남협력의 대체효과

제3세계의 구조사 측면에서 볼 때, 제3세계의 쇠퇴는 역사사회학적 접근 제2단계의 마지막 프로세스에 해당한다. 아니 보다 정확하게 표현하자면, 제3세계의 쇠퇴 국면은 제2단계와 제3단계를 연결하는 징검다리 역할이라 할 수 있다. 이는 제3세계 프로젝트가 쇠퇴하면서 제3단계에서는 개별 개도국들이 스스로의 이해관계에 맞게 현실적 선택을 본격적으로 모색하게 되기 때문이다. 달리 말해, 제3세계 프로젝트의 쇠퇴는 개도국의 현실주의적 충동이 연대의식을 초월하게 되고 이는 곧 제3세계론이 더 이상 연대가 아닌 남남협력과 같은 현실적인 이해관계로 움직이는 개별정책으로 대체되는 효과를 의미하게 된다.

제3세계론의 쇠퇴는 크게 제3세계의 외부와 내부에서 초래된 변수들에 의해 영향을 받은 복합적인 결과물이다(South Commission 1990). 제3세계 외부의 변화로는 잘 알려져 있듯이 신자유주의적 글로벌 거버넌스의 확장, 그리고 냉전종식이라는 정치적 변수로 대표되는데 이는 제1세계의 국제정치 주도권 장악과 제2세계의 분열을 의미한다. 이른바 '제3세계론'은 개도국의 비동맹주의 프로젝트로서 77그룹과 같은 다양한 성과를 올렸지만, 제3세계 프로젝트를 실질적인 국제정치경제질서의 중심으로 재편하기 위한 NIEO와 같은 시도는 끊임없이 실패로 돌아갔다. 1970년대 후반의 오일쇼크가 시발점이 되어 1982년 멕시코를 시작으로 중남미의 연쇄적인 모라토리엄에 대응하여 세계경제 경영의 신사조로 부상한 신자유주의와 이에 입각한 세계은행과 국제통화기금의 구조조정정책이 국제경제 거버넌스의 전면에 부상하게 되고 영국의 대처리즘과 미국의 레이건노믹스의 신자유주의적 개혁이 제1세계 내부의 주요 경제사조로 뿌리를 내리기 시작하였다. 대표적으로, 1979년 하바나에서 개최된 제6차 NAM 정상회의에서 탄자니아의 니에레레(Julius Nyerere)가 "NAM은 진보적인 운동이지만, 진보적인 국가들의 운동은 아니다"라고 NAM의 분열과 쇠퇴를 경고하고 있다(Singham and Hume 1986). 이러한 제1세계의 신자유주의적 팽창은 1980년대 후반 독일통일을 필두로 소련 중심의 제2세계가 붕괴됨에 따라 더더욱 가속화되고, 결국 개도국들의 연대의식이 저하되어 제3세계론은 남반구에 잔존하는 개도국의 문화민족주의 정도로 간주하게 되었다(Ayoob 1995).

제2세계를 대표했던 소련과 중국도 제3세계 영역을 보호하기 위한 우군의 역할을 수행하는데 실패하였다. 유엔안전보장이사회에서 미국을 위시한 서방세계의 일방적인 개입에 맞서기 위해 거부권을 행사하고 제3세계의 정치경제적 이해관계를 대변해 주는 역할을 해 왔던 제2세계의 소련과 중국이 제3세계 국가들 내부에서 발생하는 내전에는 강압적인 개입을 시도하는 이중적인 모습에 제3세계는 점차 제2세계에 대한 신뢰를 버리게 된다. 소련은 1955년 이후 이른바 평화공존론을 채택하면서 소련이 중요하다고 판단하는 제3세계 특정 국가의 경우 계급혁명을 위한 지원을 추진하지만 무력으로 혁명을 수출하지 않겠다는 입장을 고수함에도 불구하고, 이듬해인 1956년 소련은 헝가리 혁명을 무력 진압함으로써 평화공존론이 소련의 이해관계에 따라 언제든지 파기될 수 있다고 제3세계는 인식하게 되었다(Aptheker 1957). 중국의 경우 미국에 대항하거나 제1세계와 주요 갈등국면을 조성하는 데 적극적이지 않았다는 점에서 소련보다 제3세계 국가들에게는 더 실망이었을 것이다. 한국전은 예외이고 1970년대로 접어들면 중국은 미국과 외교관계를 정상화하면서 평화적 공존관계를 유지하게 되고 더 이상 미국과의 직접적인 군사적 대결을 통한 제3세계에 혁명을 수출하거나 이해관계를 옹호하는 역할을 대변하지 못하게 된다.

지금까지 논의한 제3세계 외부환경의 변화와 함께 제3세계 쇠퇴의 원인을 내부에서 찾는 노력도 다각도에서 확인할 수 있다. 먼저, 제3세계가 점차 힘을 잃게 된 이유는 하나의 체계화된 제3세계의 운영제도가 구축된 것이 아니라 소수의 인물 중심으로 구성된 상징적인 담론의 성격이 강했다는 점에서 찾을 수 있다. 물론 반둥회의에서 어느 정도의 담론과 실천의 간극을 좁히기 위한 노력이 반둥커뮤니케로 구체화되었지만, 네루·나세르·수카르노와 같은 주요 지도자들의 카리스마에 기반한 비동맹주의가 반둥회의를 통해 제3세계의 상징으로 발현되었다는 해석에 동의하지 않을 수 없다. 따라서 제1세대 지도자들이 일선에서 나오게 되면 새로운 지도자 세대가 제3세계 프로젝트를 맡게 되고 세대가 바뀔 때마다 제3세계론의 방향이 변경되는 등 지속가능성의 문제가 내부에서 발생하게 되는 것이다.

또한, 제3세계 프로젝트의 태동과 발전은 태생적으로 결함이 내재된 신생국가들의 근대화 과정으로 인식할 수 있으며, 반둥회의라는 상징적 이벤트로 제3세계 연대의 담론과 실천이 잠정적으로 통합되었다고 진단할 수 있다(Shani 2016). 그러나 식민주의와 제국주의 권력에 맞서 투쟁하기 위해서 제3세계 국가의 정당과 사회계급이 서로 간의 차이를 뛰어넘어 연대와 단결을 추구해야한다는 당위성은 신생독립국 입장에서는 정당한 주장이었음에도 불구하고 무리하게 추진된 연대와 단결은 결국 제3세계가 쇠퇴하는 화근이 되었다. 민중의 사회운동과 정치세력화는 새로운 국가를 독립시키기 위하여 식민지 권력에 자유를 요구하고 끝내 독립적 권력을 되찾았다. 그러나 해방 이후 독립을 위해 동원되었던 도구적 연대가 새로운 포스트식민지 정치공간에서는 갈등과 분열의 단초로 작용하게 된다. 수많은 독립운동에 참여했던 농민과 노동자들은 식민주의 철폐를 위해 지주와 산업엘리트들과 무리한 연대를 위해 계급적 이해관계를 포기하였던 것이다. 독립 후 이들에게 찾아든 정치체제는 순도 높은 사회주의가 아니라 사회의 위계질서 유지를 위한 계급차별과 계급평등이 교묘하게 공존하는 아랍사회주의, 아프리카사회주의, 인도의 사르보다야(Sarvodaya), 인도네시아의 나사콤(NASAKOM) 등의 교조적 사회주의이었던 것이다(Vickers 2013). 계급 간의 차별을 철폐하는 것이 아니라 진정한 사회혁명이 부재한 상황에서 식민지 시대의 구엘리트 계급이 계속 권력을 장악하고 대중에게 사회복지를 배분하는 정책요소가 가미된 기형적인 민족주의가 팽배하게 되고, 포스트식민주의의 자체적 분열과 성찰적 발전을 거듭하면서 자연히 제3세계 프로젝트는 신생국가 간의 연대의식이 점차 약화되었다(Young 2003).

이는 결국 제3세계로 집결했던 개도국들이 내부의 식민주의 잔재를 청산하지 못하게 되어 각자도생으로 귀결된 현실주의적 선택이 구성주의적 정체성의 집단행동을 상쇄했다는 부정적인 해석으로 이어진다. 1960년대 기비니사우 독립을 위하여 무장투쟁을 진두지휘한 카브랄(Amilcar Cabral)에 따르면, 제3세계의 근본적인 투쟁은 제3세계 내부의 경제·사회·문화적 모순에 대하여 현실적인 반성과 개혁을 위한 노력, 즉 '우리 내연의 나약함에 대한 투쟁(struggle against our own weaknesses)'을 토대로 발전해야하는데 이에 대한 노력이 부재하였다는 성찰적인 반성이 제기된다(Cabral 1972). 이는 다른 측면에서 제3세계 사회에 배태된 식민지 문화의 지속과 이러한 문화적 종속의 제도화로 환원될 수 있다. 실제로, 1927년 브뤼셀에서 1966년 하바나에 이르기까지 다양한 제3세계 국가들의 국제회의에서 공식적으로 내부 모순과 약점에 대한 논의가 제기된 적은 단 한 차례도 없었다. 제3세계라는 상상공동체에서 제3세계에 관한 개념적 관념과 실천적 경험이 혼재되어 있었으며, 반둥회의의 유산은 그 이후 식민주의 청산에 대한 구체적인 반성과 행동의 원칙이 지속적으로 공유되지 못한 채 잊혀 갔고 결국 제3세계라는 대안적인 프로젝트는 잊힌 역사로 남게 되었다.

이렇게 제3세계의 외부와 내부에서 조성된 쇠퇴국면은 제2단계에서 주류화된 제3세계의 NAM을 비롯한 국제관계에서 글로벌 남반구의 입지를 좁히는 부정적인 결과로 치닫게 된다. 이러한 제3세계의 쇠퇴는 2010년 세계은행 졸릭(Robert Zoellick) 총재의 제3세계 종말에 관한 선

언을 통해 공식화되었다:

"2009년에 우리는 '제3세계'라고 알려져 있는 존재의 끝을 보았다: 우리는 이제 동·서·남·북이 경제발전의 종착역이 아닌 나침반의 방향으로 인식되는 새롭고 빨리 움직이며 다극화된 세계 경제—일부 개도국들은 이미 신흥경제국으로 부상하고 있으며, 일부는 글로벌 성장의 주요 축으로 진화하고 있고, 일부는 새로운 국제경제 환경 안에서 경제발전의 잠재력을 확보하기 위하여 노력하고 있는—안에 살고 있다 (Zeollick 2010)."

그러나 졸릭 총재의 선언문을 자세히 해석해보면 제3세계는 국제무대에서 사라져 가지만 이를 대체하는 개도국의 새로운 현상이 나타나고 있음을 알 수 있다. 특히, 경제발전 측면에서 제3세계 출신 개도국들의 차별적인 도약이 목격되고 있다는 것을 짐작할 수 있다. 따라서 제3세계 프로젝트, 그리고 이와 관련된 비동맹주의가 쇠퇴하고 이를 대체하는 경제협력 중심의 새로운 움직임이 조성되었는데, 이른바 글로벌 남반구 연구가 새롭게 재조명되고 특히 남남협력이 제3세계를 대체하는 현실적 그리고 기능적 개념으로 급부상하게 된다(Braveboy-Wagner 2003). 기존의 제3세계론이 다분히 정치적인 개념이자 냉전시대 미·소 경쟁을 견제하는 비동맹주의의 등가물로 인식되었던 경향이 강했던 것과 달리, 글로벌 남반구 연구는 지금까지 주목을 받지 못했던 문학·예술·언어·역사 등의 비정치 분야와 특히 개도국 간의 경제협력을 모두 종합하여 연구하는 일종의 학제간 연구와 유사하다.[16]

16 학제간 연구 주제로 글로벌 남반구 프로젝트가 2000년대 이후 선진국 주요 대학과 유엔 기관에서 유행처럼 주요 중점 연구과제로 퍼지기 시작했다. 대표적으로, 코넬대학교에

'글로벌 남반구'가 다시 주목을 받게 된 계기로 1986년 짐바브웨의 하라레(Harare)에서 개최된 제8차NAM 정상회의에서 말레이시아의 모하메드(Mahathir Mohamed) 총리가 제안한 '남반구위원회(South Commission)'의 신설을 꼽을 수 있다. 탄자니아의 전 대통령인 니에레레가 초대 위원장을 역임하면서 남반구위원회는 1990년 *The Challenge of the South: The Report of the South Commission*라는 역사적인 보고서를 출간하게 되는데, 이 보고서에서 남반구위원회는 제3세계에 대한 과거의 희망은 물거품이 되었다고 인정하면서 제3세계가 내부적으로 분열되면서 남반구의 북반구에 대한 종속은 더욱 심각해졌고 남반구와 북반구의 이분법적 구조는 다시 남반구 내에 적용되어 경제적으로 성공한 개도국과 경제성장에 실패한 저발전국으로 양분되는 악순환이 계속되고 있다고 비관적으로 진단했다.[17] 1995년 제네바 소재인 남반구위원회는 '남반구센

서는 '글로벌 남반구 문화적 대화 프로젝트(Global South Cultural Dialogue Project)'라는 제목으로 남반구의 문화와 지성사, 그리고 커뮤니케이션 분야를 다학제적으로 접근하는 연구기관을 설립하여 연구를 추진하고 있다. 독일의 튀빙겐대학교에서는 2015년부터 '글로벌 남반구 프로젝트(Global South Project)'를 전 세계 7개 대학과 공동으로 남반구의 문학, 예술, 역사, 그리고 정치경제를 총망라하는 대형 연구컨소시엄을 조직하여 추진하고 있다. 튀빙겐대학교 연구에 참여하는 대학은 남아공의 University of Witwatersrand, 세네갈의 Université Cheikh Anta Diop de Dakar, 브라질의 Universidade Federal Fluminense, 멕시코의 Universidad Nacional Autónoma de Mexico, 인도의 Jawaharlal Nehru University, 한국의 서울대학교, 그리고 호주의 University of Western Australia로 구성되어 있다. 이외에도 오스트리아 비엔나대학교에서 운영하는 '글로벌 아프리카 디아스포라 연구(Global Africa Diaspora Studies)'와 노르웨이 오슬로대학교의 '글로벌 남반구(Global South)' 연구팀이 있다.

17 이러한 반등 이후 남반구가 처한 위기를 니에레레 위원장은 "성장, 그리고 희망 - 그 다음, 환멸(growth, and hope - then, disillusionment)"이라고까지 표현하고 있다. South Commission (1990) 참조.

터(South Centre)'로 명칭을 바꾸고 남반구센터의 가장 핵심적인 목표를 '남반구의 경제발전(economic development for the South)'으로 확정한다. 이로써, 남반구센터를 중심으로 글로벌 남반구의 무게중심은 워싱턴 컨센서스의 신자유주의 경제질서를 견제하는 대항담론을 개발함과 동시에 남남협력을 통한 남반구 개도국이 경제적으로 성장할 수 있는 활로를 개척하는 견인차 역할로 옮겨지게 된다.

글로벌 남반구를 지탱하는 이행기제로서—특히, 경제협력 및 개발협력을 수행하는 개도국 간의 유사 연대체로서—남남협력은 반둥 이후 죽어가는 제3세계의 궤도수정을 위해 실리적인 가치와 도구적 기능을 제공하는 제도로 집중적인 조명을 받아 왔다.[18] 남반구 개도국들도 내

---

18 이러한 남남협력의 도구적 기능과 현실주의적 타협은 앞서도 논의했지만 2015년 제70차 유엔총회에서 채택된 SDGs를 추진하는 이행기제(means of implementations) 중 중요한 수단으로 국제원조사회에 의해 인정받았고, 유엔은 이미 2015년 이전부터 유엔사무총장의 보고서 형식으로 남남협력의 중요성을 지속적으로 유엔총회에서 강조해 왔다. 대표적으로, 개도국 및 빈곤국이 경제개발을 성공적으로 추진하고 실질적으로 빈곤을 퇴치하기 위해서는 자국의 조세제도를 개혁해야하고 안전한 세원확보가 결국 경제성장의 원동력이 되도록 조세행정개혁과 납세자의 권리 보장 등이 국제원조사회에서 강조되어 왔는데, 여기에 조세개혁을 서로의 상황을 잘 이해하고 있는 남반구 국가들 간의 남남협력으로 할 경우 기존의 남북협력 방식보다 효과적이라는 분석이 있다. 또한 남남협력이 국제원조 또는 국제개발협력 영역에서 효과적인 삼각협력(Triangular Cooperation)을 시도하는 데 반드시 필요한 필요조건이라는 점에서 우리는 국제개발에 있어 남남협력의 기능적 중요성을 확인할 수 있다. 삼각협력은 개발협력 프로젝트를 시행하는 데 있어 남남협력에 참여하는 개도국 파트너 두 주체와 선진공여국 또는 국제기구가 제3자로 참여하여 서로의 장점을 극대화하는 새로운 방식의 개발파트너십인데 기본적으로 남남협력이 필수적으로 필요한 협력방식이다. 남남협력에 관한 유엔사무총장 보고서는 United Nations, *State of South–South Cooperation*, Report of the Secretary-General (New York: United Nations, 2003)를 참조. 남남협력을 통한 개도국 조세개혁과 관련된 연구는 Deborah Bräutigam, "Introduction: Taxation and State-Building in

부의 사회혁명을, 그리고 외부의 국제연대를 통해 진정한 의미의 식민주의를 극복하려는 과거 반둥체제의 목표를 회피하고, 현실적으로 개도국이 자국의 실리를 추구하기 위하여 전통적인 연대가 아닌 개별 주체의 이해관계에 맞는 남남협력을 선택하게 된다(Shinha 2010). 따라서 반둥체제 이후인 제3단계에서 남남협력의 시도는 남반구의 공여국이 또 다른 남반구의 협력대상국에게 정치적 연대를 위해 상호존중의 상징적인 협력을 제공했던 예전의 방식과 다른 성격을 내포한다. 북반구의 선진공여국이 남반구에 개발원조를 제공하는 방식과 유사하게 남반구 내에서 기술협력 또는 유상원조를 제공하는 것을 의미하기 때문에 남반구 내에서도 경제성장에 따른 개도국별 차이가 발생하게 되고 이에 따라 BRICS와 같은 공여국 그룹과 수원국 그룹으로 남반구 내에 분화가 일어나게 된다(Mawdsley 2012). 다시 말해, 과거 반둥체제에서는 이러한 남남협력이 개도국 간의 정치적 연대를 상징하는 경우가 대부분이었다면, 반둥 이후에는 남반구의 공여국은 북반구의 공여국과 같이 위치권력을 보유하게 되어 협력대상국에 대한 일정 정도의 영향력을 행사할 수 있게 된다. 경제협력을 위한 실리적인 남남협력으로 정치적 연대의 남남협력을 대체한다면, 자연스럽게 글로벌 남반구 내에서 경제협력을 둘러싼 위계서열이 형성될 가능성이 농후하다. 역설적으로 남반구 내에 형성된 개도국 간의 경제적 위계질서로 인하여 제3세계가 북반구의 구 식민통치국가들에게 종속되었던 관계를 종식시키려 했던 과거 반둥

Developing Countries," in Deborah Bräutigam, Odd-Helge Fjeldstad, and Mick Moore (eds.), *Taxation and State–Building in Developing Countries: Capacity and Consent* (Cambridge: Cambridge University Press, 2008)을 참조.

체제의 노력은 더 이상 글로벌 남반구의 주요 관심사가 아닐 가능성이 높아지고 있다.

V. 남남협력의 정치세력화: BRICS의 갈등적 협력

앞서 언급했듯이, 글로벌 남반구 구조사의 제3단계는 위에서 살펴 본 남남협력의 경제적 실리 추구형 전환과 함께 BRICS로 대표되는 남반구의 정치적 권역화 현상으로 대표된다. 환언하면, 제3단계의 글로벌 남반구는 경제협력 중심의 남남협력과 정치세력화의 BRICS로 양분되어 반둥 이후 체제변화에 유연하게 적응하고 있다고 평가할 수 있다. 그러나 BRICS도 남남협력의 대표적인 형태로 정의되기 때문에 BRICS 현상은 결국 남남협력이 경제협력 중심의 기능적 진화에서 정치세력화까지 진화의 발전을 지속하고 있다고 진단할 수 있다. 제3단계의 정치권역화 현상으로 BRICS라는 남남협력을 분석하기 위해서는 정치사회학적 상상력을 동원하는 것이 필요하며, 이는 BRICS 현상을 일종의 사회현상으로 인식하고 BRICS 내부의 구성주체들 간에 발생하는 갈등정치와 대항영역 등의 사회학적 이슈를 중심으로 반둥 이후 제3세계가 어떠한 방향으로 진화하고 있는가에 대한 분석력을 제고하는데 일조한다.

경제협력 중심의 남남협력이 점차 정치세력화되고 지정학적 중요에 따라 남남협력에 참여하는 개도국 간에 정치적인 갈등과 협력이 복합적으로 교차한다(Carmody 2013). 경제협력이 정치협력으로 개편될 수 있는 배경은 앞서 논의했던 남남협력이 반둥 이후 원조를 제공하는 그룹과 원조를 받는 그룹의 이분법적 분열에서 비롯된다. 남반구의 원조공여그룹은 점차 경제협력 목적의 남남협력을 정치적 영향력 확장을 위한 도구로 활용하게 되며, 이는 곧 남남협력이 경제력을 토대로 정치세력을 확대하는 정치경제적 경쟁의 장으로 변모하는 결과를 양산하게 된다. 대표적으로 중국이 NAM 회의체에서 회원국이 아닌 옵저버 그룹으로 지위를 전환하면서 제3세계 전체의 집합행위를 대표하는 연대체보다는 유사한 수준의 경제력과 정치력을 보유하고 지역 및 글로벌 거버넌스에 영향력을 줄 수 있는 소수의 남반구 주요 국가들과 연대하는 경향을 예로 들 수 있다. BRICS로 수렴되는 남남협력의 원조공여그룹은 BRICS가 보유하고 있는 막강한 자원으로 남남협력 생태계의 정상에 위치한 권력을 정치적인 리더십으로도 활용할 수 있으며, 중국과 같이 개별 BRICS 회원국이 일대일로와 같은 대규모 개발사업을 남남협력으로 투입하면서 지정학적인 권력을 창출하는 효과도 기획할 수 있다. 따라서 경제원조 중심의 남남협력은 그 생태계의 최상급 단계에 있는 특정 소수의 개도국들이 원조를 받는 그룹에 속하는 개도국들 위에 정치적으로 군림하는 대단히 효과적인 도구적 장치로 활용될 수 있는 셈이다.

반둥 이후 제3세계의 생존전략으로 채택된 경제실리 중심의 남남협력이 정치세력화 현상으로 변화하고 있다고 진단할 수 있는 또 다른 이유는 BRICS와 같은 원조그룹 내부의 회원국들 간에 벌어지는 정치적 경쟁과 갈등에서 찾을 수 있다. BRICS 회원국의 경쟁과 갈등은 BRICS 내부와 외부에서 동시다발적으로 목격된다. 내부의 경우, 브릭스개발은행(BRICS Development Bank)으로도 알려져 있는 BRICS의 신개발은행(New Development Bank: NDB) 내부에서 발생하는 경쟁구도이다. 2014년 7월에 설립된 NDB는 남남협력 중심의 다자개발은행으로 기존 미국과 유럽 중심의 세계은행과 국제통화기금의 대안으로 설립한 은행이다.[19] NDB 운영에 관한 재정구조는 기본적으로 다섯 회원국이 제공하는 장기대여 중심의 개발프로젝트를 위한 자금인 초기 출자금과 국제수지의 단기적 위기에 대비하는 비상예치금(Contingency Reserve Currency) 출자라는 두 가지의 방식으로 구성되어 있다. 따라서, NDB는 사실상 북반구의 세계은행과 국제통화기금을 통합한 남반구 경제기구로서의 자격을 갖추고 브레튼우즈 체제에 대항하는 경쟁구도를 마련하였다고 볼 수 있다. 〈표 1〉이 보여주듯이, NDB 회원국은 각각 100억 달러의 초기 납입자본을 제출하고 이에 상응하는 투표권을 각각 20%씩 동등하게 배분함으로써 기존 세계은행의 지분출자방식과 투표권 배분방식과 차별성을 강조하고 어느 특정 회원국도 거부권을 행사할 수 없는 구조로 제도화되었다(New Development Bank 2014). 그러나 2015년 제7차 BRICS 정상회의에서 설립된 비상예치금의 경우 NDB의 출자금과 달리 410억 달러를 지급한 중국과 50억 달러를 지급한 남아프리

19 이른바 브레턴우즈 체제의 쌍두마차인 국제통화기금과 세계은행의 지분분배구조와 투표권 할당 과정이 아직까지 제2차 세계대전 후에 통과된 자유진영의 승전국 중심으로 운영되는 시스템에 의존하고 있으며, 변화하는 세계경제의 흐름과 BRICS 국가들의 경제적인 위치를 적극적으로 반영하지 못하는 비탄력적인 관성이 계속되어 왔던 것이 BRICS에게는 커다란 불만으로 작용하였다. 신흥 5개국 시장 간 확대된 금융 및 개발협력을 위해 설립된 신개발은행은 2012년 뉴델리에서의 BRICS 정상회담에서 설립이 논의된 후, 뒤이은 남아프리카공화국 더반(Durban) 정상회담에서 설립이 확정되었다. 신개발은행은 사회기반시설 편차와 지속가능한 개발에 대한 수요대비 지속적인 금융제약을 경험한 신흥국가 간의 긴밀한 남남협력 경제협력기구로서 기능하며, 본부는 중국 상하이에 위치한다.

카공화국을 제외하고 러시아·인도·브라질은 각각 180억 달러를 제공하게 되어 회원국 간의 차등적인 출자액이 발생하게 된다. 따라서 중국이 41% 규모의 예치금을 지급하였기 때문에 비상예치금에 대한 중국의 투표권은 39.95%에 해당하게 되고 중국의 역할과 위치가 다른 4개국보다 정치적으로 우세할 가능성이 매우 높다. 이렇듯 NDB에 재정기여도가 다르기 때문에 회원국 사이에 NDB가 설립된 본래 목적과는 달리 평등한 투표권이 중국 주도로 정치화될 수 있는 위험에 노출되어 있다. 또한 NDB 설립정관에 따르면 유엔의 모든 회원국은 NDB에 신입회원국으로 가입할 수 있으나 BRICS의 투표권한은 예외 없이 최소 55%를 유지한다고 명시하고 있다. 이는 BRICS가 NDB의 정치적 주도권을 어느 상황에서도 유지할 수 있도록 법제화한 것을 의미하고 이 중에서도 중국의 정치적 영향력이 남남협력의 새로운 다자개발은행에 최상위에 있다고 평가할 수 있다.

〈표 4〉 신개발은행의 초기 출자금 규모와 비상예치금 출자 규모[20]

(단위: 10억 달러)

회원국	초기출자규모	투표권 (%)	예치금 출자규모	투표권 (%)
브라질	10	20	18	18.10
중국	10	20	41	39.95
인도	10	20	18	18.10
러시아	10	20	18	18.10
남아프리카공화국	10	20	5	5.75
총합	50	100	100	100.00

20 NDB의 초기출자규모에 관한 자료는 http://www.ndb.int (검색일: 2018. 4. 1). 비상예치금에 관한 자료는 http://news.biharprabha.com/2014/07/brics-development-

BRICS 국가들의 경쟁관계가 외부적으로 표출되는 사례는 또 다른 남남협력의 정치세력화 현상을 보여주는 경우로서 이를 대표하는 상징적인 사례로 아프리카에서 벌어지고 있는 중국과 인도 간의 경쟁적 원조투자를 들 수 있다(Shaw 2010). 또는 BRICS에서는 협력관계를 유지하지만 중국의 일대일로 정책을 범아시아 영역에서의 정치적 세력 확장으로 간주하고 미국, 일본, 호주와 협력하여 중국을 견제하는 인도의 인도·태평양전략도 이러한 사례에 해당한다. 특히, 아프리카 대륙에서 중국과 인도의 전략적 개입을 경쟁구도로 해석하는 연구가 급증하고 있는데, 흥미로운 사실은 중국과 인도의 경쟁적 아프리카 개입과 투자에 관한 연구의 재정적 후원을 대부분 북반구의 재단과 원조기관에서 제공하고 있다는 사실이다. 스웨덴의 '아프리카정책(Africa Policy)'이라는 연구소에서 기획한 연구결과물의 경우 최근 2000년대에 들어와 BRICS가 설립된 이후에도 아프리카 지역에서 중국과 인도의 남남협력 원조가 충돌되는 영역을 수출·산업투자·보건·농업·무역·에너지 등으로 나누어 상세하게 다루고 있다(Cheru and Obi 2010). 이로써, BRICS 회원국인 중국과 인도가 BRICS 내부에서는 협력관계에 있지만 개별 국가로서 아프리카에서 남남협력을 통해 자국의 이익을 극대화하는 현실주의적 대립관계에 있다는 것을 알 수 있다. 또한 아프리카에서 식량자원 확보를 위하여 브라질과 중국이 경쟁적으로 농업생산에 남남협력 원조를 통해 중복투자를 하고 있어 또 하나의 현실주의적 대립관계를 보여주고 있다. 특히, 브라질은 아프리카 남남협력 원조에 새롭게 뛰어들은 신흥남반구 원조국으로 40년 이상 아프리카에 공을 들여온 중국과 마찰

bank-top-on-agenda-of-6th-brics-summit/ (검색일: 2018. 4. 1).

을 일으키면서까지 아프리카에서 식량자원 경쟁에 합류하고 있다(Tran 2013).

중국·인도와 같은 남남협력 원조국이 에너지·광물 등 자원에 집중하는 경향이 강하여 아프리카 협력대상국들 간에 19세기 서구 제국주의 국가들의 자원탈취에 대한 악몽이 되살아나고 있으며, 이는 곧 자원확보를 위한 남남협력이 수원국과 공여국 간의 아프리카 국제관계가 자원의 '안보화(securitization)' 프로세스로 전이되는 현상으로 발전하고 있다고 해석할 수 있다(Obi 2010). 같은 맥락에서 중국·인도·브라질이 경쟁적으로 남남협력의 취지로 아프리카에 개입할 경우 인프라 중심의 개발프로젝트에서 발생하는 현지 경제의 침식과 저급한 수준의 환경과 사회·노동기준 적용에 따른 책무성 문제가 불거질 가능성이 높아지고 있다(Mutesa 2010; Kragelund 2010). 실제로 아프리카에서 형성되고 있는 BRICS의 경쟁적인 개발 프로젝트는 남발되고 있으며, 많은 경우 중복지원도 하고 있어 원조효과성이란 문제에서 심각한 대립과 충돌을 빚고 있다. 이러한 경쟁 구도 속에서도, 중국은 이미 세계은행이 제공하는 유상원조의 규모를 앞질러 아프리카에 가장 큰 규모의 유상원조를 제공하는 원조국으로 경제적 우위를 점하고 있어 다른 BRICS 회원국들과 아프리카 지역에서 정치적 경쟁에 유리한 위치에 있다고 평가할 수 있다(Shinn and Eisenman 2012).

마지막 방식의 남남협력의 정치세력화는 BRICS 회원국이 개별 국익 중심의 갈등관계를 넘어서 북반구 중심의 글로벌 거버넌스에 대항하는 거시적 대응 수준의 전략적 협력에서 나타난다. 다시 말해, BRICS가 기존 글로벌 북반구의 자유주의 시장경제 자본주의 국가들이 독점하고 있는 글로벌 거버넌스 구조에 리밸런싱(rebalancing)하고 있다는 해석이다(Carmody 2013). 대표적인 BRICS의 집합적 대응은 신자유주의의 첨병인 워싱턴 컨센서스를 남반구 개도국들이 극복하기 위하여 이른바 '남반구 컨센서스(Southern Consensus)'를 대안적인 출구전략으로 강조하고 있다는 점에서 확인할 수 있다(Cheru and Obi 2010). 또한 앞서 논의한 NDB의 경우도 기존 브레튼우즈 체제를 대체할 목표로 설립된 대안적 남남협력 기구라는 점에서 이러한 맥락을 같이 한다.[21] 최근 제네바 남반구센터를 중심으로 유엔의 77그룹이 협력하여 남반구 중심의 글로벌 거버넌스를 기존 거버넌스 체제와 평행하게 조응시켜 제도화하려는 움직임도 같은 맥락에서 해석이 가능하다. 예를 들어, 'OECD 개발원조위원회(DAC)'에 평행하게 조응하는 '남반구개발원조위원회(South DAC)'을 설립해서 남남협력의 원조효과성을 제고하고, '세계무역기구(WTO)'에 '남반구무역기구(Southern Trade Organization)'를 설립해서 북반구 선진국 위주의 국제무역체제를 개혁하자는 대안적인 제안들이 여기에 속한다. 마지막으로 BRICS의 글로벌 거버넌스 체제에 대한 도전은 다양한 이슈영역별로 미시적인 대응방식으로도 발현되고 있는데, 대표적으로 기후변화이슈에서 BRICS가 에너지안보·친환경에너지·온실가스감축 등의 의제를 선진국과 다른 접근방식인 '공동의, 그러나 차등적 책임(Common But Differentiated Responsibility: CBDR)'의 원

21 남아공의 GDP는 중국의 16분의 1 정도 규모임에도 불구하고, BRICS의 주요 회원국이 된 이유는 여러 측면에서 해석이 가능하다. 일단 각 대륙별로 신흥경제국을 대표하는 중국, 인도, 러시아, 브라질과 함께 제3세계의 대표적인 아프리카를 상징적으로 대표할 국가의 참여가 필요하였고, 아프리카에서 가장 경제적으로 발전한 국가가 남아공이기 때문이다. 또한 전략적으로 BRIC 국가들이 아프리카에 진출하기 위한 진입로로 회원국 중 아프리카의 맹주 역할을 할 수 있는 남아공이 적격이었기 때문이다.

칙으로 대응하는 사례에서 찾아볼 수 있다.[22]

결론적으로, 글로벌 남반구 진화과정의 마지막 제3단계는 BRICS의 등장과 남남협력의 정치세력화로 그 주요 특징을 정리할 수 있다. 특히, BRICS의 등장은 경제협력을 위하여 남남협력을 제3세계의 생존전략으로 선택했던 남반구 개도국들이 다시 정치적 연대를 도모할 수 있는 교두보를 제공했다는 점에서 주목할 만한 역사적 사건임에 분명하다. 그럼에도 불구하고, BRICS는 내부적으로 중국의 영향력이 커질 수 있는 구조적 한계를 보이고, 외부적으로도 아프리카 지역에서 남남협력을 빌미로 중국과 인도 등의 회원국들 간의 경쟁적인 원조의 안보화 현상을 보이고 있다는 점에서, BRICS의 역할은 글로벌 남반구의 정치적 연대라기보다는 BRICS의 헤게모니 장악을 위해서 연대를 표방하는 전략적 협력과 개별 회원국의 국익 확대를 위해서 갈등과 경쟁의 전략화가 상존하는 이중성으로 점철되어 있다고 볼 수 있다.

22 CBDR의 원칙은 지구환경 악화에 대한 기여도와 이를 회복할 수 있는 기술적·재정적 자원이 국가마다 다르기 때문에 선진국과 개도국은 각각 환경보호 및 지속가능발전에 대한 공동의 그러나 차등적인 책임을 져야 한다는 국제환경법의 원칙이다. 이러한 CBDR의 원칙은 2015년 7월 에티오피아의 아디스아바바에서 개최된 SDGs의 재원확보를 위한 유엔이 주최한 국제회의에서도 BRICS를 비롯한 개도국이 고수했던 입장으로 선진국이 주장한 '공동의 책임(Shared Responsibility)'와 크게 대립하였다.

VI. 나가며

제3세계가 세계의 정치무대에서 그리고 학계의 논쟁에서 사라진 근본적인 원인을 프라샤드(Vijay Prashad)는 포스트식민주의 시대에 제3세계 국가 스스로 진정한 의미의 사회혁명을 시도하지도 허용하지도 않았다는 제3세계 내부의 한계에서 찾는다(Prashad 2007). 제3세계가 태동하고 발전하며 쇠퇴하는 그 역사의 구조사는 결국 제3세계를 둘러싼 외부환경이 일방적으로 그 행보를 결정하는 것이 아니라, 적극적으로 식민주의를 청산하고 독립국가로서의 역량을 강화하는 노력이 부재하기 때문에 북반구 선진국이 주도하는 글로벌 거버넌스에 따라 제3세계의 운명이 결정되었던 것이다. 그럼에도 불구하고 제3세계론은 글로벌 남반구 연구로 계승되었고 실제로 남반구 개도국들은 남남협력이라는 생존전략으로 나름대로의 정치세력화에 성공했고 국제정치질서에 때로는 개별적으로 때로는 집합적으로 남반구의 목소리를 반영하기 위해 전략적으로 개입하고 있다.

이러한 제3세계의 역사적 진화과정과 구조적인 변천을 분석하기 위해서 본 연구는 구조사 중심의 장기지속을 3단계로 구분하여 역사사회학적 고찰과 정치사회학적 상상력이 조합된 국제정치사회학을 토대로 반둥체제의 중요성과 반둥 이후의 변화를 단계별로 고찰하였다. 1955년 형성된 반둥체제가 어떻게 상상공동체로서의 제3세계를 실천적 공동체로 전환시켰고 이러한 과정에서 NAM이 제3세계를 연대와 상호존중의 구심체로 만드는 중요한 담론적·실천적 역할을 수행하였다. 그러나 반둥체제가 제3세계 내부와 외부에서 발생하는 악순환적인 요소들로 인하여 반둥 이후의 세계체제를 준비할 수밖에 없었고 반둥체제라는 상상공동체의 붕괴는 글로벌 남반구 개도국들이 남남협력이라는 실질적인 전략을 선택함에 따라 보다 실용적이고 현실적인 방향으로 진화하게 되었다. 특히, BRICS의 등장은 이러한 경제개발 중심의 실리적인 남남협력을 정치세력화의 도구로 확장함으로써 글로벌 남반구 내부의 갈등과 협력이 역동적으로 상존하게 된다.

따라서 서구 세계가 1990년대 초 종속이론은 죽었다고 천명했던 것처럼 제3세계론도 사라진 과거의 현상이라고 치부하기에는 아직 그 존재의 영향력이 강력하게 표출되고 있다. 신자유주의적 세계화로 인하여 모든 국가가 균질화되고 하나의 모델로 다양한 체제가 수렴한다는 기존 방식의 글로벌 거버넌스에 BRICS의 등장은 새로운 개념의 정치적 권역화로 강력한 도전장을 내밀고 있는 상황이다. BRICS가 지금까지 보여주고 있는 정치세력화 현상은 남남협력을 도구화하면서 새로운 방식의 남반구 개도국 중심의 위치권력을 형성하고 있다. 즉, 아프리카 권역에서 BRICS 회원국 간의 협력(cooperation)과 경쟁(competition)이 동시에 발생하는 새로운 현상을 이른바 '협조적 경쟁(co-opetition)'이라는 패턴으로 유형화할 수 있다(Dowling 외 1996). 결론적으로 제3세계론은 이미 과거의 담론으로 사라진 것이 아니라, 새로운 방식으로 끊임없이 진화해 왔고 이러한 전체적인 맥락을 이해하기 위해서는 아날학파의 구조사적 접근이 필수적으로 동원되어야 하는 것이다.

이러한 글로벌 남반구에 대한 구조사적/국제정치사회학적 연구가 현재 한국에 주는 함의가 무엇인가라는 질문에 간단한 답변으로 본 연구를 갈음하려 한다. 학문적으로는 앞서도 언급했듯이 지금까지 한국 사회과학계에서 분절적으로 진행되어 온 글로벌 남반구 연구 혹은 제3세계 연구가 구조사 연구를 통해 완전한 하나의 제3세계론으로 거듭날 수 있다는 의미가 있다. 구조사의 3단계 중 2단계에 초점을 맞춰 진행되어 왔던 한국의 제3세계에 관한 학술적 성과는 제1단계와 제3단계의 연구가 보완적으로 접목된다면 전체 거시적인 구조에서 제3세계가 어떠한 궤적에 따라 진화해 왔으며 어떠한 변인에 의해 단계별로 남반구의 행동원칙과 담론의 변화를 추적할 수 있다.

정책적으로는 한국이 이제 남반구 대전략을 모색할 적기에 다다랐기 때문에 한국형 남반구 대전략의 수립을 위한 토대로서 글로벌 남반구 연구가 활용될 수 있다. 남반구 연구의 중요성은 지금까지 한국 학계에서는 크게 주목받지 못했다고 평가해도 무방한 반면, 앞으로 한국의 강대국 중심의 외교정책을 다변화하기 위하여 남반구 연구는 체계적으로 기획되고 장려되어야 한다. 지금까지 한국의 대외관계가 미국 일변도로 과도하게 편중되어 왔고, 최근 중국의 급부상으로 중국 변수가 중요하다고 판단하더라도 미국과 중국이라는 단편적인 강대국 중심의 대외정책이 작금의 한국이 처한 대외관계의 현주소이다. 이를 극복하기 위하여 개도국 중심의 글로벌 남반구로 한국의 대외관계를 확장하고 대안적인 파트너를 남반구에서 모색하는 제3의 길이 필요하다.

참고문헌

경남대학교 극동문제연구소 편. 1989.『한국과 제3세계의 민주변혁』마산: 경남대학교출판부.

경남대학교 극동문제연구소 편. 1991.『현대세계체제의 재편과 제3세계』마산: 경남대학교출판부.

김세균·이수훈 공편. 1992.『변혁기 제3세계 사회주의』서울: 나남.

박태순 외. 1984.『제3세계연구 1』서울: 한길사.

서지현. 2017. "브라질-아프리카 간 "남-남 협력"의 요인과 동학."『한국아프리카학회지』제50권.

임소진. 2014. "개발효과성 이론으로 본 신흥경제국의 남남협력 참여."『국제·지역연구』제23권 2호.

임현진. 1987.『현대 한국과 종속이론』서울: 서울대학교출판부.

정지원·권율·정지선·박수경·이주영. 2011.『국제사회의 남남협력 현황과 우리의 추진방안』서울: 대외경제정책연구원.

정진상 편. 1986.『주변부 사회구성체와 국가: 제3세계국가의 성격논쟁』서울: 한울.

중앙대학교 제3세계연구소 편. 1984.『제3세계』서울: 중앙대학교 제3세계연구소.

Acharya, Amitav. 2014. "Who Are the Norm Makers? The Asian-African Conference in Bandung and the Evolution of Norms." *Global Governance: A Review of Multilateralism and International Organization* 20(3).

AFRASEC. 1961. *AFRASEC Conference Proceedings.* Cairo: AFRASEC.

Al-e Ahmad, Jalal. 2012. *Gharbzadegi: Weststruckness.* Santa Ana: Mazda Publishers.

Al-e Ahmad, Jalal. 1984. *Occidentosis: A Plague from the West*. Berkeley: Mizan Press.

Anderson, Benedict. 1983. *Imagined Communities: Reflections on the Origin and Spread of Nationalism*. London: Verso.

Aptheker, Herbert. 1957. *The Truth about Hungary*. New York: Mainstream Publishers.

Ayoob, Mohammed. 1995. *The Third World Security Predicament: State Making, Regional Conflict, and the International System*. Boulder: Lynne Rienner.

Basaran, Tugba, Didier Bigo, Emmanuel-Pierre Guittet and R. B. J. Walker (eds.). 2017. *International Political Sociology: Transversal Lines*. Abingdon: Routledge.

Bendix, Reinhard (ed.). 1968. *State and Society: A Reader in Comparative Political Sociology*. Berkeley: University of California Press.

Berger, Peter. 1986. *Modern Capitalism, Volume II: Capitalism and Equality in the Third World*. New York: Madison Books.

Bigo, Didier and R. B. J. Walker. 2007. "International, Political, Sociology." *International Political Sociology* 1(1).

Braudel, Fernand. 1992. *The Perspective of the World: Civilization and Capitalism, Fifteenth-Eighteenth Century*. Berkeley: University of California Press.

Bräutigam, Deborah. 2008. "Introduction: Taxation and State-Building in Developing Countries," in Deborah Bräutigam, Odd-Helge Fjeldstad, and Mick Moore (eds.). *Taxation and State-Building in Developing Countries: Capacity and Consent*. Cambridge: Cambridge University Press.

Braveboy-Wagner, J. A. (ed.). 2003. *The Foreign Policies of the Global*

South: Rethinking Conceptual Frameworks. Boulder: Lynne Rienner.

Bremen, Jan (ed.). 1990. *Imperial Monkey Business: Racial Supremacy in Social Darwinist Theory and Colonial Practices.* Amsterdam: Centre for Asian Studies Amsterdam.

Cabral, Amilcar. 1972. *Revolution in Guinea: Selected Texts.* New York: Monthly Review Press.

Carmody, Pádraig. 2013. *The Rise of the BRICS in Africa: The Geopolitics of South-South Relations.* London: Zed Books.

Césaire, Aimé. 2000. *Discourse on Colonialism.* New York: Monthly Review Press.

Chakrabarty, Dipesh. 2005. "The Legacies of Bandung: Decolonization and the Politics of Culture." *Economic and Political Weekly* 40(46).

Chakrabarty, Dipesh. 2000. *Provincializing Europe: Postcolonial Thought and Historical Difference.* Princeton: Princeton University Press.

Cheru, Fantu and Cyril Obi. 2010. "Introduction - Africa in the Twenty-first Century: Strategic and Development challenges," in Fantu Cheru and Cyril Obi (eds.). *The Rise of China & India in Africa.* London: Zed Books.

Devetak, Richard, Tim Dunne, and Ririn Tri Nurhayati. 2016. "Bandung 60 Years on: Revolt and Resilience in International Society." *Australian Journal of International Affairs* 70(4).

Dowling, Michael J., William D. Roering, Barbara A. Carlin, and Joette Wisnieski. 1996. "Multifaceted Relationships Under Coopetition: Description and Theory." *Journal of Management Inquiry* 5(2).

Du Bois, W. E. B. 1945. *Color and Democracy: Colonies and Peace.* New York: Harcourt, Brace and Co.

Eslava, Luis, Michael Fakhri, and Vasuki Nesiah (eds.). 2018. *Bandung, Global History and International Law: Critical Pasts and Pending Futures.* Cambridge: Cambridge University Press.

Fanon, Frantz. 1963. *The Wretched of the Earth.* New York: Grove Press.

______. 2008. *Black Skin, White Masks.* New York: Grove Press.

Gandhi, Leela. 1998. *Postcolonial Theory: A Critical Introduction.* New York: Columbia University Press.

Glendon, Mary Ann. 2003. "The Forgotten Crucible: The Latin American Influence on the Universal Human Rights Idea." *Harvard Human Rights Journal* 16.

Go, Julian. 2016. *Postcolonial Thoughts and Social Theory.* New York: Oxford University Press.

Hobden, Stephen. 2002. "Historical Sociology: Back to the Future of International Relations?" in Stephen Hobden and John M. Hobson (eds.). *Historical Sociology of International Relations.* Cambridge: Cambridge University Press.

Hovet, Thomas. 1964. "The Role of Africa in the United Nations." *Annals of the American Academy of Political and Social Science* 354(1).

Jackson, Robert. 2005. *Classical and Modern Thought on International Relations.* London: Palgrave Macmillan.

Kahin, George McTuran (ed.). 1955. *The Asian-African Conference: Bandung, Indonesia, April 1955.* Ithaca: Cornell University Press.

Keal, Paul. 2003. *European Conquest and the Rights of Indigenous Peoples: The Moral Backwardness of International Society.* Cambridge: Cambridge University.

Kelly, John D. and Martha Kaplan. 2001. *Represented Communities: Fiji and World Decolonization.* Chicago: University of Chicago Press.

Kragelund, Peter. 2010. "The Price of 'Openness': Towards Chinese Economic Control in Zambia," in Fantu Cheru and Cyril Obi (eds.). *The Rise of China & India in Africa.* London: Zed Books.

Laszlo, Ervin, Jorge Lozoya, A. K. Bhattacharya, Jaime Estevez, Rosario Green and Venkata Raman. 1980. *The Obstacles to the New International Economic Order.* New York: Pergamon.

Lee, Christopher J. 2010. "Introduction - Between a Moment and an Era: The Origins and Afterlives of Bandung," in Christopher J. Lee (ed.). *Making a World after Empire: The Bandung Moment and its Political Afterlives.* Athens: Ohio University Press.

Lipset, Seymour Martin. 1960. *Political Man: The Social Bases of Politics.* Garden City: Doubleday & Company.

Louro, Michele L. 2013. ""Where National Revolutionary Ends and Communist Begins": The League against Imperialism and the Meerut Conspiracy Case." *Comparative Studies of South Asia, Africa and the Middle East* 33(3).

Mackie, James Austin Copland. 2005. *Bandung 1955: Non-Alignment and Afro-Asian Solidarity.* Singapore: Editions Didier Millet.

Manzer, Ronald A. 1964. "The United Nations Special Fund." *International Organization* 18(4).

Mawdsley, Emma. 2012. *From Recipients to Donors: Emerging Powers and the Challenging Development Landscape.* London: Zed Books.

Memmi, Albert. 1965. *The Colonizer and the Colonized.* Boston: Beacon Press.

Mills, C. Wright. 1959. *The Sociological Imagination.* New York: Oxford University Press.

Ministry of Foreign Affairs Republic of Indonesia. 1955. "Final Communiqué of the Asian-African Conference of Bandung (24 April 1955)." *Asia-Africa Speaks from Bandung.* Djakarta: Ministry of Foreign Affairs Republic of Indonesia.

Mišković, Nataša, Harald Fischer-Tiné and Nada Boškovska (eds.). 2014. *The Non-Aligned Movement and the Cold War: Dehli-Bandung-Belgrade.* Abingdon: Routledge.

Muppidi, Himadeep. 2016. "The Elements of Bandung," in Quýnh N. Phạm and Robbie Shilliam (eds.). *Meanings of Bandung: Postcolonial Orders and Decolonial Visions.* London: Rowman & Littlefield.

Mutesa, Fredrick. 2010. "China and Zambia: Between Development and Politics," in Fantu Cheru and Cyril Obi (eds.). *The Rise of China & India in Africa.* London: Zed Books.

New Development Bank. 2014. *Agreement on the New Development Bank – Fortaleza, July 15.* Shaghai: New Development Bank.

Obi, Cyril. 2010. "African Oil in the Energy Security Calculations of China and India," in Fantu Cheru and Cyril Obi (eds.). *The Rise of China & India in Africa.* London: Zed Books.

Padmore, George. 1972. *Pan-Africanism or Communism?: The Coming Struggle for Africa.* New York: Doubleday Anchor.

Petersson, Fredrik. 2014. "Hub of the Anti-Imperialist Movement: The League against Imperialism and Berlin, 1927-1933." *Interventions: International Journal of Postcolonial Studies* 16(1).

Prashad, Vijay. 2012. *The Poorer Nations: A Possible History of the Global South.* New York: Verso.

Prashad, Vijay. 2007. *The Darker Nations: A People's History of the Third World.* New York: New Press.

Rey, Matthieu. 2014. "'Fighting Colonialism' versus 'Non-Alignment':

Two Arab Points of View on the Bandung Conference," in Nataša Mišković, Harald Fischer-Tiné and Nada Boškovska (eds.). *The Non-Aligned Movement and the Cold War: Dehli-Bandung-Belgrade.* Abingdon: Routledge.

Rothermund, Dietmar. 2014. "The Era of Non-Alignment," in Nataša Mišković, Harald Fischer-Tiné and Nada Boškovska (eds.). *The Non-Aligned Movement and the Cold War: Dehli-Bandung-Belgrade.* Abingdon: Routledge.

Sartre, Jean-Paul. 1948. *Black Orpheus.* New York: French & European Publications.

Shani, Giorgio. 2016. "Spectres of the Third World: Bandung as a *Lieu de Mémoire*," in Quỳnh N. Phạm and Robbie Shilliam (eds.). *Meanings of Bandung: Postcolonial Orders and Decolonial Visions.* London: Rowman & Littlefield.

Shaw, Timothy M. 2010. "China, India and (South) Africa: What International Relations in the Second Decade of the Twentieth-first Century?" in Fantu Cheru and Cyril Obi (eds.). *The Rise of China & India in Africa.* London: Zed Books.

Shinn, David H. and Joshua Eisenman. 2012. *China and Africa: A Century of Engagement.* Philadelphia: University of Pennsylvania Press.

Shinha, Pranay Kumar. 2010. "Indian Development Cooperation with Africa," in Fantu Cheru and Cyril Obi (eds.). *The Rise of China & India in Africa.* London: Zed Books.

Singham, A. W. and Shirley Hume. 1986. *Non-Alignment in an Age of Alignment.* London: Zed Books.

Skocpol, Theda. 1984. "Sociology's Historical Imagination," in Theda Skocpol (ed.). *Vision and Method in Historical Sociology.* Cambridge: Cambridge University Press.

Solidarity Conference for the Peoples of Africa, Asia, and Latin America. 1966. *First Solidarity Conference for the Peoples of Africa, Asia, and Latin America: Proceedings.* Havana: Solidarity Conference for the Peoples of Africa, Asia, and Latin America.

South Commission. 1990. *The Challenge of the South: The Report of the South Commission.* New York: Oxford University Press.

Stolte, Carolien. 2014. "'The Asiatic Hour': New Perspectives on the Asian Relations Conference, New Delhi, 1947," in Nataša Mišković, Harald Fischer-Tiné and Nada Boškovska (eds.). *The Non-Alignment Movement and the Cold War: Dehli-Bandung-Belgrade.* Abingdon: Routledge.

Tran, Mark. 2013. "Brazil and China Scramble for Agricultural Influence in Africa." *Guardian* (27 August).

UNESCO. 1945. *Conference for the Establishment of the United Nations Educational, Scientific and Cultural Organisation, Institute of Civil Engineers, London, November 1-16, 1945.* Paris: UNESCO.

United Nations. 2003. *State of South-South Cooperation*, Report of the Secretary-General. New York: United Nations.

Vickers, Adrian. 2013. *A History of Modern Indonesia.* New York: Cambridge University Press.

Wight, Martin. 1987. "An Anatomy of International Thought." *Review of International Studies* 13(3).

Worsley, Peter. 1964. *The Third World: Culture and World Development.* London: Weidenfeld and Nicholson.

Wright, Richard. 1956. *The Color Curtain: A Report on the Bandung Conference.* New York: World Publishing Company.

Wright, Richard. 1995. *White Man, Listen!* New York: Perennial.

Young, Robert J. C. 2003. *Postcolonialism: A Very Short Introduction.* New York: Oxford University Press.

Zoellick, Robert. 2010. *The End of the Third World? Modernizing Multilateralism for a Multiploar World.* Washington, D. C.: World Bank.

제6장 유엔 MDGs와 SDGs 시대 개발 파트너십의 의미 비교 분석 연구*

김지영 (숭실대학교)

I. 들어가며

오늘날 국제개발협력 분야에서 개발 행위자들의 관계는 종종 파트너십으로 표현된다. 개발 파트너십은 유엔 MDGs(Millennium Development Goals)에 이어 SDGs(Sustainable Development Goals)에도 글로벌 발전 목표 중 하나로 포함되었다. 특히 글로벌 개발 파트너십은 MDGs와

* 이 논문은 2018년 대한민국 교육부와 한국연구재단의 지원을 받아 수행된 연구(NRF-2018S1A3A2075117)이며, 2022년 『국제개발협력연구』 제14권 2호에 게재된 논문을 수정 및 보완하였다.

SDGs의 다른 발전 목표를 달성하는 수단이자 방법으로 강조되었다. 학문적으로 파트너십 개념은 주로 미국과 유럽의 사회 정책 분야에서 논의되었으며 일반적으로 '목적을 공유하고, 상호 존중하며, 협력에 기반한 공적 관계'로 규정된다(Crawford, 2003). 파트너십은 또한 '양 측이 문제를 해결하고 각자의 필요를 충족시키고자 협력함으로써 새로운 가치가 만들어지는 메커니즘'이라고 할 수 있으며, 수요와 공급의 원칙에 따르고, 개인 간의 관계와 마찬가지로 신의와 상호 존중의 원칙에 기반을 둔다(Hately, 1999).

개발협력 분야에서 파트너십이라는 용어가 본격적으로 등장하기 시작한 시기는 1990년대 이후다. 그리고 이는 당시 국제개발협력을 둘러싼 국제 환경의 변화와 무관하지 않다. 우선 1980년대 말 소련의 해체를 기점으로 공산주의 진영이 붕괴되면서 냉전체제가 종식되었다. 냉전체제가 막을 내리면서 마침내 세계는 이데올로기의 제약에서 벗어나 하나의 세계로 나아갈 수 있는 국제지정학적 환경이 마련되었으며, 모든 영역에서 보다 활발한 교류와 네트워킹이 가능해졌다. 세계화 시대가 본격적으로 펼쳐진 것이다. 그리고 세계화 시대에는 국민 국가 뿐 아니라 국제정부간기구(International Government Organizations, IGOs), 국제비정부간기구(International Non-Governmental Organizations, INGOs), 초국적기업(Transnational Corporations, TNCs) 등 다양한 행위자들의 역할과 힘이 더욱 증대되었다. 무엇보다도 환경 문제를 포함한 여러 글로벌 문제를 해결하기 위해서는 선진국과 개발도상국 간, 또한 다양한 비국가 행위자들과의 협력, 소위 파트너십이 필수적인 요건으로 대두되었다.

특히 냉전체제 이후 세계화 시대에 들어 개발도상국들은 유엔과 같은

IGOs를 통해서나 G-77과 같은 체제를 통해 그 어느 때보다 국제사회에서 목소리를 높이고 있고, 국제개발협력 분야에서 이러한 개도국의 부상은 삼각협력 또는 남남협력의 증대로 가시화되고 있다. 세계화 시대에 들어 개도국은 더 이상 국제사회의 수동적 주체가 아니라 글로벌 경제 및 정치체제 형성과정에 보다 적극적으로 참여하고 있으며, 목소리를 내고자 한다(글린 윌리엄스 외, 2016). 이처럼 냉전체제의 종식과 세계화의 가속화, 그리고 국제무대에서의 개도국의 힘의 증대라는 주요한 국제환경의 변화는 국제개발협력 분야에도 영향을 미쳤으며 기존의 공여국-수원국의 관계를 공여국 주도가 아닌, 보다 협력적이고 동등한 파트너십 관계로 새롭게 규정해야 한다는 목소리가 많은 지지를 얻게 되었다. 특히 본 장에서는 국제개발협력 분야에서 새로운 원칙과 규범으로 등장한 개발 파트너십의 의미에 대해 심도 깊게 분석해 보기로 한다.

오늘날 국제개발협력에서 널리 사용되고 있는 개발 파트너십은 어떤 의미를 갖고 있는가? 실제 파트너십은 다양한 개발 행위자들 간의 관계를 규정하는 새로운 원칙으로 자리 잡고 있는가? 그렇지 않다면 개발 파트너십 개념의 한계는 무엇일까? 본 장에서는 위의 질문들을 포함해서 국제개발협력 분야에서의 개발 파트너십의 의미에 대해 고찰해보고자 한다. 특히 유엔 MDGs와 SDGs에서 파트너십이 어떠한 의미로 사용되었으며, 어떻게 정의되었고, 그 한계는 무엇인지에 대해 분석해 보고자 한다. 본 장의 주요 논지는 다음과 같다. 오늘날 개발 파트너십은 여전히 매우 논쟁적인 개념이다. 주요 국제개발협력 문서에서 개발 파트너십은 매우 널리 사용되고 있으며 개발 파트너십 개념이 행위자들의 행태를 규정하는 원칙으로서 내재화 되었다고 주장하는 연구도 있지만,[1] 기존의 여러 연구들에 대한 문헌 분석과 유엔 MDGs와 SDGs에 포함된 글로벌 파트너십에 대한 비교·분석 결과, 국제개발협력 분야에서 개발 파트너십은 여전히 주로 수사학적 차원에서, 원칙을 선언하는데 그치고 있으며 실제 주요 개발협력 행위자들 간의 파트너십 달성은 여전히 매우 어려워 보인다.

II. 개발 파트너십 등장의 역사적 배경

오늘날의 국제개발협력은 제2차 대전 이후 본격적으로 시작되었다. 서유럽 국가들의 전후 복구를 위해 지원되었던 미국의 마셜 플랜이 큰 성공을 거두면서 공적 자금을 사용한 개발원조, 즉 공적개발원조가 개발도상국의 빈곤과 저성장 문제를 해결하는 데 도움을 줄 수 있을 것이라는 믿음이 널리 퍼지게 된 것이다. 이후 국제개발협력은 지속되었지만 많은 한계를 보인 것도 사실이다. 특히 냉전 시기 내내 공여국, 특히 미국의 주요 원조 동기는 전략적 목적이었으며 공산주의 팽창을 저지하기 위한 외교적 수단으로 사용되었다(김지영 외., 2021). 또한 1980년대부터 공여기관들에 의해 공격적으로 실시되었던 국제통화기금(International Monetary Fund, IMF)과 세계은행(World Bank)의 구조조정프로그램(Structural Adjustment Program, SAP)이 수원국의 빈곤 문제와 불평등 문제를 더욱 악화시켰다는 연구들이 나오면서 공여국 주도의 원조 방식의

1 예를 들어 Fukuda-Parr and Hulme(2011)은 MDGs가 규범의 탄생, 전파 단계를 거쳐 내재화되었다고 주장한다.

효과성에 대해 의문이 제기되었다. 개발 파트너십은 이처럼 공여국 주도의 원조 제공 방식이 아닌, 보다 협력적 관계에 바탕을 둔 새로운 원조 행위의 원칙으로서 대두된 것이다. 그리고 마침내 파트너십은 역사적인 유엔 MDGs와 그 뒤를 이은 SDGs에 포함됨으로써 오늘날 국제개발협력 레짐을 규정하는 주요 원칙으로 자리 잡았다고 할 수 있겠다.

개발 협력 분야에서 '파트너십'에 대한 의미를 추정해 볼 수 있는 최초의 주요 문건은 1969년 세계은행에서 발행된 '원조와 개발에 대한 피어슨 위원회(Pearson Commission) 보고서'다. 다음은 보고서의 관련 부분에서 발췌한 내용이다.

> 개발 정책의 형성 및 실행에 대한 책임은 궁극적으로 수원국에게 있어야 할 것이다. 하지만 공여국은 [수원국의 개발 정책과] 관련된 주요 사건과 결정에 관하여 발언권 및 알 권리를 가진다. 이를 위해서는 공여국과 수원국 상호 간의 권리와 의무에 대해 비공식적인 이해에 기반을 둔 새로운 파트너십이 필요하다. 정확한 파트너십 관계는 국가마다 다를 것이며 또한 그래야만 할 것이다. 그러나 일반적으로 국제기구를 포함한 원조 공여기관들은 경제성장에 주요한 사안, 경제성과에 관한 수행 상황 및 원조 기금에 대한 효율적 사용에 대해 정기적으로 컨설팅을 받을 수 있어야 할 것이다. 한편 수원국들은 즉각적이며 합의된 일정에 따라 안정적으로 원조를 지원받고, 경제 성장에 필요한 명백한 기준에 따른 추가적 원조를 지원받을 권리를 가진다. (Pearson et al., 1989, 127-8; Maxwell and Riddell 1998, 258에서 재인용).

이처럼 일찌감치 1960년대 말 세계은행의 피어슨 보고서는 빈국과 부국 간의 파트너십에 기반을 둔 국제개발협력 모델을 주창했다. 그러나 당시 제안된 개발 파트너십 개념은 수원국의 개발정책 및 실행의 권리를 선언하고 있지만 원조 관리와 수원국의 발전 전반에 걸친 공여기관의 간섭(intervention)을 널리 인정하고 있었다는 점에서 한계가 있다. 파트너십 개념은 1980년도에 발간된 브란트 위원회 보고서, '북과 남: 생존을 위한 프로그램 (North-South: A Programme for Survival)'에서 다시 강조되었다. 동 보고서에서는 '개발도상국이 국제정치와 경제 이슈에 관하여 적합한 책임감을 다하기 위해서는 의사결정 과정에 참여하는 것이 필수적이다'라고 명기하고 있으며 수원국과 공여국의 '공동 정책결정'을 강조했다.

특히 1996년 발간된 경제협력개발기구(Organization for Economic Co-operation and Development, OECD)의 보고서인 '21세기를 맞이하여: 개발협력의 공헌(Shaping the 21st Century: the Contribution of Development Co-operation)'에서는 개발 파트너십이 보다 중요하게 소개되었으며 다음과 같이 수원국의 주인의식을 강조했다. '본 보고서에서 우리는 궁극적으로는 각 개도국과 개도국 시민들이 그들의 발전에 책임이 있다고 지속적으로 강조했다. 따라서 현지의 특성을 반영한 관계 및 메커니즘을 통해 협력과 노력을 도모하는 데 있어서 개발도상국이 리더십을 가질 필요가 있다.' 또한 동 보고서에서는 '각 공여국의 프로그램과 활동은 현지가 주도권을 갖고 고안한 전략의 틀 내에서 작동해야 하며, 이러한 전략은 강력한 현지의 책무(commitment), 참여, 역량 개발과 주인의식을 존중하고 고무해야 한다.'고 명기하고 있다. 이처럼 국제개발협력 분야에서 매우 주요한 OECD DAC(Development Assistance Committee, DAC)의 보고서, '21세기를 맞이하여(Shaping the 21st Century)'에서는 수원국의 주인의식(Ownership), 수원국의 개발전략에 공여국 원조를 일치시킬 것(Alignment), 공여국과 수원국 간 상호 책임성을 강화할 것(Mutual accountability) 등 향후 2005년 원조 효과성 고위급 포럼, 소위 파리 선언에 포함되는 주요 원칙들이 소개되었다. 동 보고서에서는 또한 다음과 같이 국제개발협력 행위에 관한 개발도상국의 책임, 외부 협력기관(공여기관)의 책임, 공동의 책임을 규정했다.

〈표 1〉 OECD DAC의 국제개발협력 파트너 별 의무 사항

주체	의무사항
공동 책임	•발전을 위한 자원을 만들어내기 위한 적합한 조건 형성 •격렬한 분쟁을 최소화시킬 수 있는 정책 추구 •국내 및 국제 사회에서 부패 및 불법 행위에 반대하는 보호장치 강화 •효과적인 개발을 위해 시민사회가 널리 공헌할 수 있도록 개방 •빠르게 발전하고 있는 국가들 메커니즘 지원 확보
개도국 책임	•적절한 거시경제정책 수립 •사회 발전과 참여(성 평등을 포함) 향상을 위한 기본적인 목표 실행에 대한 약속 •책무성 있는 정부와 법의 지배 육성 •개인 및 제도의 역량 강화 •기업 친화적이며 투자를 위한 현지 저축 동원을 위한 환경 조성 •효과적인 세제 시스템과 생산적인 공공 지출을 포함한 건전한 재정 관리 수행 •이웃 국가들과 안정적이고 협력적인 관계 유지
공여 기관의 책임	•개도국의 필요 수요를 충당하고 합의된 수행 목표를 달성하는 것을 돕기 위한 추가 자원 동원을 원활하게 하기 위해 적절하고 믿을 만한 지원 제공 •개도국에게 모든 기회가 가능할 수 있는 방향으로 국제 무역 및 투자 시스템 지원 •효과적인 원조 및 지속적인 모니터링을 위한 합의된 국제 가이드라인 고수 •원조 의존을 피하기 위한 개도국의 역량 강화 및 참여 증진 지지 •정보, 기술, 지식 공유 지지 •인권 및 격렬한 분쟁에 영향을 미치는 정책들을 포함한 다른 측면에 있어서의 정책 일관성 지지 •개도국의 자체 전략을 지지하며 공여기관 간의 국제원조 시스템 조정 향상을 위해 협력

출처: OECD DAC, 1996. *Shaping the 21st Century.*

동 보고서에서 파트너로서 수원국의 주요 의무로는 신자유주의에 기반을 둔 안정적인 시장경제체제 수립과 정부의 역량강화가 주로 강조되었고, 공여국의 의무로서는 수원국의 주인의식과 역량강화를 위한 지원 의무가 강조되었다고 분석된다. 이처럼 OECD DAC은 1996년 발간된 '21세기를 맞이하여(Shaping the 21st Century)' 보고서를 통해 개발 파트너십 개념을 적극적으로 수용했으며 수원국과 공여국의 책무, 그리고 공동의 책임을 규정함으로써 개발 파트너십의 의미를 보다 구체화하려고 시도했다. Schech et al. (2005)에 의하면 당시 주요 공여국들의 모임인 OECD DAC은 개발 파트너십 개념을 통해 공여국-수원국의 관계를 보다 더 사람 중심의, 참여적이며, 지속적인 발전을 도모할 수 있는 관계로 재개념화(reconceptualize)하는 동시에 원조 효과성을 제고함으로써 만연했던 원조 피로의 문제를 포함해서 원조가 갖고 있었던 부정적인 이미지를 탈피하고자 했다. 이처럼 개발 파트너십 규범은 OECD DAC의 '21세기를 맞이하여(Shaping the 21st Century)' 보고서를 통해 국제개발협력 분야의 새로운 주요 규범으로 강조되었고 마침내 2000년 선포된 유엔 MDGs의 8번째 목표로, 2016년 시작된 유엔 SDGs의 17번째 목표로 포함되었다.

III. 개발 파트너십에 대한 기존 논의

1. 개발 파트너십의 정의

앞서 살펴본 바와 같이 국제개발협력에서 파트너십은 기존의 개발협력 방식에 대한 한계를 인식하면서 새로운 공여국-수원국 관계를 규정하는 개념으로 1990년대부터 여러 주요 개발 협력 문서에 등장하기 시작했다. 기존의 방식과 대비되는 원조 사업 수행방식으로서 개발 파트너십을 규명하고 정의하는 다양한 연구들이 있다. 이 연구들에 의하면 일반적으로 파트너십은 공여국에 의한 간섭(intervention)에 대비되는 개념으로(Barbara, 2014), 원조 조건이 아닌 계약 관계에 기반하며, 공여국 주도가 아닌 수원국의 주인의식과 참여가 강조되며, 의존 관계가 아닌 분권화(decentralization)에 기반을 둔(Hately, 1999), 원조 사업 수행 원칙을 의미한다. 이처럼 개발협력에서 파트너십은 기존의 후견인(guardianship) 접근방식이 아닌 수원국의 주인의식(ownership)을 강조하는 접근방식이라 할 수 있다(Yi & Lee, 2018). 본 장에서는 개발협력 파트너십의 정의와 의미를 다룬 주요 연구들을 보다 상세하게 소개하도록 하겠다.

먼저 Julien Barbara(2014)에 의하면 파트너십은 대응(responsiveness)이라고 정의될 수 있으며 공여기관이 수원국 정부가 정한 개발 우선순위에 대응하고 이러한 우선순위를 지원할 때 파트너십이 달성된다. 저자는 간섭 형태와 대비되는 개념으로서 파트너십 형태를 다음과 같이 정의한다.[2]

현실적으로 원조 접근방식은 스펙트럼으로 이해할 수 있다. 스펙트럼의 한쪽 끝 편에 파트너십 형태의 원조방식이 있다. 이 형태로 원조를 수행하기 위해서는 상대의 역량과 현지의 발전 우선순위의 정당성에 대한 확신이 있어야 한다. 파트너십에 근간한 원조 방식의 특징은 다음과 같다. 먼저, 발전 우선순위에 합의하는 방식으로서 대화를 강조하며, 수원국의 권한 강화를 위한 역량 구축에 투자하며, 수원국 시스템을 통한 직접적인 예산 지원을 제공한다. 스펙트럼의 다른 끝 쪽은 간섭적인 형태의 지원 방식이다. 예로는 매우 예외적인 상황에서 국가 취약성이나 정치적 붕괴에 대응하기 위해 국제사회로부터 부여받은 국가 건설 임무를 수행하기 위한 지원이 있다(Chandler, 2006, 397; Barbara, 2014에서 재인용).

이처럼 Babara(2014)에 의하면 원조 접근방식은 스펙트럼으로 이해할 수 있으며 파트너십 방식의 지원이 가능하기 위해서는 수원국의 역량과 발전 우선순위의 정당성에 대한 공여국의 확신이 있어야 한다는 다소 엄격해 보이는 전제 조건을 맞춰야 한다. 이러한 전제 조건이 달성된 후에야 파트너십에 기반을 둔 원조 방식, 즉, 공여국-수원국 간의 논의를 통한 발전 우선순위에 대한 합의, 수원국의 권한 강화를 위한 투자, 수원국 시스템을 통한 직접적인 예산 지원 등이 가능하다는 것이다.

한편 Lynne Hately(1999)는 파트너십을 전통적인 일방적 파트너십

---

2 Julien Barbara(2014)에 의하면 실제로 공여기관은 파트너십과 간섭의 방식 모두를 사용한다. 저자에 의하면 보다 중요한 질문은 어떠한 상황에서 파트너십에 기반을 둔 원조가 불가능해지고 보다 간섭적인 접근방식이 필요해지는가이다.

과 상호 파트너십으로 구분하여 일방적 파트너십은 불평등, 수직적 구조이며 주요 동기가 '자선'이라면 상호 파트너십은 보다 평등하고, 수평적이며 '연대(solidarity)'에 기반한다고 주장했다. 아래 〈표 2〉는 Hately(1999)의 전통적 파트너십과 상호 파트너십을 비교한 것이다. 이처럼 Hately(1999)는 전통적 파트너십과 상호 파트너십을 공여국-수원국간 관계의 특징, 개입 형태, 주요 원조 사업 형태, 정책 결정 과정, 주요 행위자, 현지의 관여 정도, 책무성 대상, 평가 기준에 근거하여 비교했다.

〈표 2〉 Lynn Hately(1999)의 파트너십 스펙트럼

	전통적 파트너십	상호 파트너십
특징	불평등	평등
개입 방식	자선에 기반한 하향식	연대(solidarity)
원조 사업 성향	개도국에 대한 단기 프로젝트	장기적 글로벌 발전 프로그램
정책 결정 방식	수직적, 하향식 정책 결정	수평적, 상향식, 분권화된 정책 결정 방식
주요 행위자	선진 공여기관 및 수원국 정부	공통의 주제에 관련 있는 모든 행위자, 특히 현지 주민 및 단체
현지의 참여 정도	실행 단계	문제 파악, 설계, 실행, 평가, 추적의 모든 단계에 걸쳐 수원국의 주인의식 강조
책무성	공여 기관과 재정 지원자 (납세자)	공여국 뿐 아니라 프로그램에 참여한 수원국 주민들과 단체
평가 기준	프로젝트의 긍정적 영향에 대한 증거; 비용 대비 효과성	영향(impact) 및 지속성 대비 성공과 실패

출처: Hately, 1999.

Hately(1999)에 의하면 전통적 파트너십은 불평등 관계에 기반하며, 수직적이고 하향식 정책 결정 방식을 갖고 있고, 현지의 참여도가 제한적인 반면, 상호 파트너십은 보다 평등한 관계이며 자선이 아닌 연대에

기초하고, 수평적이며 상향식 정책 결정방식을 보인다. 또한 상호 파트너십 관계에서 수원국 현지는 개발협력 사업의 전 단계에 걸쳐 주인의식을 갖고 참여하며 사업에 대한 평가 기준도 비용 대비 효과성이 아니라 보다 장기적인 관점에서 영향(impact)과 지속성(sustainability)을 강조한다.

마찬가지로 Maxwell & Riddell(1998)도 파트너십을 스펙트럼으로 접근하며 약한 파트너십(weak partnership)과 강한 파트너십(strong partnership)으로 대비하여 설명한다. 저자들에 의하면 약한 파트너십의 주요 특징은 정보 공유와 정책 대화이며 강한 파트너십의 주요 특징은 공동 합의에 의한 국가 프로그램과 다년도(multi-annual) 재정적 합의라고 주장 한다. 저자들은 또한 실제로 공여국들은 주로 약한 형태의 파트너십을 선호하며 매우 소수의 공여국들만이 강한 파트너십에 근간한 다년도 재정 프로그램을 실행한다고 지적했다.

이처럼 최근의 여러 연구들은 전통적인 공여-수원 관계와 대비되는 개념으로서 파트너십을 정의하는 방식이 아닌, 스펙트럼으로 개발 파트너십을 개념화하고 있다. 이는 공여국-수원국 관계를 이분법적으로 보는 방식보다는 한층 더 설득력이 있는 접근이라고 사료된다. 그러나 기존 관련 논의를 종합적으로 분석해 보면 여전히 개발 파트너십의 정의에 대해서는 명확한, 통일된 개념 정의가 이루어지고 있지 못하다고 판단된다. 이와 같이 오늘날 국제개발협력 분야에서 파트너십 접근방식이 주요 규범으로 자리잡아가고 있는 한편 그 개념 자체에 대해서는 깊이 있는 논의와 개념 정의가 여전히 매우 부족하다. 또한 Fowler(2000)에 의하면 파트너십이라는 용어가 너무 많은, 다양한 행위자들에 의해 무분별하게 사용되면서 원래의 의미와 가정이 매우 다양한 방향으로 무분별하게 확대 해석되었으며 이러한 측면에서 파트너십이라는 개념은 '무엇인가를 지칭하긴 하지만 아무 뜻도 없는(something nothing)' 단어가 되어버렸다.

2. 개발 파트너십의 효과성

앞서 우리는 개발 파트너십의 의미를 다룬 여러 기존 문헌들을 살펴보았다. 그러나 개발 파트너십에 대한 정의보다 더욱 논쟁적인 주제는 어떻게 하면 진정한 파트너십을 실제로 달성할 수 있는지에 관한 질문일 것이다. 그리고 이 질문에 대한 답을 찾기 위해서는 개발 파트너십 개념이 도입됨으로서 공여국-수원국 관계를 포함하여 원조 행위자들 간의 힘의 관계에 실제로 변화가 있었는지를 우선 살펴볼 필요가 있다. 많은 비판가들은 그렇지 않다고 주장한다.

우선 비판가들은 개발 파트너십 논의 자체가 수원국이 아닌, 공여국에서 발의되었다는 점에 주목한다(Hately, 1999). Hately(1999)에 의하면 대부분의 수원국 측 관계자들이나 기관들은 공여기관을 파트너라고 지칭하기를 꺼리며 대신 불평등한 힘의 관계를 가정하는 '공여기관'이나 '지원자'라는 용어를 선호한다. 마찬가지로 수원국 자신들을 '파트너' 또는 '협력국'이라 칭하는 대신 '수원국' 또는 '전달자(conduits)'라고 부르는 것을 선호한다. 그리고 개발협력 분야에서 파트너십 개념이 주요 규범으로서 최초로 체계적으로 소개된 문건도 앞 장에서 살펴본 바와 같이 선진 공여국들의 모임인 OECD DAC의 '21세기를 맞이하여(Shaping the 21st Century)'(1996)이다.

또한 많은 비평가들은 개발 파트너십의 의미가 수사학적인 차원에 그치며 실제 개발협력 사업은 여전히 공여국 주도로 이루어지고 있다고 주장한다. 예를 들어 Gordon Crawford(2003)는 인도네시아의 거버넌스 개혁 원조 사례 연구를 통해 명목적으로 인도네시아인들이 개발협력에 참여하고는 있지만 의사결정 과정을 살펴보면 여전히 국제공여기관 주도로 어젠다가 결정된다고 밝혔다. 저자는 '파트너십' 그리고 '수원국 주인의식'이라는 용어들이 오늘날 개발협력 분야에서 널리 사용되고 있음에도 불구하고 '진정한 파트너십'은 거의 찾아볼 수 없기에 원조 관계에 있어서 공여국-수원국 간의 불균등한 힘의 관계는 변함없이 지속되고 있다고 주장한다. Crawford(2003)는 다음과 같이 공여기관들이 수원국에 대한 '간섭(intervention)'을 정당화하기 위한 도구로서 파트너십 논의를 확산시켰다고 강조한다.

> '파트너십' 논의는 국제공여기관들이 주권국가의 정치·경제 개혁에 간섭하는 것을 숨기는 동시에 그들의 행위에 더 큰 정당성을 부여하고, 원조조건을 부과했다는 비판으로부터 자유롭게 할 수 있도록 해준다. 따라서, 파트너십을 받아들이고 주장하는 주요한 이유는 이러한 도구적인 목적에 있다.

이와 같이 많은 비판가들은 파트너십이라는 용어가 널리 사용되고 있다는 자체만으로 국제개발협력 분야에서 진정한 파트너십이 달성되었다는 것을 의미하지는 않으며, 진정한 파트너십을 이루기 위해서는 여러 선행 요건들이 우선 달성되어야 한다고 주장한다. 예를 들어, Gordon Crawford(2003)는 다음과 같이 '진정한 파트너십'을 달성하기 위한 요건을 제시했다. 1) 외부 행위자와 내부 행위자 간에 공유하는 목표와 협력; 2) 수원국 주권 및 수원국 스스로 정책을 결정할 수 있는 권한 존중; 3) 깊이 있고, 양질의, 평등하며, 의미 있는 관계; 4) 강력한 파트너십을 구축하고 유지할 수 있는 시간 및 이행에 대한 약속이다. 이처럼 저자는 성공적인 파트너십은 상호 신뢰, 상호지지, 공동 의사 결정, 상호 책무성, 재정적 투명성, 장기적 이행 약속에 기반한다고 주장한다(Crawford, 2003). 마찬가지로 해외 원조 분야에서의 NGOs 관계를 분석한 연구에서 Alan Fowler(2000)는 진정한 파트너십은 장기간 상호관계의 이행에 대한 공동의 약속, 성과 달성에 대한 책무감 공유, 상호 의무, 평등, 상호관계와 힘의 균형을 의미한다고 지적했다. 또한 부국 출신 NGOs와 수원국과의 관계를 분석한 연구에서 Kamal Malhotra(1997)는 진정한 파트너십이 형성되기 위해서는 수원국들이 제공해 오던 여러 자원, 예를 들어 현장 경험, 조직적 능력, 노동, 여러 자재와 정당성 등이 공여국이 제공하는 재원과 동등한 가치로 취급되어야 한다고 주장한다.

2011년 부산에서 개최된 OECD DAC의 제4차 원조 효과성 고위급 회의, 소위 '효과적 협력을 위한 부산 파트너십(Busan Partnership for Effective Co-operation)'에서는 개발협력 효과성 고취를 위한 주요 수단으로서 파트너십이 보다 더 강조되었다. 본 회의에서는 다양한 형태의 파트너십의 존재를 인정하면서 효과적 파트너십을 위해서는 1) 개도국이 발전 우선순위에 대해 주인의식을 가져야 하며, 2) 성과에 집중해야 하며, 3) 포괄적인(inclusive) 개발 파트너십, 4) 상대에 대한 투명성 및 책무성이 필요함을 선언했다. 그러나 여전히 위의 원칙들을 어떻게 달성할 수 있는지에 대한 구체적 논의가 부재하다는 한계가 있다.

이처럼 기존의 여러 연구들은 진정한 파트너십 달성을 위해서는 원조 행위자들 간의 힘의 균형, 특히 개발협력 사업을 수행하는 데 있어서 수원국의 권한과 권리에 대한 국제사회의 인정이 선행되어야 한다고 지적한다. 그리고 기존 파트너십 논의의 가장 중요한 한계점은 많은 비판가들이 지적한 바와 같이 다양한 원조 행위자들 간의 힘의 불균형 문제를 근본적으로 다루지 않은 채 논의가 진행되어 온 점이라고 보인다. 실제 '파트너십의 의미가 무엇인지, 파트너십 관계는 어떠한 협상을 거치는지, 누가 이익을 얻고 누가 손해를 보는지, 어떤 경우에 협력기관들 간의 힘의 본질과 차이가 가장 문제가 되는지는 매우 불명확하다' (Fowler 2000). 그러나 과연 원조 레짐에서 수원국-공여국 간의 힘의 균형이 전제되는 진정한 파트너십이 가능할까? 오늘날 국제개발협력에서 가장 중요한 레짐이라고 할 수 있는 유엔 MDGs와 SDGs에서는 개발 파트너십을 어떻게 규정하고 있으며 그 한계점은 무엇일까?

IV. 유엔 MDGs의 글로벌 파트너십에 대한 비판적 분석

2000년 9월 8일 유엔 총회는 189개 국가들의 정상들이 채택한 새천년 선언을 선포했으며 곧이어 8개의 목표와 21개의 세부 목표로 구성된 유엔 MDGs가 발표되었다.[3] 그리고 모든 191개 유엔 회원국들과 적어

3 유엔 MDGs의 8대 목표는 다음과 같다. 1. 절대빈곤 및 기아 근절; 2. 보편적 초등교육 실현; 3. 양성평등 및 여성능력의 고양; 4. 아동사망률 감소; 5. 모성보건 증진; 6. AIDS,

도 22개의 국제기구들이 2015년까지 유엔 MDGs의 달성을 위해 노력할 것을 약속했다. 유엔 MDGs의 8개 각각의 목표는 개별적인 규범으로서 중요한 의미가 있지만 이 목표들은 보다 상위의 규범(supernorm), 즉 '극심하고 비인간적인 빈곤은 도덕적으로 받아들여질 수 없으며 근절되어야 한다'는 글로벌 규범의 전략적 일부라 할 수 있다(Fukuda-Parr and Hulme 2018).

이처럼 유엔 MDGs는 유엔 역사상 가장 많은 189명의 국가 정상이 합의한 선언이며 인류 최초로 빈곤 근절을 목표로 한 글로벌 약속이라는데 큰 의의가 있다. 또한 Selim Jahan(2003)이 작성한 UNDP 보고서, 'MDGs 달성: 파트너십과 참여(Achieving Millennium Development Goals: Partnership and Participation)'에 의하면 MDGs는 다음과 같은 5가지 차원에서 매우 역사적인 의미를 갖고 있다. 첫째, MDGs는 모두가 동의하는 주요 가치에 기반하고 있다. 둘째, 인간의 빈곤과 곤궁의 문제를 다룸으로써 MDGs는 발전이 부자와 힘센 사람들의 이익을 위해 정해질 뿐 아니라 가난하고 약한 사람들에게 혜택을 주는 방향으로 이루어져야 함을 시사했다. 셋째, MDGs는 인간발전 패러다임을 제시했다. 넷째, MDGs는 글로벌 차원에서 매우 포괄적인 용어로 되어 있기 때문에 국별로 MDGs를 적용할 시에는 상황에 맞게 조정될 수 있다는 점에서 매우 유연하다. 마지막으로, MDGs는 빈곤문제와 맞서기 위한 정치적 의지를 규합하는데 유용한 도구로 활용될 수 있다.

2000년부터 2015년까지를 목표달성 기간으로 정해놓은 MDGs는

말라리아 등 질병 예방; 7. 지속가능한 환경 확보; 8. 개발을 위한 글로벌 파트너십 구축. 유엔 MDGs에 대한 상세한 내용은 https://www.un.org/millenniumgoals/ 참고.

2015년 막을 내렸으며 2016년부터 유엔 SDGs의 시대가 시작되었다. 그러나 유엔 MDGs의 성과에 대해서는 매우 분분하다. 목표 달성 측면에서는 목표 별로, 지역별로 큰 차이를 보였다. 예를 들어, 보건, 기초교육 등에서는 상당한 성과를 거뒀지만 젠더와 환경 분야는 상대적으로 저조했다는 평가다. 또한 중국과 인도를 포함한 아시아 국가들과 라틴 아메리카 지역의 MDGs 성취도는 고무적이었으나 사하라이남 아프리카의 여러 국가들의 MDGs 성적표는 저조했다.[4] 본 장에서는 유엔 MDGs에 규정된 파트너십의 의미를 앞의 이론적 논의에 기초하여 비판적으로 분석해 보기로 한다.

유엔 MDGs에서 파트너십은 그 자체로서 MDGs를 구성하는 발전 목표일 뿐 아니라 다른 발전 목표를 달성하기 위한 수단으로서 강조되었다. 2000년 3월, 당시 유엔 사무총장 코피 아난(Kofi Annan)의 주도로 발간된 보고서 '21세기 유엔의 역할(We the Peoples: The Role of the United Nations in the 21st Century)'은 유엔 MDGs 탄생에 주요한 역할을 했으며 동 보고서에서 파트너십이 강조되었다. 본 보고서에서 아난은 다가오는 새천년 정상회담에서 1995년에 개최되었던 사회발전에 대한 세계정상회담을 포함하여 1990년대에 개최되었던 여러 유엔 회의에서 제기된 글로벌 사회 정책과 발전 문제에 관한 주요 목표들과 제안들을 채택할 것을 주장했으며 글로벌 발전 문제의 해결을 위해서는 다양한 행위자들간의 파트너십의 중요성을 강조했다.

---

4 또한 Liverman(2018)에 의하면 유엔 MDGs는 2000년이 아닌(당시 2000년까지 업데이트된 데이터가 부재했기 때문에) 1990년을 기준(baseline)으로 해서 2015년을 목표 달성 해로 정했기 때문에 목표달성에 유리했던 측면이 있다.

‘21세기 유엔의 역할’에 의하면 여전히 국민 국가는 국내 뿐 아니라 국제관계에 있어서도 통치 기반의 핵심이다. 하지만 세계화 시대에 더욱 부각되고 있는 여러 글로벌 문제를 해결하기 위해서 국민국가는 다양한 비국가 행위자들(예를 들어, 시민사회단체, 민간 기업, 국회, 지역 정부기관, 과학 협회, 교육 기관 등)과 파트너십을 맺어야 한다. 그리고 특히 발전의 문제는 다양한 행위자들이 함께 참여하는 포괄적인(comprehensive) 접근방식을 취해야 하기에 파트너십은 더욱 중요하다. 이처럼 글로벌 파트너십은 역사적인 유엔 MDGs의 8번째 목표로 포함됨으로서 1990년대 이후 본격적으로 등장한 개발파트너십 개념이 국제개발협력 레짐을 이끄는 글로벌 패러다임으로 자리 잡게 되었다. 하지만 본 장에서는 다음과 같은 이유로 유엔 MDGs에 포함된 글로벌 파트너십 개념이 진정한 개발 파트너십 관계를 반영하고 있지 못하며 다른 목표들에 비해 실효성이 제한적이고 주로 수사학적이고 선언적인 차원에 그치고 있다고 주장한다.

첫째, MDG 목표 8, ‘개발을 위한 국제파트너십 구축’은 다른 MDG 목표들에 비해 그 주요성이 제한적이라고 판단된다. 무엇보다도 유엔 MDGs의 8번째 목표인 글로벌 파트너십은 가장 늦게 MDGs에 포함되었다. 유엔 MDGs의 8개 목표 대부분은 MDGs 선포 전에 이미 구체적인 세부 목표와 함께 MDGs 프로젝트의 기원이라 할 수 있는 OECD, UN, IMF, World Bank가 2000년에 발표한 ‘모두에게 더 나은 세상: IDGs를 향한 진전(A Better World for All: Progress Towards the International Development Goals)’을 통해 발표되었다. 하지만 본 문서에서 글로벌 파트너십은 포함되지 않았다. 또한 앞서 언급한 1996년 OECD의 보고서 ‘21세기를 맞이하여(Shaping the 21st Century)’에서도 개발 파트너십 개념이 소개되고 또 적극적으로 강조되었지만 동 보고서를 통해 발표되었고 OECD 회원국들의 승인을 받은 International Development Goals(IDGs)에는 개발 파트너십이 포함되지 않았다.[5] IDGs의 대부분은 이후 MDGs에 포함되었다.

개발 파트너십이 유엔 MDG의 목표로서 처음으로 소개된 문서는 당시의 유엔 사무총장이 출간했으며, 존 러기(John Ruggie)가 작성한 '21세기 유엔의 역할'(2000)이라는 보고서였다. 그리고 Aldo Caliari(2013)에 의하면 선진국의 주도로 만들어진 유엔 MDGs에 대한 개발도상국의 회의적인 시각을 의식한 코피 아난 총재가 개발도상국들의 지지를 확보하기 위해 글로벌 파트너십을 MDGs의 마지막 목표로 포함했다고 한다. 또한 글로벌 파트너십의 세부 목표로 국제경제체제를 개혁한다는 내용을 삽입함으로써 신자유주의에 기초한 경제 세계화에 반대하는 목소리를 달래려는 목적도 있었다(Ibid.). 이처럼 MDG 목표 8은 주로 정치적인 목적으로 포함된 측면이 강하며 개발 목표 그 자체로서의 중요성보다는 다른 목표들을 달성하기 위한 수단으로서의 의미가 강했다는 측면에서 다른 MDG에 비해 중요성이 제한적이라 할 수 있겠다.

유엔 MDG 목표 8이 다른 목표에 비해 구체성이나 실체성 측면에서 제한적이라는 사실은 목표 8과 다른 목표의 세부목표와 지표를 비교해 보면 더욱 분명해진다. MDGs의 다른 목표들이 구체적인 달성 기간, 양, 비율 등을 규정해 놓고 있는 반면에 목표 8 글로벌 파트너십에

---

5 OECD DAC이 1996년 '21세기를 맞이하여' 보고서를 통해 발표한 IDGs는 다음과 같다. 1. 절대 빈곤 감소; 2. 보편적 초등 교육 실현; 3. 양성 평등; 4. 유아/아동사망률 감소; 5. 임산부 사망률 감소; 6. 생식건강 증진.

대한 세부목표와 지표는 상대적으로 매우 불분명하며 정확도가 떨어진다. 예를 들어, MDG 목표 8의 지표 중 어느 하나도 목표 달성을 위한 구체적인 양이나 정해진 기간을 제시하고 있지 않다. Fukuda-Parr and Hulme(2011)에 의하면 그 이유는 MDG 목표 8의 지표에 대해 달성해야 하는 구체적인 양이나 기간을 제시하는 것은 정치적으로 논쟁적일 수 있으며, 다른 MDG 목표들과는 달리 새천년 선언에서 MDG 목표 8에 대해서는 양적인 목표치를 제시하지 않았기에 지표를 만들어내는 전문가 그룹 입장에서는 MDG 목표 8에 대해서는 구체적인 달성 수치와 기간을 제시할 필요가 없다고 판단했기 때문이라고 한다.[6]

둘째, MDG 목표 8 글로벌 파트너십은 공여국 주도의 전통적인 원조 관계에 기반하고 있으며 진정한 글로벌 파트너십의 의미를 담고 있지 못하다. 아래 〈표 3〉은 MDGs의 목표 8, 개발을 위한 국제파트너십 구축의 세부목표와 지표를 보여준다. 세부목표의 내용을 통해 MDGs에서 규정하고 있는 글로벌 파트너십의 의미를 분석해 보면, 우선 개도국에 대한 지원을 강조하고 있는 것을 알 수 있다. 세부 목표 13, 14, 15에서는 개도국에 대한 부채경감, 공적개발원조(Official Development Assistance, ODA) 지원 및 개도국의 '특별한 요구'를 해결할 것을 규정하고 있다. 마찬가지로 세부목표 16, 17, 18도 개도국 청년들을 위한 양질의 생산적인 직장 제공 전략, 의약품, 정보통신 지원을 강조하고 있다. 이처럼 유엔 MDGs에서 파트너십은 계약관계, 수원국의 주인의식을 강

6 실제 Aldo Caliari(2013)의 연구에 의하면 MDG 목표 8의 지표 중 ODA 증액에 대해서는 공감대를 이끌어 내는 데 어느 정도 성과를 보였지만 채무 변제나 시장 접근성 관련 정책은 그 성과가 매우 제한적이다(Caliari, 2013, 8).

조하는 파트너십 접근방식이라기 보다는 개발도상국을 여전히 도와줘야 하는 대상으로 보는 후견인 접근방식에 기반하고 있는 측면이 뚜렷해 보인다.

〈표 3〉 유엔 MDG 목표 8의 세부목표 및 지표

세부목표	지표
12. 개방적이고 공정하며 예측 가능하고 차별 없는 무역 및 금융 체계를 더욱 발전시킨다.	- 개도국 및 저개발국으로부터의 선진국 무관세 수입 비율(가격으로 측정, 무기 수입 제외)
	- 개도국 농산품, 섬유, 의료에 대해 선진국이 부과한 평균 관세
	- GDP 기준 OECD 국가 농업 지원 추정치
	- 무역 역량 개발 지원원조 비율
13. 저개발국의 특수한 문제를 해결한다. 최빈개도국 수출에 대한 관세 및 할당량 무료 접근, 부채가 많은 빈곤국(HIPC)에 대한 부채 경감 프로그램 강화 및 공식 양자 채무 취소, 빈곤 감소에 전념하는 국가에 대하여 더 많은 ODA를 제공한다.	- GNI 기준 DAC 공여국의 순 원조 비율,총 원조 비율, 저개발국에 대한 원조 비율
	- DAC 공여국의 기본 사회서비스(기초교육, 기초보건관리, 영양, 안전한 물, 위생)에 대한 총 양자 원조 및 분야별 양자원조 비율
	- DAC 공여국의 양자원조 중 비구속원조 비율
14. 내륙국 및 소규모 도서지역 개도국의 특수한 요구를 해결한다.	- 내륙국이 GNI로 받는 원조 비율
	- 소규모 도서지역 개도국이 GNI로 받는 원조 비율
15. 장기적으로 지속 가능하게 개발도상국의 부채 문제를 국내외적으로 종합적으로 처리한다.	- HIPC 의사결정 시점에 도달한 총 국가 수 및 HIPC 완료 시점에 도달한 국가 수(누적)
	- HIPC MDRI에 의한 부채경감
	- 상품 및 서비스 수출 부채서비스 비율
16. 개발도상국과 협력하여 청년들을 위한 적절하고 생산적인 일을 위한 전략 개발을 시행한다.	- 15-24세 청년 실업률(남성, 여성, 남성과 여성)

17. 제약회사와 협력하여 개발도상국의 저렴한 필수 의약품에 대한 접근성을 제공한다.	- 지속 구입 가능한 필수의약품 이용 가능 인구 비율
18. 민간부분과 협력하여 신기술 특히 정보통신의 혜택을 누리도록 한다.	- 100명 당 유선전화 및 무선전화 가입자 수
	- 100명 당 컴퓨터 이용자 및 인터넷 사용자 수
	- 100명 당 인터넷 이용자 수

* 각 세부목표에 대한 관련 지표는 저자가 분류함.
출처: UNDP, 2003. *Indicators for Monitoring the Millennium Development Goals.*

앞서 살펴본 바와 같이 수원국-공여국 간의 진정한 파트너십 달성을 위해서는 국제개발협력에서 수원국의 권한과 역할이 공여국의 재원 제공의 역할과 동등한 수준으로 인정되어야 할 것이다. 하지만 유엔 MDGs가 규정한 글로벌 파트너십은 개도국을 주로 수혜의 대상으로만 접근함으로써 오히려 수원국과 공여국 간의 힘과 역량의 차이를 더욱 부각했다는 한계가 있다. 이처럼 유엔 MDG의 8번째 목표인 글로벌 파트너십은 주로 공여국의 시각에서 그 의미가 규정되었다고 판단되며 진정한 파트너십의 의미와는 거리가 멀게 보인다. 그리고 MDGs의 글로벌 파트너십 개념이 공여국-수원국 간의 진정한 파트너십 관계를 포괄하고 있지 못한 근본적 이유 중 하나는 MDGs가 애초에 그 대상이 선진국을 배제한 채 개발도상국에만 한정되어 있었기 때문인 것으로 판단된다. 실제 유엔 MDGs는 개도국들이 거의 배제된 채 선진 공여국 모임인 OECD DAC의 주도로 만들어졌기에 MDG의 글로벌 파트너십 개념도 선진국 시각에서 그 의미가 규정된 측면이 있다고 분석된다.

마지막으로, MDG 목표 8의 파트너십 개념과 의미는 매우 광범위하고, 일반적이고, 불분명한 한편 진정한 파트너십을 어떻게 달성할 수 있을까라는 파트너십 논의의 근본적 질문이라고 할 수 있는 파트너십의 효과성 관련 논의는 부재하다는 문제점이 있다. 예를 들어 유엔 MDG 목표 8에서는 제약회사와 민간부문의 협력을 강조함으로써 비정부 행위자들과의 파트너십을 강조하고 있지만 공여국-수원국 간의 진정한 파트너십을 어떻게 구축할 수 있는지에 대해서는 다루고 있지 않다. 한편 세부목표 12에서는 '개방적이고 공정하며 예측가능하고 차별 없는 무역 및 금융 체계를 더욱 발전시킨다'라고 규정함으로서 개도국 빈곤 문제의 근본적 원인 중 하나라고 할 수 있는 세계경제질서에 대한 문제를 다루고 있다. 이처럼 유엔 MDGs의 글로벌 파트너십은 글로벌 발전을 위한 분배적 정의의 문제를 다루려고 했다고 보인다(Barnes & Brown 2011). 세부목표 12와 관련된 지표를 살펴보면 개발도상국 상품에 대한 관세 인하, OECD 국가의 농업부문 지원 제한, 개도국의 무역역량 개발 지원을 포함하고 있다(〈표 3〉 참조). 이와 같이 글로벌 파트너십 구축을 위해서는 기존의 세계 무역 체제를 보다 더 개도국에게 공정한 장으로 개혁할 필요성을 인정했다고 판단된다. 그렇지만 앞서 지적한 바와 같이 이러한 관련 지표들은 달성하고자 하는 정확한 목표 양이나 기간 등이 정해져 있지 않기에 그 실효성이 매우 의문스럽다. 또한 글로벌 파트너십 달성을 측정하기 위한 지표들을 보다 면밀히 살펴보면 신자유주의 시장경제를 개혁하려는 목적이라기보다는 기존의 자유시장 경제체제를 보다 더 강화하고 개도국의 시장 경쟁력을 높이는데 초점을 두고 있다고 분석된다.

결과적으로 목표 8 글로벌 파트너십에 대한 달성도는 MDGs의 다른 목표들에 비해 매우 저조했고 오늘날까지도 세계무역체제는 선진국들에게 보다 유리한 신자유주의 경제체제 구조가 개혁되지 않은 채 지속되고 있다. 이처럼 유엔 MDGs의 글로벌 파트너십의 한계는 MDGs

전체의 제한적 성과와도 깊은 연관성이 있는 것으로 보인다. Georg von Schnurbein(2020,1)는 MDGs가 여전히 세계를 공여국과 수원국으로 나누어 접근했다고 지적했으며 'MDGs의 실패는 잘못된, 일방적인 파트너십'에 기인한다고 주장했다. 그렇다면 MDGs의 뒤를 이어 출범한 SDGs 시대에는 파트너십 개념이 어떻게 변화했을까? 아니면 근본적인 변화는 일어나지 않았을까?

V. 글로벌 파트너십에 대한 MDG 목표 8과 SDG 목표 17 비교 분석

유엔 MDGs는 여러 한계점에도 불구하고 빈곤의 문제를 글로벌 어젠다로 상정함으로서 빈곤에 대한 전 세계적 관심을 이끌었다는데 큰 의의가 있다. 유엔 MDGs의 성공에 기반을 두어 2016년 유엔 MDGs를 계승하는 새로운 발전 패러다임인 지속가능한발전목표가 선언되었다. 유엔 SDGs(Sustainable Development Goals)는 MDGs가 주로 사회적 저발전 문제만 강조했다는 비판에 따라 사회, 경제, 환경, 정치를 포함하는 포괄적인 발전 패러다임을 제시했다. 유엔 SDGs는 MDGs 보다 훨씬 광범위하고 야심찬, 다양한 발전 목표로 구성되어 있으며 모두 17개의 목표와 169개의 세부목표로 구성되었다.[7] 또한 이 전의 MDGs가 개도국만을 대상으로 한 반면에 SDGs는 선진국과 개발도상국 모두를

7 유엔 SDGs에 대한 보다 상세한 내용은 https://sdgs.un.org/goals 참조.

포함한다.

제프리 삭스(2015)에 의하면 지속 가능한 발전은 '세상을 이해하는 방법인 동시에 글로벌 문제에 대한 해법'이다. 이는 유엔 SDGs 시대는 발전을 비단 경제 성장과 GNP등 양적 수치로만 정의하는 것이 아니라, 경제적 번영, 사회적 통합과 화합, 환경의 지속 가능성, 그리고 건전한 거버넌스까지 통합적으로 정의하고 접근해야 한다는 의미다(Ibid.). 이러한 의미에서 지속 가능한 발전은 '세계를 경제, 사회, 환경, 정치 시스템의 복잡한 상호작용으로 이해하는 방법이다. 동시에 세상을 보는 규범적 혹은 윤리적 관점이고, 제대로 기능하는 사회의 목적을 정의하는 방법이며, 오늘날의 시민과 미래 세대에 웰빙을 가져다주는 것이기도 하다. 이런 규범적 의미의 지속 가능한 발전은 기본적으로 좋은 사회가 어떠해야 하는지에 대한 총체적 비전을 요구한다.'(삭스 2015, 34).

유엔 SDGs의 창립자들은 유엔 MDGs가 정부의 주도로, 특히 선진국의 주도로 이루어졌다는 비판을 의식하여 형성 단계에서부터 다양한 행위자들의 참여와 파트너십을 강조했다.[8] 제프리 삭스(2012, 2211)는 지속가능한 발전의 방식에 대해 다음과 같이 기술했다: '지속가능한 발전으로 가는 길은 하향식 접근방식이 아니라, 전 세계의 대학, 기업, NGOs, 정부, 특히 심각한 도전 과제가 많을 것으로 예상되는 미래 시대의 전문가와 리더가 될 청년들이 참여하는 네트워크로 구성된 문제해결 방식을 통해서다.' 이처럼 유엔 SDGs 시대는 지속가능한 발전을 위한 방법으로서 SDGs 형성 단계부터 선진국-개도국간, 정부-비정부 단

8 유엔 SDGs 형성 과정에 대한 보다 상세한 내용은 Bhattachawya *et al.*(2014)과 손혁상 외(2014)등 참조.

체 간의 파트너십을 강조함으로써 이전 MDGs 보다 한층 더 파트너십의 중요성을 부각했다고 할 수 있다.[9] 손혁상 외(2014)에 의하면 MDGs가 규범의 내재화 단계까지 갈 수 없었던 근본적 이유는 규범 출현 단계에서부터 다양한 행위자들이 참여하지 않았기 때문이다. 그렇다면 규범 형성 단계부터 다양한 행위자들이 참여한 SDGs는 국제규범으로서 MDGs보다 더 강력한 힘을 갖게 될 수 있을 것인가? 과연 유엔 SDGs가 진정한 파트너십의 시대로의 전환을 의미하는가?

먼저 많은 개발도상국들은 오늘날 글로벌 부의 불균등한 배분의 주요 원인으로서 신자유주의 경제체제를 지목하고 있으며, 진정한 파트너십을 위해서는 기존의 신자유주의 시장경제 체제의 개혁의 필요성을 주장해 왔다. 하지만 유엔 SDGs에서 주장하고 있는 경제 개발 방식 또한 MDGs와 마찬가지로 여전히 신자유주의 경제 발전의 틀을 벗어났다고 보기 어렵다. 실제 유엔 MDGs에 이어 SDGs 형성 과정에서도 핵심적인 역할을 한 경제학자 제프리 삭스(2015, 121)는 지속가능한 발전의 시대를 설명하는 그의 저서에서 아래와 같이 세계화와 글로벌 경제성장에 대해 기술했다.

> 오늘날의 글로벌 시대는 … 제2차 세계대전 이후 단계적으로 등장했다. 선진국 따라잡기 성장 전략은 무역과 해외투자에 국경을 개방한 나라에서 순조롭게 진행되었다. 거대 다국적기업을 중심으로 한

9 물론 이처럼 다양한 행위자들이 참여하여 글로벌 발전 목표를 만듦으로서 SDGs는 리더십이 부재한 채 설계단계부터 매우 '복잡하고 분열되었다'는 비판이 있다(Ulfgard 2017).

> 새로운 글로벌 생산 시스템은 급여가 낮은 가난한 나라들을 노동 집약적 분야에 활용했다. 자동차, 셔츠, 가정용 컴퓨터를 생산하는 글로벌 가치 사슬은 점차 여러 나라에 분할되면서 다른 임금 수준, 지역 기술, 운송 조건들을 적절히 활용했다. 가난한 나라들은 우수한 기반시설, 효율적 운송, 저임금의 숙련된 인력을 제공함으로써 다국적기업의 글로벌 생산 시스템에 포함될 수 있었다.

이처럼 유엔 SDGs는 근본적으로 경제 세계화, 즉 신자유주의 시장경제체제를 통한 경제성장을 상정하고 있다. 다시 말해 전 세계의 경제를 글로벌 생산 사슬로 설정하여 자유 무역을 통해 선진국의 경제는 고부가가치 산업 중심으로, 개도국은 원료 공급처로의 역할, 또는 저임금 노동 집약 산업에 집중하는 방식의 글로벌 경제체제를 주장하고 있는 것이다.

유엔 SDG 목표 8 '지속적·포용적·지속가능한 경제성장, 완전하고 생산적인 고용과 모두를 위한 양질의 일자리 증진'의 세부 목표를 분석해 보면 유엔 SDGs는 성장과 함께 고용, 특히 청년 실업 문제를 주요한 발전 과제로 상정했으며 개도국의 경제 성장을 강조한 한편 경제 성장의 방식으로서 기업 주도의 기술발전 및 혁신, 경제 생산성 향상, 자원 효율성 개선을 제시하며 신자유주의 경제발전 방식에 기반하고 있음을 알 수 있다. 물론 '아시아의 호랑이'는 경제 세계화의 성공 사례로 꼽히기도 한다. 신자유주의 경제학자들에 의하면 한국, 대만, 홍콩, 싱가포르, 그리고 중국까지, 아시아 국가들은 경제 개방과 자유 무역 정책을 통해 노동집약 중심의 산업화로 시작해서 고부가가치의 첨단 산업화로 경제 구조 변혁을 이루었고 마침내 '선진국 따라잡기'에 성공했다. 하지만 소위 아시아 발전 모델이 아시아 지역을 제외한 다른 개발도상국에서 성공할 수 있는지는 여전히 의문이며 아시아의 경제 발전을 연구한 많은 학자들은 아시아의 경제 발전 경로가 신자유주의와는 매우 다른 국가 주도의 경제성장, 유치산업 보호 등 보호무역 정책에 기반을 둔 측면이 강했음을 밝혔다.[10]

이처럼 유엔 MDGs에 이어 SDGs도 경제 발전 이론으로서 신자유주의에 기반하고 있다고 분석된다. 그렇다면 신자유주의 경제 세계화의 연속선에서 SDGs 시대 글로벌 파트너십의 의미는 어떻게 변화, 또는 지속되었을까? 글로벌 파트너십은 MDG의 8번째 목표로 포함되었으며 SDG에도 17번째 목표로 포함되었다. 본 장에서는 MDG 목표 8과 SDG 목표 17을 비교·분석하여 지속가능한 발전 시대에 포함된 글로벌 파트너십의 의미가 MDGs 시기와 비교해서 어떻게 변화했는지, 또는 변화하지 않았는지 살펴보기로 한다. 아래 〈표 4〉는 MDG 목표 8과 SDG 목표 17을 비교하여 분석한 주요 결과를 보여준다.

〈표 4〉 MDG 목표 8과 SDG 목표 17 비교

	MDG 목표 8	SDG 목표 17
목표	개발을 위한 글로벌 파트너십 구축	이행수단 강화와 지속가능한 발전을 위한 글로벌 파트너십 재활성화
세부목표/지표 개수	7개 세부목표; 17개 지표	19개 세부 목표; 25개 지표

10 비교 정치 시각에서 아시아 발전 모델을 다룬 연구는 Adrian Leftwich(2000), Gary Gereffi & Donald L. Wyman (1990), Atul Kohli (2004) 등 참조.

<table>
<tr><td rowspan="3">자유 무역/경제 세계화</td><td rowspan="3">8.1 개방적이고 공정하며 예측 가능하고 차별 없는 무역 및 금융 체계를 더욱 발전시킨다.
(지표: 1. 개도국 및 저개발국으로부터의 선진국 무관세 수입 비율; 2. 개도국 농산품, 섬유, 의료에 대해 선진국이 부과한 평균 관세 GDP 기준 OECD 국가 농업 지원 추정치; 3. 무역 역량 개발 지원 원조 비율)</td><td>17.10 도하 개발 의제에 따른 협상 타결을 포함하여 세계무역기구(WTO) 하에서 보편적이고 규칙 기반적이며 개방적이고 비차별적이며 공평한 다자간 무역 시스템을 촉진한다. (지표: 전세계 가중 관세 평균)</td></tr>
<tr><td>17.11 개도국의 수출을 대폭 증가시키고, 특히 2020년까지 전 세계 수출에서 최빈개도국이 차지하는 수출량을 두 배 증가시킨다. (지표: 개발도상국 및 최빈개도국의 글로벌 수출 비중)</td></tr>
<tr><td>17.12 최빈개도국 수입품에 적용가능한 특혜원산지규정이 투명하고 단순하며 시장접근 촉진에 기여함으로써 세계무역기구 결정에 일치하도록 모든 최빈개도국에 대한 영구적인 무관세·무쿼터 시장접근을 적시 이행한다. (지표: 개발도상국 및 최빈개도국의 글로벌 수출 비중)</td></tr>
<tr><td>개도국에 대한 ODA</td><td>8.2 저개발국의 특수한 문제를 해결한다. 최빈개도국 수출에 대한 관세 및 할당량 제공, 고채빈곤국(HIPC)에 대한 부채 완화 프로그램 강화 및 공식 양자 채무 취소, 빈곤 감소에 전념하는 국가에 대하여 더 많은 ODA를 제공한다. (지표: 1. OECD DAC 공여국의 GNI 대비 순 ODA 총양 및 LDC에 대한 제공량; 2. DAC 공여국의 기초사회서비스(기초교육, 보건, 영양, 안전한 식수 및 위생)부문에 대한 전체 양자 ODA 비율; 3. DAC 공여국의 양자원조 중 비구속성 원조 비율)</td><td>17.2 선진국은 그들이 약속한 ODA를 완전히 이행해야 한다. 이 약속에는 ODA/GDI 비율 0.7% 달성 및 적어도 ODA/GNI의 0.15-0.20%을 최빈국에게 제공한다는 목표도 포함한다. ODA 제공주체는 적어도 ODA/GNI의 0.2%를 최빈곤국에게 제공할 것을 권고한다. (지표: GNI 대비 ODA 총액 및 최빈곤국에 대한 ODA 제공 비율)</td></tr>
</table>

개도국에 대한 부채감면	8.4 장기적으로 지속 가능하게 개발도상국의 부채 문제를 국내외적으로 종합적으로 처리한다. (지표: 1. HIPC 의사결정 시점에 도달한 총 국가 수 및 HIPC 완료 시점에 도달한 국가 수; 2. HIPC MDRI에 의한 부채경감; 3.상품 및 서비스 수출 대비 부채서비스 비율)	17.4 적절한 경우 부채조달, 부채탕감, 부채조정을 위한 정책 조율을 통하여 개발도상국이 장기적인 부채상환능력(debt sustainability)을 갖출 수 있도록 지원하며, 고채무빈곤국(HIPC)의 채무부담을 완화하기 위해 외채문제에 대응한다. (지표: 상품 및 서비스 수출액 대비 부채 상환액)
민간부문과 협력을 통한 신기술 정보 통신 혜택 전파	8.7 민간부분과 협력하여 신기술 특히 정보통신의 혜택을 누리도록 한다.	17.6 과학, 기술 및 혁신에 대한 남북·남남·삼각협력 등의 지역적·국제적 협력과 접근을 강화하고, 현존 메커니즘 조정, 특히 UN차원에서의 개선과 세계 기술증진 메커니즘 등을 통해 상호합의에 기초한 지식공유를 증대한다. 17.7 상호 합의에 의한 양허 및 특혜조건 등 개도국에 유리한 조건으로 친환경기술의 개발·이전·보급·확산을 촉진한다. 17.8 2017년까지 최빈국을 위한 기술은행과 과학, 기술 및 혁신 역량강화 메커니즘을 완전히 운용하고, 특히 정보통신(ICT)과 같은 구현기술의 활용을 강화한다.
민간부문과 협력을 통한 신기술 정보 통신 혜택 전파	8.7 민간부분과 협력하여 신기술 특히 정보통신의 혜택을 누리도록 한다.	17.16 모든 국가, 특히 개도국에서 지속가능발전 목표 달성을 지원하기 위해 지식, 전문성, 기술 및 재원을 동원하고 공유하는 다주체 파트너십에 의해 보완되는 지속가능발전을 위한 글로벌 파트너십을 강화한다. 17.17 파트너십의 경험과 재원조달 전략을 바탕으로, 효과적인 공공·민관·시민사회의 파트너십을 장려하고 도모한다.

유엔 MDG 목표 8은 '개발을 위한 글로벌 파트너십 구축' 이며, SDG 목표 17은 '이행수단 강화와 지속가능한 발전을 위한 글로벌 파트너십 재활성화'이다. 이처럼 MDGs 시기에 이어 SDGs 시대에도 글로벌 파

트너십은 다른 목표들의 이행수단으로서 강조되었다. 또한 MDGs 시기 글로벌 파트너십은 7개 세부목표와 17개 지표로 구성되었고 SDGs 시기에는 그 수가 19개 세부 목표와 25개 지표로 증가했다. 한 가지 특기할 만한 점은 세부 목표의 수는 7개에서 25개로 크게 늘어난 데 비해 지표는 8개만 증가했다는 점이다. 이 부분에 대해서는 후에 다시 설명하기로 한다. 주요 분석 결과는 다음과 같다.

첫째, 앞서 설명한 바와 같이 MDGs에 이어 SDGs에서도 글로벌 파트너십의 주요 세부 목표로서 자유무역, 신자유주의에 따른 시장기반 발전, 경제세계화가 강조되었다. 유엔 MDGs 에서와 마찬가지로 SDG 목표 17에도 개도국의 수출 증진이 강조되었으며 최빈개도국에 대한 무관세/무쿼터 등의 특별혜택이 세부목표로 포함되었다(〈표 4〉 참조). 또한 개도국의 경제 성장 방식으로서 자유무역과 시장기반 경쟁을 주장하고 있다. 이처럼 SDGs 시대 글로벌 파트너십을 위한 세부 목표로서 글로벌 자유시장 경제체제를 지속, 강화한다는 목표는 변함없이 유지되었다. 특기할 만한 점은 자유무역·경제 세계화 관련 세부 목표가 MDGs 시기와 비교해서 SDGs에는 3개로 늘었지만 지표의 수는 4개에서 3개로 오히려 줄어들었다는 점이다. 특히 〈표 4〉에 정리한 바와 같이 MDGs에 포함되었던 선진국에게 부과된 OECD 국가 보조금 지원 삭감 의무와 개도국에 대한 무역역량 개발 지원은 SDG 관련 지표에서는 삭제되었다.

이처럼 앞서 언급한 바와 같이 SDGs는 기존의 신자유주의 글로벌 경제체제를 지속·강화한다는 가정에 기초하고 있으며 신자유주의 경제체제 자체가 글로벌 부의 불평등한 분배의 문제를 야기한다는 시각에는 무관심한 측면이 있다고 판단된다. 오히려 MDG 목표 8에 포함되었던

OECD 국가 보조금 지원 삭감 의무와 개도국 무역역량 개발 지원 내용이 SDG 목표 17에서는 삭제됨으로서 신자유주의 경제 질서를 개혁하기 위한 선진국의 노력 의무는 SDGs 시기에 축소된 측면이 있다고 보인다.

둘째, 글로벌 파트너십의 주요 세부목표로서 MDGs에 이어 SDGs에도 개도국에 대한 ODA 지원 내용이 포함되었다. 하지만 관련 지표는 3개에서 1개로 SDGs 시기에 들어 축소되었다(〈표 4〉 참조). 또한 MDG 목표 8에서는 ODA에 대한 선진국의 의무가 액수 뿐 아니라 원조의 질과 빈곤 문제 해결을 위한 사회 부문에 대한 지원도 함께 강조된 반면에 SDG 목표 17에서는 원조의 양만 강조됨으로서 실제 SDGs 시기에 들어 글로벌 파트너십의 목표로서 ODA의 비중과 중요성은 오히려 축소된 측면이 있는 것으로 분석된다. 대신 유엔 SDGs 시기에는 글로벌 파트너십의 세부 목표로서 개발도상국에 대한 ODA 보다는 시장경제에 기반을 둔 다양한 금융재원 동원이 강조된 것으로 보인다. 예를 들어, SDG 목표 17의 세부 목표로 최빈국에 대한 투자증진계획을 채택하고 이행할 것(17.5), 외국인직접투자(FDI, Foreign Direct Investment) 등 개도국을 위한 다양한 금융재원을 동원할 것(17.3), 남북·남남·삼각협력 등을 통해 개도국을 지원할 것(17.9)이 포함되었다. 이처럼 SDGs 시대 개도국에 대한 지원 방식으로서 ODA에 대한 비중은 축소되었고 자유시장경제에 기반을 둔 투자와 민간 재원 동원이 강조되었다고 분석된다.

셋째, 개발도상국 부채문제에 대한 대응도 MDGs에 이어 SDGs에도 글로벌 파트너십의 세부 목표로 포함되었다. 그러나 관련 세부목표와 지표를 살펴보면 MDG 8.4에서는 '장기적으로 지속 가능하게 개발도상국의 부채 문제를 국내외적으로 종합적으로 처리한다'라고 명기하여 개도국 부채문제에 대한 국제사회의 적극적인 대응을 명시한 반면에 SDG 목표 17에서는 '적절한 경우 부채조달, 부채탕감, 부채조정을 위한 정책 조율을 통하여 개발도상국이 장기적인 부채상환능력(debt sustainability)을 갖출 수 있도록 지원하며, 고채무빈곤국(HIPCs, Highly Indebted Poor Countries)의 채무부담을 완화하기 위해 외채문제에 대응한다.'라고 명기하여 부채문제에 대한 국제사회의 적극적인 개입보다는 개발도상국의 부채상환능력 개선에 보다 더 역점을 두었다고 판단된다.

넷째, 유엔 MDGs와 SDGs 모두 글로벌 파트너십의 세부 목표로서 민간부분과의 협력을 통한 기술 전파를 강조했지만 SDGs 시기 관련 목표의 중요성은 대폭 강화되었다. 관련 세부 목표도 17.6, 17.7, 17.8, 17.16, 17.17로 크게 증가했다. 세부 목표에는 개도국에 유리한 조건으로 친환경 기술의 개발·이전·보급·확산, 개도국 ICT 구현기술 활용 강화 지원이 포함되었으며 공공·민관·시민사회의 파트너십이 더욱 강조되었다. 마지막으로 내륙국·소규모 도서지역에 대한 특별 지원, 청년들을 위한 일자리 개발(MDG 8.5), 개도국의 필수의약품 접근성 제공(MDG 8.6)은 SDG 목표 17에는 포함되지 않았다.

지금까지의 분석 내용을 살펴보면, 글로벌 파트너십의 세부 목표로서 MDGs와 SDGs에서 모두 자유무역과 경제세계화가 강조되었으며 개도국에 대한 ODA 지원 및 부채감면도 MDGs에 이어 SDGs에도 포함되었다. 하지만 SDGs 시기 ODA에 대한 중요성과 비중 및 개도국의 부채문제에 대한 국제사회의 의무는 다소 약화되었다고 분석된다. 다른 한편 유엔 SDGs 시기 이후 개도국에 대한 민간 투자와 기술 전파의 중요성은 더욱 강조되었다. 이처럼 유엔 SDGs 시기에는 MDGs 시기보다 한층 더 경제세계화와 신자유주의 경제 질서 논리가 글로벌 파트너십의 주요 이론적 배경으로 강조되었다고 분석된다.

또한 유엔 MDG 목표 8과 SDG 목표 17의 주요 차이점으로서 SDG 목표 17 글로벌 파트너십을 위한 세부 목표로서 개발도상국의 정부 역량강화, 특히 통계 역량강화가 새롭게 추가되었고 대폭 강조된 점이 매우 특기할만하다. 〈표 5〉는 관련 세부목표와 지표다. 이처럼 SDG 목표 17에는 정부의 모니터링과 통계 역량 강화가 글로벌 파트너십의 세부 목표로서 새롭게 포함되었는데 그 이유는 MDGs 시기 개도국 국가의 제한된 통계 역량으로 인한 데이터 부재 문제가 MDGs에 대한 객관적인 평가를 제한하는 심각한 장애물로 여겨졌기 때문인 것으로 보인다. 또한 정부 수입과 정책 일관성을 강조하면서 지속가능한 발전 목표 달성의 주체는 정부, 특히 개도국 정부임을 분명히 함으로서 개발도상국의 국가역량 강화가 진정한 글로벌 파트너십을 위한 선제 조건임을 시사한 것으로 판단된다.

〈표 5〉 SDG 목표 17 - 개발도상국의 정부 역량 강화 관련 세부 목표 및 지표

세부 목표	지표
17.1 개발도상국에 대한 국제적 지원을 포함하여 국내 자원 동원을 강화하여 세금 및 기타 수입 징수를 위한 국내 역량을 향상한다.	- 출처별 GDP 대비 총 정부 수입 - 국내 세금으로 조달되는 국내 예산의 비율
17.13 정책조정과 정책 일관성 등을 통해 글로벌 거시경제의 안정성을 강화한다.	- 거시경제 데시보드
17.14 지속가능발전을 위한 정책 일관성을 강화한다.	- 지속가능한 개발의 정책 일관성을 강화하기 위한 매커니즘을 갖춘 국가의 수
17.18 2020년까지 최빈국, 군소도서개도국을 포함한 개발도상국에 양질의, 시의적절 하고, 신뢰가능하며, 세분화된(소득, 성별, 연령, 인종, 민족, 이주상태, 장애여부, 지리적 위치 및 기타 국별 맥락	- 지속가능발전목표 모니터링을 위한 통계적 역량 지표 - 공식통계 기본원칙을 준수하는 국가 통계법이 있는 국가의 수

에 따라) 데이터의 가용성을 대폭 향상하기 위해 역량강화 지원을 확대한다.	- 자금 출처별로 완전히 자금이 지원되고 실행 중인 국가 통계 계획이 있는 국가의 수
17.19 2030년까지 국내총생산(GDP)을 보완해 지속가능발전 이행의 정도 측정 방법을 개발하기 위해 기존의 이니셔티브를 기반으로 이를 발전시키고, 개발도상국의 통계역량 강화를 지원한다.	- 개발도상국의 통계 역량 강화에 사용 가능한 모든 자원의 달러 가치 - (a) 지난 10년 동안 인구 및 주택인구 조사를 1회 이상 수행한 국가 및 (b) 100% 출생신고 및 80% 사망신고를 달성한 국가의 비율

2016년에 개막한 SDGs 시대도 어느덧 7년 차에 접어들었다. 그렇다면 그동안 유엔 SDG 목표 17의 성과는 어떠했을까? 유엔은 SDGs의 성과를 추적하기 위해 매년 SDGs 보고서를 발간하고 있다. 목표 17에 대한 유엔 SDGs 보고서의 주요 평가 결과는 다음과 같다.[11]

- 우선 전체 ODA의 양은 난민 문제, 세계적인 COVID-19 전염병 발생 등의 요인에 따라 변화해 왔지만 전반적으로 여전히 ODA의 양은 공여국들이 약속한 양에 크게 미치지 못하고 있다.
- 개도국 국민들에게 있어 송금의 중요성은 날로 높아지고 있으며 2020년 현재 전 세계적인 COVID-19 대유행에도 불구하고 송금액수는 증가했다.
- 인터넷 연결망의 주요성이 날로 높아지는 가운데 개도국의 인터넷 서비스 공급망은 여전히 제한적이다. 2021년 보고서에 의하면 여전히 전 세계 인구의 절반은 인터넷을 사용할 수 없고 이들 대부분은 개도국 지역에 거주하고 있다.
- 2021년 유엔 보고서에 의하면 2020년까지 개발도상국 수출을 2배로

11 아래 평가 결과는 United Nations, *The Sustainable Development Goals Report* 2020에서 관련 내용을 발췌한 것임.

증가시킨다는 당초의 목표는 이룩하지 못했다. 2020년 유엔 보고서에 의하면 2018년 현재 글로벌 상품 무역에서 저발전국가들의 수출 비율은 1%였다. 이 수치는 10년 전과 비슷한 규모다.

- 개발도상국의 통계역량 강화를 위한 ODA 지원은 여전히 제한적이며 통계 데이터의 주요성이 더욱 커지는 가운데 여전히 많은 개도국들의 경우 필수적인 통계자료가 미비한 상태다.
- 2021년 유엔 보고서에 의하면 2020년 현재 개도국에 대한 FDI는 급격히 감소했다.

이처럼 현재까지 유엔 SDG 목표 17 글로벌 파트너십에 대한 성취결과는 당초 계획에 크게 미치지 못하는 것으로 파악된다. 세계 공적개발원조의 양은 공여국의 여러 국내외 정치상황에 따라 크게 변동해 왔으며, 전체적으로 정체 상태이다. 개도국의 많은 주민들은 여전히 인터넷 서비스를 제공받지 못하고 있는 상태이며 정부의 통계역량도 제한적인 것으로 파악된다. 또한 SDG 목표 17은 신자유주의 이론에 따라 개발도상국의 경제 발전을 위해 FDI 증대, 무역 증대, 관세 인하 등을 제안하고 있지만 여전히 저개발국에 대한 FDI의 양은 제한적이며 글로벌 무역에서 개도국은 전반적으로 소외되어 있다.

VI. 나가며: 진정한 파트너십 시대로의 전환?

지금까지 유엔 MDGs와 SDGs에서의 개발 파트너십의 의미에 대해 살펴보았다. 그렇다면 국제개발협력에서 진정한 파트너십이 가능할 것인가? 유엔 SDGs는 진정한 파트너십 시대로의 전환을 의미할까? 1990년대 말 이후 국제개발협력에서 개발 파트너십 개념이 널리 쓰이게 되었고 이는 기존의 힘의 불균형 관계를 상정한 공여국-수원국 관계가 아닌, 파트너십에 기반을 둔, 보다 평등한 관계를 의미했다. 그러나 앞서 설명한 바와 같이 개발 파트너십은 여러 주요 관련 보고서와 선언을 통해 지속적으로 강조되어 왔지만 진정한 파트너십을 달성할 수 있는 메커니즘에 대한 논의는 매우 제한적이며 원조 행위자들 간의 힘의 불균형 문제를 근본적으로 다루지 않은 채 파트너십만 강조되어온 측면이 있다. 그리고 본 장의 분석 결과, 유엔 MDGs와 SDGs에서도 글로벌 파트너십은 진정한 파트너십의 시대로의 전환을 의미하기 보다는 선언적인 차원에 그치고 있다.

우선 유엔 MDGs와 마찬가지로 SDGs에서도 글로벌 파트너십은 그 자체로서 성취해야 할 목표라기보다는 다른 목표를 달성하기 위한 선언적 수단으로서 포함된 측면이 크다. 이는 다른 목표들에 비해 파트너십 관련 지표가 매우 구체적이지 않을 뿐 아니라 그 숫자도 적다는 점에서도 유추할 수 있다. 그리고 앞서 분석한 바와 같이 유엔 MDGs에 이어 SDGs도 근본적으로 신자유주의 자유 무역 경제체제에 기반하고 있다. 그러나 구조주의 시각에 의하면 오늘날 많은 개도국들이 세계경제체제의 주변부에 위치하게 된 이유는 식민주의 이후 세계경제체제에 개도국이 자원공급처와 상품 시장으로서 포함되었기 때문이고 이를 타파하고 개도국이 중심부로 진출하기 위해서는 자유시장 경제체제를 개혁해야 한다. 유엔 MDGs과 SDGs는 많은 개도국들의 지지를 받고 있는 이러한 구조주의 시각, 신자유주의에 대한 비판의 목소리를 외면한 채

경제 세계화와 자유 무역에 기반을 둔 경제 성장을 주장하고 있다. 따라서 MDGs에 이어 SDGs도 개도국의 시각보다는 공여국의 주도로 만들어졌다는 비판을 피하기 어려워 보인다. 또한 앞서 지적한 바와 같이 MDGs에 포함되었던 선진국들에게 부과된 보조금 지원 삭감 및 개도국 무역역량 개발 지원 의무가 SDGs 글로벌 파트너십 지표에서는 삭제됨으로서 많은 개도국의 입장에서는 SDGs가 보다 더 치열한 시장경쟁 체제로의 전환을 의미하고 있는 측면도 있다.

마지막으로 현재까지 유엔 SDGs 목표 17의 달성도는 매우 저조한 것으로 파악되며 보다 더 근원적인 문제는 이러한 달성도를 향상시킬 만한 어떠한 강제적인 메커니즘도 존재하지 않는다는 것이다. 이는 결국 SDGs가 선언하고 있는 개발협력 파트너십은 MDGs와 마찬가지로 회원국들의 자발적 참여와 의지에 달려있다는 의미다. 그리고 현재까지 진정한 파트너십 시대로 나아가고 있다는 증거는 안타깝지만 매우 희박하다고 판단된다. 그러나 본 장에서는 MDGs와 SDGs라는 글로벌 차원에서 개발 파트너십의 의미를 분석해 본 것이고 개발 파트너십 규범의 내재화 정도는 국가마다 또는 지역마다 차이가 있을 것이다. 또한 앞으로 세계화 시대의 가속화와 함께 파트너십을 지지하는 글로벌 시민사회가 더욱 발전한다면 다른 많은 국제 규범과 마찬가지로 개발 파트너십도 더욱 강력한 국제 규범으로 자리 잡을 수 있을 것이다.[12]

12 국제 규범이 국내 정책 변화에 어떻게 영향을 미치는 지에 대한 연구는 Risse et al. 1999 참조.

참고문헌

김지영·이지선·김석우. 2021. "국익과 ODA: 아프리카에 대한 미·중 원조 동기 분석."『국제지역연구』, 25(3).

손혁상·이진영·여원영. 2014. "국제개발 규범형성에 대한 구성주의적 접근: 새천년개발목표(MDGs)와 Post-2015 프레임워크 사례를 중심으로."『국제정치논총』, 54(1).

Annan, A. K. 2000. We the Peoples: The Role of the United Nations in the 21st Century. Retrieved from file:///C:/Users/pc/Downloads/We_The_Peoples%2520(1).pdf.

Barbara, J. 2014. From Intervention to Partnership - Prospects for Development Partnership in Solomon Islands after the RAMSI. *Asia & the Pacific Studies* 1(2).

Barnes, A. & Brown, G. W. 2011. The Idea of Partnership within the Millennium Development Goals: context, instrumentality and the normative demands of partnership. *Third World Quarterly* 32(1).

Bhattachawya, D., Khan, T. I., & Salma, U. 2014. A Commentary on the Final Outcome Document of the Open Working Group on SDGs. *SAIS Review of International Affairs* 34(2).

Caliari, A. 2013. Analysis of Millennium Development Goal 8: A global partnership for development. Working Paper Series. Retrieved from https://www.dawnnet.org/sites/default/files/articles/caliari_objetivo_8_a_global_partnership_for_development.pdf

Chandler, D. 2006. *Empire in Denial: The Politics of State-Building*. Pluto Press, London.

Crawford, G. 2003. Partnership or power? Deconstructing the 'Partnership for Governance Reform' in Indonesia. *Third World Quarterly* 24(1).

Fowler. A. 2000. Beyond Partnership: Getting Real about NGO Relationships in the Aid System. *IDS Bulletin* 31(3).

Fukuda-Parr, S. and Hulme, D. 2011. International Norm Dynamics and the "End of Poverty": Understanding the Millennium Development Goals. *Global Governance* 17.

Gereffi, G. & Wyman, D. L. 1990. *Manufacturing Miracles: Paths of Industrialization in Latin America and East Asia*. New Jersey: Princeton University Press.

Hately, L. 1999. The Power of Partnership. The North-South Institute. Retrieved from http://www.nsi-ins.ca/wp-content/uploads/2012/10/1997-Between-Rhetoric-and-Reality-Essays-on-Partnership-in-Development.pdf.

IMF·OECD·UN·World Bank Group. 2000. A Better World for All: Progress towards the International development goals. Retrieved from https://www.imf.org/external/pubs/ft/jointpub/world/2000/eng/bwae.pdf.

Jahan, S. 2003. Achieving Millennium Development Goals: Partnership and Participation. UNDP Report. Retrieved from https://www.undp.org/publications/achieving-millennium-development-goals-partnership-and-participation

Kohli, A. 2004. *State–Directed Development: Political Power and Industrialization in the Global Periphery*. New Jersey: Princeton University Press.

Leftwich, A. 2000. *States of Development: On the primacy of politics in development*. Cambridge: Polity Press.

Liverman, D. M. 2018. Geographic perspectives on development goals: Constructive engagements and critical perspectives on the MDGs and the SDGs. *Dialogues in Human Geography* 8(2).

Malhotra, K. 1997. "Something Nothing" Words: Lessons in Partnership from Southern Experience. In Hately, L. & Malhotra, K. (Ed.), *Between Rhetoric and Reality: Essays on Partnership in Development* (pp. 37-56). Ottawa: The North-South Institute.

Maxwell, S. and Riddell, R. 1998. Conditionality or Contract: Perspectives on Partnership for Development. *Journal of International Development* 10.

OECD DAC. 1996. Shaping the 21st Century: The Contribution of Development Co-operation. Paris: OECD. Retrieved from https://www.oecd.org/dac/2508761.pdf.

Pearson L. B. et al. 1989. *Partners in Development: Report of the Commission on International Development.* New York: Praeger.

Risse, T., Ropp, S. C., & Sikkink, K. (Eds.) 1999. *The Power of Human Rights: International Norms and Domestic Change.* Cambridge: Cambridge University Press.

Sachs, J. 2012. From Millennium Development Goals to Sustainable Development Goals. *Viewpoint* 379, 2206-11.

Sachs, J. 2015. *The Age of Sustainable Development.* 홍성완(역)(2015). 『지속가능한 발전의 시대』 서울: 21세기북스.

Schech, S. et al. 2015. New spaces of development partnership: Rethinking international volunteering. *Progress in Development Studies* 15(4).

Ulfgard, R. V. 2017. From the Millennium Development Goals to the Sustainable Development Goals: Congruence and Dissonance.

In R. V. Ulfgard (Ed.), *Mexico and the Post–2015 Development Agenda: Challenges and Contributions* (pp. 17-51). Palgrave Macmillan.

United Nations. 2020. The Sustainable Development Goals Report. Retrieved from: https://unstats.un.org/sdgs/report/2020/.

UNDP. 2003. Indicators for Monitoring the Millennium Development Goals. Retrieved from https://mdgs.un.org/unsd/mdg/Resources/Attach/Indicators/HandbookEnglish.pdf.

Von Schnurbein, G. 2020. One for All - SDG 17 as a Driver to Achieve Sustainable Development Goals. In G. von Schnurbein (Ed.), *Transitioning to Strong Partnerships for the Sustainable Development Goals* (pp. 1-10). Basel: MDPI.

Williams, G., Meth, P., & Willis, K. 2014. *Geographies of Developing Areas: The Global South in Changing World.* 손혁상·엄은희·이영민·허남혁(역) (2016). 『개발도상국과 국제개발: 변화하는 세계와 새로운 발전론』. 서울: 푸른길.

Yi, I. & Lee. J. Y. 2018. A Critical Approach to Understanding and Assessing Developmental Partnership in the Context of International Development Cooperation. *International Development and Cooperation Review* 10(2).

Ⅲ.

국제개발협력 파트너십 사례 연구

제7장 균형있는 정부-시민사회 파트너십 제도구축 모색: 인도적 지원 분야를 중심으로*

홍지영 (한국수출입은행)

Ⅰ. 들어가며

국제개발협력 분야에서 시민사회의 역할과 그 영향력은 시기에 따라 다양한 관점에서 논의되어왔다. 비정부기구(Non Government Organizations, 이하 개발NGO)의 국제개발협력 활동이 시작된 것은 제2차 세계대전 종전 이후이다(Bebbington 2008; Clark 1991). 1960년대 구 식민지

* 이 논문은 2022년 『국제개발협력연구』 제14권 1호에 게재된 논문 "인도적 지원 분야 정부-시민사회 파트너십: 주요 공여국 인도적 지원 민관협력사업 파트너십 분석을 중심으로"을 수정 및 보완하였다.

국가들의 독립전쟁과 분쟁이 증가함에 따라 재건지역에서 구호활동에 참여하는 개발NGO의 활동이 부각되었고 유엔은 개발NGO의 개발원조활동 참여를 처음으로 공식화하였다. 이후 1970년대-80년대 국제개발협력에 신자유주의적 접근이 접목되면서 개발NGO의 역할은 단순 구호물품 전달에서 한 발 더 나아가 정부의 공공지출과 사회 서비스가 삭감된 공백을 채우는 역할을 담당하였다. 그리고 1980년대 후반부터 1990년대에 걸쳐 개발NGO는 사업 규모와 재원 측면에서 급속하게 성장하면서 확장기(boom)를 맞는다. 이는 개발에 대한 과도한 경제주의를 탈피하여 사람중심 개발, 권리에 기반한 개발(human rights-based approach)을 강조하는 개발담론 등장을 배경으로 한다. 시민사회는 빈곤과 불평등 문제를 해결하기 위해 참여, 권한부여(empowerment), 사람중심접근(people centered approach) 등의 대안적 개념을 제시하며 빈곤감소와 발전의 문제를 정치적 권리의 문제로 인식하고 구조적 변화의 과정과 연계하는 역할을 해야 한다고 주장하였다. 레비스와 칸지(Lewis and Kanji 2009)는 이 시기부터 시민사회가 개발정책 의사결정에 참여하면서 핵심적인 개발파트너로 한 축을 담당하기 시작하였다고 주장한다.[1]

시민사회의 영향력은 21세기에 들어서면서 보다 견고해졌다. 빈곤

1 코르텐은 개발NGO의 발전단계를 4세대 모델로 제시하는데 1970-80년대 지역개발을 위하여 지역 커뮤니티 활동을 2세대 동원자(mobilizer)로, 1990년대를 3세대(third generation)'로 규정한다. Korten(1987: 145-148). 개발시민사회의 흐름을 연구한 전통적인 연구자인 베빙톤과 카노비츠가 역시 이 시기를 개발시민사회의 발전이 빨라지고 그 역할의 중요성이 강화(intensification)되는 단계로 권한부여 시기(empowerment)'로 규정한다. Lewis and Kanji(2009, 15); Charnovitz(1997, 47-70).

근절을 위한 유엔의 새천년개발목표(MDGs)와 OECD DAC의 원조효과성 논의가 진행되면서 개발시민사회는 하나의 독립적인 개발주체로서 그 지위가 확고해졌으며 핵심 개발파트너로 활동하게 되었다.[2] 이러한 배경에서 파트너십 개념에 대한 관심이 증대되었다. 파트너십은 공공부문과 민간부문 행위자들 간의 시너지를 통해 문제를 해결하는 방안으로서, 거버넌스를 다루는 공공행정분야에서 공공과 민간의 협력관계를 포괄하는 개념으로 통칭되어왔다.[3] 파트너십은 둘 이상의 행위자가 공동의 목적을 위해 자원을 공유하며 상호작용과 협력을 통해 일하는 관계를 의미한다. 파트너십이 협력과 상호의존, 또는 위탁계약과 구별되는 점은 수평적 관계, 신뢰 구축, 공동책임 등과 같은 특징에 있다(Brinkerhoff 2002, 21-24; Clarke and Fuller 2010, Huijstee et al. 2007, Yi and Lee 2018). 한국정부도 이러한 개발담론에서 정부-시민사회 협력에 대한 담론과 이행기제의 진보에 발맞추었다. 한국 공적개발원조(Of-

---

2 OECD는 원조효과성을 위한 파리선언(Paris Declaration on Aid Effectiveness, 2005)과 아크라 선언(Accra Agenda for Action, 2008)을 거치며 시민사회를 독립적인 개발행위자로 공식적으로 인정하였다. 유엔은 새천년개발목표(MDGs) 및 지속가능발전목표(SDGs) 이행에 있어 시민사회를 주요 행위자로 포함하였다. 특히 2018년 유엔 제73차 총회에서 파트너십 개념, 파트너십 관련 각 행위자들의 역할, 사무총장의 혁신적 파트너십 노력 평가, 유엔 글로벌 컴팩트(Global Compact) 활동 지지, 유엔-비즈니스 섹터 간 원칙에 입각한 협력 가이드라인 이행등 유엔의 파트너십 관련 주요 사항 망라한 결의안을 채택하였다.

3 브링커호프(Brinkerhoff)는 민주적 거버넌스의 주요한 특징으로 개인, 시장, 시민사회 등 비정부 행위자의 역량강화(empowerment)를 통해 새로운 역할을 수행함으로써 정부의 합리성과 시너지를 창출하는 파트너십을 논한다(1998): 5. Fung and Wright는 아젠다 설정부터 정책결정, 집행, 평가에 이르는 정책과정 전반에서 시민사회를 포함한 이해관계자가 수평적인 파트너로서 참여하는 것이 정부의 정통성을 확보하고 민주주의에 실질적으로 기여한다고 주장한다. Fung and Wright(2003)

ficial Development Assistance, ODA) 중 정부-시민사회협력 프로그램 규모는 국제사회에서 민관 파트너십이 강조되던 시기 동안 빠른 증가세를 보였다.[4] 2019년에는 정부-시민사회의 수평적 파트너십 구축을 위한 '국제개발협력 포괄적 파트너십 프레임워크'를 수립하는 등 정책적 측면에서 진전을 보이고 있다.

특히 인도적 지원 분야에서는 정부와 시민사회를 중심으로 다층적인 행위자들의 협력과 조정의 중요성이 더욱 강조되었다. 대형 재난재해에 신속한 대응을 요구하는 긴급구호 상황에서는 공여국, 국제기구, NGOs등 다양한 참여행위자들이 짧은 시간 내에 수많은 인명을 구조하고, 긴급한 인도적 필요를 충족시켜야 한다. 긴급지원의 우선순위 선정과 사업의 내용, 지원 대상, 활동 지역 등에서 중복 방지를 위해서는 행위자들 간에 긴밀한 정보공유, 협력 및 조정을 통한 분업이 필수적이다. 2004년 인도양 쓰나미, 2010년 아이티 지진 대응의 실패와 2015년 네팔 대지진 대응 성공은 글로벌 수준에서 UN 인도조정실(Office for the Coordination of Humanitarian Affairs, OCHA)의 클러스터(cluster)를 기반으로 한 행위자들 간의 파트너십 제도를 강화하는 결과를 낳았다(Cosgrave 2007; 홍지영 2019). 클러스터를 기반한 인도적 지원 활동은 재난지역의 지형, 교통과 정보통신망 구축 수준, 인도적 위기의 정치적 맥락 등 여러 가지 요인에 따라 성공과 실패가 반복되고 있다. 그럼에도

4 한국 ODA 전체 규모 중 NGO를 통해 집행되는 규모는 2011년 28,600백만 원에서 2018년 44,000백만 원으로 증가하였다. 그러나 같은 기간 한국 ODA 규모가 급격하게 증가하면서 시민사회를 통한 ODA 집행의 상대적 규모, 즉 전체 ODA에서 차지하는 비중은 2011년 2%에서 오히려 1.7%로 낮아졌다는 점도 함께 고려해야 한다(출처: KCOC 편람 http://www.ngokcoc.or.kr/theme/ngokcoc/ 05/knowledge0105.php).

불구하고 글로벌 수준에서 긴급구호에서부터 만성재난대응에 이르기까지 모든 형태의 인도적 지원에서 행위자들 간의 분업, 협력, 조정 기제가 구축되었다는 점에서 큰 의미를 갖는다.[5]

인도적 지원 분야에서 행위자들 간의 안정적인 협력과 조정의 필요가 부각되면서 국가 수준에서 정부-시민사회 파트너십의 중요성도 강조되고 있다. 그러나 글로벌 수준에서의 인도적 지원 협력이 클러스터를 중심으로 수렴하는 것과 달리, 개별 국가 관점에서 인도적 지원 분야의 정부-시민사회 파트너십 양태는 국가마다 크게 상이하다. 각 국가의 민관협력사업 프로그램 구성의 특징에 따라 시민사회의 독립성과 자율성이 두텁게 존중되거나 또는 그렇지 못하기도 하고, 어떤 경우는 수평적인 협력관계보다는 수직적인 계약관계에 가까울 수 있기 때문이다. 국가 간의 상이한 양태를 비교분석 및 평가하기 위해서는 먼저 파트너십의 유형화가 필요하다.

인도적 지원 분야의 정부-시민사회 파트너십은 개발협력분야 전반의 파트너십 담론과 이론적 논의에 있어서 그 흐름을 같이하지만, 구체적으로 파트너십을 유형화하는 접근은 차별화된다. 개발협력 분야의 민관협력 프로그램은 그 구성과 사업 운영의 다양성의 폭이 방대하기 때문에 정부와 시민사회 파트너십 연구는 두 주체 간의 관계(Bebbington et

---

5 가장 심각한 인도적 위기를 초래하는 시리아, 예멘, 로힝야 등 분쟁지역 인도적 지원 활동, 인도네시아 지진 쓰나미 등 자연재해 대응, 남수단, 에티오피아 난민 캠프 및 난민 정착촌 지원, DRR 등 모든 인도적 지원 활동은 UN OCHA의 클러스터를 기반으로 한 공동의 대응 계획 하에서 식량, 물과 위생, 주거, 보호, 보건, 안전 등 다양한 분야의 다수의 프로그램이 동시에 이행되고 있다. 공동의 대응계획에는 인도주의대응계획(HRP), 지역난민대응계획(RRRP), 자연 재해에 대응하는 긴급지원요청(Flash Appeal) 등이 포함된다.

al., 2008; Edwards & Hulme 1996; Najam 2000, 383; Lewis & Kanji 2009), 파트너십 형성 목적과 거버넌스(OECD LEED 2006; Yi & Lee 2018; 김태균 외 2015), 또는 개별 국가의 시민사회 협력 정책 및 제도변화(Giffen & Judge 2010; Nijs & Renard 2009; 손혁상 외 2014) 등이 다뤄진다. 반면, 인도적 지원분야의 프로그램은 상대적으로 정형화되어 있기 때문에 주요 공여국의 민관협력 프로그램을 같은 기준으로 병렬적 비교하는 것이 가능하다.

이러한 방식의 주요 공여국들의 정부-시민사회 파트너십 유형화는 학문적으로 파트너십 개념을 정교하게 정립하는 데 기여한다. 또한 신흥공여국인 한국에 정부-시민사회 파트너십이 어떤 특징을 가지고 어떤 유형에 속하는지 평가할 수 있는 기준점을 제시한다는 점에서 정책적으로 매우 유용하다. 본 연구는 인도적 지원 분야의 정부-시민사회 파트너십의 유형화하고, 이를 주요 공여국들의 인도적 지원 정부-시민사회 프로그램에 적용하여 각국의 파트너십 제도적 특징을 분석한다.[6] 이를 바탕으로 국가 수준에서 정부-시민사회 간 균형있는 파트너십의 구성을 위한 실천적, 정책적 시사점을 고찰하고자 한다.

기존의 파트너십 연구는 동기, 목적, 공헌도, 권력관계, 효과성, 참여수준 등 다양한 변수들에 대한 일차 자료를 확보하기 어렵기 때문에 경험연구보다는 담론위주로 발전되었다는 점이 한계로 지적된다(Van Vessel et al. 2020; 김석우 2021). 본 연구는 파트너십을 제도적 지표로 평가하는 데에서 오는 개념적 한계에도 불구하고, 경험적 연구의 부족을 메

6 본 연구에서 다루는 인도적 지원 민관협력사업 현황은 한재광 외(2020)의 기초조사에 기반하였다.

꾼다는 점에서 학문적 의의가 있다. 구체적으로 공여국들의 민관협력 사업이 파트너들이 상호신뢰를 기반으로 한 수평적이고 상호보완적 관계에서 책무성을 공유하는 파트너십의 특징을 얼마만큼 반영하고 있는지 분석한다. 실증분석은 개발분야에서 행위자들 간의 파트너십이 특히 강조되는 인도적 지원 분야로 범위를 한정한다.

Ⅱ. 개발협력분야의 파트너십 담론[7]

개발협력분야에서 시민사회의 지위와 역할의 변화는 유엔과 OECD DAC의 정책문서에서도 확인할 수 있다. 1996년 OECD에서 발행한 보고서 '21세기를 구상하며: 개발협력의 기여(Shaping the 21st Century: the Contribution of Development Cooperation)'를 시작으로 2000년 MDGs, 2005년 원조효과성에 관한 파리선언(Paris Declaration on Aid Effectiveness) 등은 국제적으로 합의된 개발목표들을 이행하기 위한 주요 수단으로 파트너십을 강조하고 있다. 이어, Ⅰ장에서 언급한 바와 같이 2008년 OECD DAC의 아크라행동강령(Accra Action Agenda, AAA)이 채택되면서 개발시민사회는 하나의 독립적인 개발주체로서 그 지위가

7 인도적 지원 분야는 그 사업의 이행 과정에서 행위자들 간 협력의 수준이 성과에 미치는 영향이 개발협력 다른 분야보다 훨씬 강하다는 점에서 차이가 있으나 정부-시민사회 관계 측면에서는 인도적 지원과 개발전반에서의 정부-시민사회관계에 유의미한 차이가 있는 것이 아니기 때문에 본 장에서는 개발협력분야에서 정부-시민사회 파트너십 논의를 다룬다.

확고해졌다. 이는 개발협력을 위한 재원마련과 개발프로그램 이행과정에서 국가 외 행위자들, 국제기구와 NGOs, 민간기업들의 역할이 강화되는 한편 MDGs와 지속가능발전목표(Sustainable Development Goals, SDGs)의 수립으로 공동의 원칙과 규범에 기초한 범지구적인 개발협력 흐름이 강조되어 온 것을 배경으로 한다. 2018-2019년 유엔 총회에서 채택된 유엔 파트너십 결의(A/RES/73/254)는 파트너십을 "모든 참여자들이 서로간의 합의에 따라 위험과 책임, 자원과 혜택을 공유하면서 공동의 목적을 성취하거나 특정 과업을 수행하는 당사자들(공공 또는 비공공부문) 간의 자발적이고 협력적인 관계"로 정의한다.

개발협력분야에서 정부-시민사회의 협력이 강조되면서 두 주체의 관계에 대한 관심도 증대하였다. 개발분야에 있어서 파트너십은 반드시 정부-시민사회 간의 관계에 한정된 것은 아니다. 개발 파트너십은 국제적으로 합의되거나 지역적으로 확립된 공동의 목표를 달성하기 위한 협력으로, 분야(sector), 행위자, 국가 간 상호작용으로 정의된다. 중요한 점은 참여하는 모든 파트너들의 고유한 정체성, 역할, 책임이 결합된다는 것을 강조하는 점이다(Peckham 2003; Audit Commission 1998; Yi & Lee 2018). 개발 파트너십의 개념을 기반으로 개발분야에서 정부-시민사회의 파트너십에 대한 관점은 거칠게 긍정적 시각과 부정적 시각으로 나뉘어진다.

먼저 정부-시민사회 파트너십에 우려를 나타내는 학자들은 참여하는 모든 파트너들의 고유한 정체성, 역할, 책임이 수평적으로 과연 결합될 수 있는가하는 질문에 회의적인 태도를 보인다. 두 집단이 협력하려는 시도는 일반적으로 개발시민사회가 정부에 종속되고 관료적인 조직체계에 영향을 받아, 결과적으로 시민사회의 개발사업과 절차에 유연성을 낮아지면서 개발NGO의 강점을 잃어버릴 수 있다는 것이다. 또한 개발NGO가 자신들의 가치를 바탕으로 한 자체적인 우선순위보다 정부의 개발정책을 지나치게 우선하게 되기 쉬운데 이는 진정한 의미의 파트너십이 아니다는 주장이다(Degnbol-Martinussen & Engberg-Pedersen 2003; Giffen & Judge 2010). 에드워드와 흄 역시 시민사회가 재정적으로 정부에 의존하는 측면을 지적하면서 변화의 주체로서 시민사회 고유의 정체성이 약화될 수 있다고 주장한다. 특히 기업운영방식을 도입하는 시장화, 조직관리적 측면에서 전문성 제고를 목적으로 한 전문관리화, 가시적이고 실증적인 성과를 기반으로 평가하는 성과관리제, 정형화된 기제로 표준화를 추구하는 경향 등이 시민사회가 사회적 정의를 추구하는 다양한 방식을 획일화하고 결과적으로 역량을 약화한다고 설명한다.

그러나 긍정적인 시각은 두 주체의 적극적인 협력을 통하여 개발사업의 확대와 개발효과성 증진을 꾀할 수 있다고 주장하거나 또는 이를 위한 요건이 무엇인지 분석한다(Barnes & Brown 2011; Lewis 1998; Nijs & Renard 2009; Giffen & Judge 2010; 손혁상 외 2011). 이 연구들은 파트너 관계를 촉진하는 요인이나, 파트너십이 시너지를 낼 수 있는 요건, 파트너십이 수평적으로 기능하게 하는 환경을 다루는데, 공통적으로 정부와 시민사회의 '시너지 효과'에 주목한다. 파트너십의 시너지에 초점을 맞추는 연구들은 원조규범의 반영, 규범 플랫폼의 기능, 책무성과 분업의 설계 등의 조건과 요소에 따라 그 성과가 달라진다고 주장하며 특정 국제기구나 국가의 파트너십 제도에 파트너십의 어떤 특징이 반영되었는지 분석, 평가한다. 브로가드와 피터슨(Brogaard & Petersen 2017)은 20년에 걸쳐 이행된 5가지 덴마크 개발원조프로그램에 참여, 상호책무성,

거버넌스를 포함한 8가지 파트너십 지표 가지고 분석하였다. 김석우와 이슬기(2017)는 스웨덴 SIDA 개발파트너십 사례를 경험적으로 분석하여 ODA 목적, 이슈, 지역, ODA 공여액 등이 파트너십 유형 형성에 미치는 영향을 분석하였다. 손혁상 외(2014)는 네델란드의 공동재원조성 프로그램의 제도변화가 일치, 조화, 원조효과성 원칙을 반영하는 방식으로 변화하였다고 설명하며 원조정책 규범을 반영하는 한국의 정부-시민사회 파트너십 제도가 수립되어야 한다고 주장한다. 김태균 외(2015)의 연구는 국제기구 중 세계은행과 유엔개발계획(UNDP) 사례를 비교하여 민관협력 이행에 있어 책무성 문제가 잘 설계되었는지, 그 결과로 분업의 성과가 나타났는지 비교하여 평가한다. 홍지영(2019)의 연구 역시, 정부-시민사회를 포함한 다양한 인도적 지원 행위자들 간의 협력 성과를 높이는 요소에 초점을 맞추어 UN OCHA의 규범 플랫폼 역할을 강조한다.

개발과 인도적 지원 현장에서의 파트너십의 강화로 파트너십에 대한 학문적 관심의 증대에도 불구하고, 공여국들의 민관협력 프로그램에 파트너십의 고유한 특징이 어떻게 반영되는지에 대한 비교 연구는 미비하다. 이는 파트너십의 성격이 목적, 행위자의 참여형태와 역할, 재원과 책무성 분배구조, 거버넌스, 지속가능성 등 다양한 변수들에 의해서 결정되며 이를 측정하기 어렵기 때문이다(김석우 2021). 본 연구는 이러한 한계에도 불구하고 국가별 정부-시민사회의 파트너제도에 대한 경험적 논의의 토대를 위해 기존 논의를 바탕으로 핵심 원칙과 지표를 도출하고, 각 국가의 인도적 지원 민관협력사업에서의 파트너십의 유형화를 시도한다.

Ⅲ. 파트너십 유형에 따른 국가별 인도적 지원 민관협력사업 분석

1. 파트너십의 핵심 원칙 및 지표와 파트너십 유형화

여러 국가의 정부-시민사회 파트너십 제도를 같은 지표로 분석하기 위해서는, 먼저 파트너십의 다양한 특징을 핵심적인 원칙으로 압축하고 측정가능한 지표를 선정하는 것이 필요하다. 본 연구는 이를 위해서 개발협력 민관협력 파트너십을 유형, 핵심적인 특징과 지표를 다룬 기존 연구에 주목한다(Brinkerhoff 2002b; Brogaard & Petersen 2017; Hately 1999; OECD LEED 2016; Yi & Lee 2018; 김석우 2021). 먼저 브링커호프(2002a)는 정부-시민사회 파트너십에 대한 규범적 접근과 수단적 접근, 그리고 파트너십이 '어떻게(how to)' 실현되는지에 대한 접근을 망라한다. 그는 기존 논의를 종합적으로 정리하여 이상적인 파트너십의 특징을 '상호 영향력과 시너지와 두 주체의 자율성 간의 균형'이라고 정의한다. 여기에서, 자율성은 상호존중, 의사결정에의 동등한 참여, 상호책무성, 투명성을 기반으로 한다. 그는 파트너십을 유사한 개념들과 명확하게 구별하기 위하여 기관의 정체성을 나타내는 상호성과 자율성을 기준으로 둘 다 높은 경우를 파트너십으로 정의한다. 반면 상호성은 높되 자율성이 낮은 경우는 점진적 흡수로, 상호성이 낮고 자율성이 높은 경우는 계약관계로 구별한다. 브링커호프는 또 다른 연구(2002b)에서 파트너십의 특징을 범주화하고, 각 범주의 특징에 대한 측정 지표를 구체적으로 제시하였다.[8]

OECD LEED(2016)는 개발현장에서 수평적인 파트너십이 구축되기 위한 실질적인 가이드라인을 제공하면서 공식적인 법적구조[9], 공동의 목표의 공유, 힘의 비대칭성을 재조정하기 위한 개방적인 의사소통 등을 제시한다. 앞서 검토한 정부-시민사회 협력에 대한 부정적 영향에 초점을 맞추는 연구들은 공통적으로 위에서 제시한 '파트너십'의 핵심 특징인 자율성이 충분히 보장되지 않는 경우를 다룬다는 점에서 같은 맥락에서 이해할 수 있다. 2019년 한국 정부가 발표한 '국제개발협력 포괄적 파트너십 프레임워크'도 이론적 논의에서 다루는 핵심 원칙들을 그대로 반영하였다. 본 정책문서는 첫째, 상호존중과 신뢰 둘째, 상호보완성, 셋째, 독립성과 자율성 존중, 넷째, 상호학습 그리고 현지환경 존중 등 다섯 가지 원칙을 수립하였다.

해틀리(Hately, 1999)의 연구는 전통적 파트너십에서 상호적 파트너십으로의 변화에 주목하며, 상호적 파트너십을 특징을 설명하였는데, 그 지표로서 평등지향, 장기적 개발 프로그램, 수평적 의사결정, 참여자 범위, 주인의식, 상호책무성, 사업결과 뿐 아니라 이행 주체(공여국)을 포함한 평가 등을 제시하였다. 그 외에도 브로가드와 피터슨(2017), 김석우(2021)는 기존의 파트너십 이론을 망라하여, 파트너십의 주요이슈를 설명하고 모델을 제시하는데, 파트너십의 핵심적인 특징으로 평

---

8 공식적인 법적구조는 파트너십 프레임워크를 형성하는 데 도움이 된다. 이는 프로젝트의 다양한 단계(문제 분석, 개발전략, 모니터링 & 평가) 내에서 상호의존성, 평등 및 연결의 정도를 구분해줄 수 있다.

9 브링커호프(2002b)는 "파트너십 관계(partnership relationship)"을 평가하기 위해서 파트너십의 성공요인, 파트너십 수준, 파트너십 결과 등 세 가지 범주에서 중요한 파트너십의 특징을 제시하고, 각 측정 목표(target), 측정지표 및 수단(methods)을 제시하였다.

등한 관계, 참여, 자발성, 자율성, 신뢰, 상호보완성, 상호책무성, 시너지 등이 포함된다. 아래 〈표 1〉은 기존 논의를 종합하여 정리한 것이다.

〈표 1〉 파트너십의 원칙과 지표

구분	OECD LEED (2006)	해틀리(1999)	브링커호프 (2002b)	국제개발협력 포괄적 파트너십 프레임워크 (정책문서)
원칙	수평적 관계	상호성	- 상호성 - 자율성과 시너지 간의 균형 - 상호존중 - 의사결정 참여 - 상호책두성 - 투명성	- 상호존중과 신뢰 - 상호보완성 - 독립성 및 자율성 - 상호학습 - 현지 환경 존중
특징/지표	- 입법화 - 제도화 - 공동 목표 - 개방적인 의사소통	- 평등 - 장기 프로그램 - 참여 - 주인 의식 - 상호책무성 - 영향, 지속가능성, 공여자를 포함한 참여에 대한 평가		

출처: 저자 작성

〈표 1〉에서 볼 수 있듯이 OECD LEED와 해틀리는 '수평적 관계'와 '상호성'을 대원칙으로 제시하고 하위 개념을 제시하였는데, 여기에는 파트너십의 특징과 이를 측정할 수 있는 지표가 혼재되어 있다. OECD LEED와 해틀리가 제시한 핵심 원칙은 브링커호프와 한국정부의 정책에도 그대로 포함되어 있다. 후자의 두 연구는 원칙과 특징, 지표 등의 층위 구별없이 파트너십의 성격을 설명하는데 이 중 의사결정과정의 참여, 상호보완성, 상호학습 등은 개념상 '수평적 관계와 상호성'의 원칙에 포함되지만 자율성과 독립성, 자율성과 시너지 간의 균형, 신뢰, 투명성과 같은 특징은 다른 범주로 구별될 필요가 제기된다. 따라서 본 연구는 기존 연구에서 제시된 파트너십의 성격을 '수평적 관계와 상호성' 그리

고 '시민사회의 자율성과 독립성을 보장하는 신뢰관계'라는 두 가지 원칙으로 각각 분류한다. 이 두 가지 원칙이 실제 민관협력 사업에 반영되어 있는지 평가하기 위해서는 원칙을 측정할 수 있는 지표가 제시되어야 하는데 본 연구는 기존 논의와 민관협력 사업의 제도적 특징을 기반으로 아래와 같이 지표를 도출하였다.

첫 번째 원칙은 수평적 관계와 상호학습, 상호책무성 등을 포함하는 상호성(mutuality)이다. 먼저 수평적 관계는 행위자 간의 권력이 균형있게 배분되었는지에 따라 평등한 또는 수평적인 파트너십과 불평등한 파트너십으로 구분되는데, 기존 연구들은 이를 의사결정구조, 법적 제도적 계약을 통한 공식적 파트너십과 느슨한 비공식적 파트너의 여부 등으로 평가해왔다(Brinkerhsff 2002b, 222-223; Kramer 1981, 265; Pinkse & Kolk 2012; 김석우 2021, 13-17). OECD LEED(2016) 역시 정부-시민사회협력 관련 법과 정책 수립 여부를 중요한 지표로 제시한다.

상호성 여부는 상호학습과 책무성 이슈와 밀접하게 관련되어 있다. 국제개발 분야에서 원조효과성을 제고하는 방안으로서 책무성과 상호학습이 주목받게 되자, 이를 강화하는 수단으로 모니터링 및 평가(Monitoring and Evaluation, M&E)가 강조되어왔다.[10] 철저한 M&E는 해당 사업의 성과와 영향에 대해서 유용하고 신뢰성 있는 정보를 제공하면서 관련된 정책의사결정을 하는 데 있어 중요한 학습의 기회로 작용할 뿐 아니라 감사의 기능을 한다는 측면에서 볼 때 좁게는 사업대상지

10 OECD DAC은 파리선언 5개 원칙 중 하나인 상호책무성을 제고하기 위해서 성과중심관리(Results based Management)와 M&E의 중요성을 강조해왔다. 책무성과 M&E 관한 논의는 OECD DAC (1991; 2005; 2011)을 참고.

역의 국가와 주민, 넓게는 공적자금을 활용한 공여국민에게까지 책무성을 갖는다(Armytage 2011; Heider 2017; OECD 2011; 손혁상·강소현 2019).

김석우(2021)는 상호협력을 기반으로 한 파트너십에 평가와 학습을 포함한 모든 단계에서의 파트너십 구축 여부의 중요성을 강조하고, 브링커호프는 공여자에 대한 평가를 포함한 공동평가(joint design of evaluations)를 지표로 제시한다. 이를 민관협력제도에 적용하자면 모니터링과 평가의 과정에서 상호학습과 역량강화 기회가 있는지, 정부의 원조기관이 민간의 사업성과에 대하여 일방적인 평가를 이행하는지에 여부에 따라 측정할 수 있다.

OECD LEED는 상호성에서 양방향의 개방적 의사소통(open communication)을 강조한다. 사업단위에서 의사소통 구조는 정부 원조기관이 시민사회협력사업을 관리하는 방식(management)과 밀접하게 연관되어 있는데, 브링커호프는 이를 '누가 파트너십을 대표할 수 있고 어떤 제약이 따르는지에 대한 규칙'을 강조하며 높은 수준의 관리지원(management support)와 직접 참여를 지표로 제시한다. 본 연구에서 이것은 원조기관의 민관협력 사업관리방식에 있어 제3자 위탁여부로 측정한다. 위탁기관의 성격과 역할은 국가마다 상이하지만, 위탁기관이 참여하는 민간을 대표할 수 없는 제3자인 경우 의사결정 구조에서 파트너들의 직접 참여 수준이 필연적으로 낮아지기 때문이다.

두 번째 원칙은 독립성과 자율성을 보장할 수 있는 신뢰원칙이다. 브링커호프와 한국정부 정책은 신뢰와 자율성, 독립성을 중요한 원칙으로 주장하지만 측정지표를 직접 제시하지 않는다. 이는 사업분야와 현장의 맥락에 따라 행위자 간의 신뢰와 자율성이 제도적으로 상이하게 구현되기 때문이다. 따라서 본 연구는 인도적 지원분야의 특징을 충분히 시민사회협력사업의 제도적 특징을 반영하여 합리적인 지표를 도출한다. 먼저 김석우(2021)는 파트너십 유형을 설명하며 파트너들이 사업의 전반에 참여하는지, 또는 제한된 단계에서만 파트너십이 형성되고 다른 단계에서는 한 행위자에 의해서 일방적인 프로젝트가 진행되는지 여부에 따라 장기적 신뢰와 상호협력이 영향을 받는다고 설명한다. 같은 맥락에서 인도적 지원 분야에서 정부-시민사회 간의 "전략적 파트너십 구축"은 자율성을 보장할 수 있는 상호신뢰가 제도적으로 구현된 중요한 예시이다. 인도적 지원에서 중요한 부분을 차지하는 긴급구호는 특별히 신속한 대응을 필요로 한다. 긴급구호 특성상 여타의 개발협력 민관협력사업과 같이 활동 지역, 기간, 범주, 내용을 사전에 계획하여 합의하거나 승인받는 것이 불가능하다. 이 때문에 사전에 여러 가지 기준을 바탕으로 신뢰할 수 있는 행위자에게 "전략적 파트너십" 자격을 부여하고, 실제 긴급한 위기 대응 시에 해당 파트너들이 보다 높은 독립성과 자율성을 가지고 인도적 지원 사업을 이행할 수 있게 한다. 전략적 파트너십의 명칭 자체는 국가별로 상이할 수 있지만 일반적으로 통용되는 전략적 파트너십 제도의 유무는 인도적 지원분야 민관협력 파트너십에서 장기적 신뢰와 독립성을 측정할 수 있는 특별한 지표로 꼽을 수 있다.

신뢰와 자율성의 원칙은 프로그램 기간과도 긴밀하게 연계되어 있다. 인도적 지원 사업 중 많은 사업이 장기복구가 필요한 재난재해지역이나, 장기 난민(protracted refugees) 캠프를 대상으로 이행된다. 장기적 접근이 필요로 하는 프로그램이 단년 사업으로 이행되는 경우, 유사한 사업을 같은 지역에서 지속하더라도 매년 예산수립과 사업지원, 성과관리 결과보고 등의 소모적인 행정업무를 반복되는 것은 자명하다. 따라서 사업효율성 제고를 위해서는 다년사업이 유리한데, 다년사업이 제도화되기 위해서는 양방 간에 일 년 단위의 행정적 검토나 평가없이도 사업이 적절하게 이행될 것이라는 신뢰가 전제되어야 한다(한재광 외 2021). 물론 단년/다년 사업은 예산 상의 회계연도 등 다른 요소에 의해서 영향을 받는다는 한계가 있다. 그러나, 정부 원조기관 및 국제기구의 인도적 지원 프로그램과 달리, 시민사회협력사업이 사업의 내용, 지역의 특징과 관계없이 단년사업으로만 제도화되어 있다면 파트너 간의 신뢰가 낮고 시민사회 행위자의 자율성이 낮다고 평가하는 것이 합리적이다.

마지막으로 시민사회 행위자에게 대한 정부 신뢰수준이 매우 높은 경우, 그리고 시민사회 사업의 자율성을 충분히 보장하는 경우 프로그램 지원 대신 조건에 부합한 단체를 직접 지원할 수 있다. 이 역시 인도적 지원 분야의 특성이 반영된 것인데, 현대 인도적 지원 활동은 긴급구호 뿐 아니라 기후변화로 인한 자연재해나 분쟁 등 다양한 원인이 중첩되어 나타나는 인도적 위기에 대응하는 것으로 사업환경의 변동성이 일반 개발협력사업과 달리 매우 높고 불안정한 경우가 많다. 따라서 해당 지역의 기후환경, 지정학적 요소, 수원 지역 정부와의 관계 등 다양한 요소를 고려하여 필요한 사업을 적시에 효율적으로 이행하는 것이 중요하다. 이러한 목적을 달성하기 위해서 일부 국가에서는 정부가 민관협력 파트너들에게 높은 수준의 자율성을 인정하여 사업내용을 평가하지 않고 단체를 직접 지원하는 제도를 가지고 있다(한재광 외 2021). 종합하면 본 연구에서는 파트너십 제도에 신뢰와 자율성, 독립성이 충분히 반영되는지를 인도적 지원 분야의 특징을 반영하는 몇 가지 제도의 유무로 측정한다. 지금까지의 논의를 종합하여 본 연구는 핵심 원칙과 측정 지표를 아래 〈표 2〉와 같다.

〈표 2〉 핵심원칙과 지표

핵심원칙		지표	
수평적 관계와 상호성	제도화수준: 관련법체계구축과 정책수립	O	X
	운영방식	직접 운영	위탁운영
	상호학습과 상호책무성	M&E	평가 없음 또는 일방적 평가
신뢰구축: 자율성 및 독립성	프로그램 기간	장기	단기
	전략적 파트너십	O	X
	지원 대상	기관	프로그램

출처: 저자 작성

앞서 검토한 파트너십의 이론적 논의들을 종합하여 보면 효과적인 파트너십은 모든 참여행위자들이 공동의 가치인식 하에서 고유한 정체성과 역량을 가지고 수평적으로 결합하여 협력할 때 시너지가 발생하고 효과성이 제고된다. 반대로, 파트너들의 자율성과 독립성이 충분히 보장되지 못해서 각자의 정체성과 고유의 역량이 훼손되거나, 권력관계가 수직적이라면 오히려 부정적인 결과를 초래할 수 있다. 실제로 1990년대 이전까지 개발협력분야의 정부-시민사회 관계에서 시민사회의 역할은 정부와 계약관계 하에 정부지출이나 사회서비스의 공백을 채우는 단순한 서비스 공급자나 동원자에 머물렀다고 평가받는다(Bebbington et al. 2008; Kendall 2003, Korten 1987; Lewis & Kanji 2009, 47-70; 손혁상 2015, 20-24; 홍지영·김성규 2021). 이러한 민관협력제도는 파트너들 간의 자발적 협력에서 자율적으로 역량을 발휘하기보다는 '계약서상의 권리, 의무, 책임을 수동적으로 이행'하는 계약적 관계(contractual relationship)로 명명할 수 있다. 여기서 계약적 관계는 참여 행위자들이 그들의 고유한 정체성과 역량을 충분히 발휘하면서 협력할 수 있는 환경이 조성되기 위해서는 제도적으로 행위자들의 자율성과 독립성이 보장되는 '파트너십 관계'와 구분된다.

또한 파트너십은 행위자들 간의 권력관계(power relationship) 또는 대칭성(symmetry)과 비대칭성(asymmetry)에 따라서 수직적 관계인지, 수평적 관계인지를 구분할 수 있다. 18개의 파트너십에 대한 주요 연구를 종합하여 파트너십의 성격을 분류한 브로가드와 피터슨은 수평적인 파트너십은 행위자들 간에 역할, 자원, 위험과 책무성을 공유하고 상호학습과 새로운 지식을 생산함으로서 파트너 간 상보적인 역할을 제고하고 이를 통해 시너지를 낼 수 있다고 주장한다. 요컨대 수평적이고 상호적인 파트너십은 권력의 배분이 균형있는 수평적인 관계로, 수직적이고 상호성이 낮은 성격의 파트너십은 권력이 비대칭적이고 수직적인 관계로 구분할 수 있다.

이론적으로 효과적인 민관협력 프로그램은 파트너십의 긍정적인 성격을 모두 충실하게 반영한 정부-시민사회 파트너십을 구축하겠지만 현실에서 기능하고 있는 각국의 민관협력 프로그램들이 반드시 그런 것은 아니다. 본 연구는 위의 논의를 종합하여 〈표 3〉과 같이 민간 주체의 독립성과 자율성을 존중하는 신뢰와 존중은 높으나, 관계가 수직적이며 상호성이 낮은 경우는 권력이 비대칭적인 협력관계로, 수평적 관계에서의 상호성은 높으나 신뢰성이 낮은 경우는 수평적 계약관계로 개념화한다. 마지막으로 수평적관계 및 상호성과 독립성, 자율성을 존중하는 신뢰성이 모두 낮은 경우는 수직적 계약관계로 명명한다.

〈표 3〉 정부-시민사회 파트너십 유형화

높음		수평적 관계과 상호성	
		낮음	
신뢰구축: 자율성 및 독립성	높음	균형잡힌 정부-시민사회 파트너십	비대칭적 협력관계
	낮음	수평적 계약관계	수직적 계약관계

출처: 저자 작성

2. 주요 공여국의 인도적 지원 민관협력사업 분석

위의 논의를 바탕으로 인도적 지원과 시민사회 협력을 선도하는 주요 공여국을 선정하여 각국의 정부-시민사회 파트너십 제도에 인도적 지원 민관협력 사업에 앞서 도출한 두 개의 원칙, 즉 수평적 관계와 상호성 그리고 독립성과 자율성을 보장하는 신뢰관계 원칙이 어떻게 반영되어 있는지 분석하였다. 분석대상 선정 기준은 첫째, 한국보다 ODA 규모가 큰 국가, 둘째, 한국보다 시민사회협력 규모가 큰 국가, 셋째, 한국보다 인도적 지원 규모가 큰 국가, 그리고 넷째, 독립적인 인도적 지원 시민사회 협력 프로그램이 있는 국가이다. 제시한 기준에 모두 부합하는 국가는 호주, 캐나다, 덴마크, 스페인, 프랑스, 독일, 이탈리아, 일본, 네덜란드, 노르웨이, 스웨덴, 미국, 영국, 그리고 스위스 등 14개 국가이다. 이들과 한국을 대상으로 먼저 수평적 관계와 상호성 원칙은 첫째 법, 정책적으로 동등한 협력관계가 설정되었는지 유무, 둘째, 주무부처 및 개발협력 주관기관의 직접 관리운영 또는 위탁 관리운영, 셋째, 모니터링과 성과평가 디자인을 통한 상호학습 및 상호책무성 반영 여부 등의 지표로 민관협력사업 제도적 특징을 살펴보면 아래 〈표 4〉와 같이 정리할 수 있다.

〈표 4〉 주요 공여국 인도적 지원 민관협력 사업의 제도적 특징

국가명		스웨덴	캐나다	호주	UK	USA	일본	스위스	덴마크	노르웨이	프랑스	독일	스페인	이탈리아	네덜란드	한국
원칙	지표															
수평적 관계 상호성	법/정책 등 제도화 수준	o	o	o	o	◎	X	◎	◎	o	o	o	o	◎	◎	o
	관리방식	o	o	X	o	o	X	o	o	o	o	o	o	X	X	o
	상호학습/상호책무성	X	X	X	o	X	o	X	X	X	X	X	o	X	X	X
평가		높음	높음	낮음	높음	높음	낮음	높음	높음	높음	높음	높음	높음	높음	높음	높음
신뢰 구축: 자율성 및 독립성 보장	사업 성격별로 단기/장기	o	◎	◎	o	o	X	o	o	◎	X	◎	◎	o	o	o
	전략적 파트너십 구축 유무	o	o	o	o	X	o	X	X	X	o	X	X	X	X	X
	단체 직접 지원 제도의 유무	X	X	X	o	X	X	X	X	o	X	X	X	X	X	X
평가		높음	높음	높음	높음	낮음	낮음	낮음	낮음	높음	낮음	높음	높음	낮음	낮음	낮음

출처: 저자 작성

주 1. *법정책 지표와 시민사회 파트너십에 대한 법적 근거가 마련되어 있고, 시민사회 파트너십 프로그램 관련 정책이 둘 수준에서 모두 마련될 경우는 보다 강한 제도적 뒷받침이 있는 것(◎)으로 표시한다.

주 2. **사업기간을 단기, 중기, 장기 3단계로 나누어지는데, 해당 사업의 성격과 필요에 따라 사업기간이 다른 프로그램을 병행적으로 운영하는 국가는 보다 강한 제도적 뒷받침이 있는 것(◎)으로 표시한다.

수평적 관계 및 상호성을 측정하는 지표로서 두 주체들 간의 수평적인 관계를 보장할 수 있는 제도적 채널인 법적 근거와 이를 구체적으로 적시한 관련 정책이 수립되었는 여부로 평가할 수 있다. 여기서 법적 근거와 관련 정책이 둘 다 마련된 경우는 두 배로 가중치를 부여하였다. 자율성과 독립성을 존중하는 신뢰원칙을 측정하는 데 있어서는 사업기간을 단기, 중기, 장기 3단계로 나눌 수 있는데, 사업의 성격과 필요에 따라 사업기간이 다른 프로그램을 병행적으로 운영하는 국가에게 두 배로 가중치를 부여하였다. 인도적 지원 사업의 범주가 구호에서 개발과의 연계, 재건까지 포괄하면서 프로그램별로 사업의 성격이 매우 상이하기 때문에 행정적 편의에 맞춰 사업기간을 특정하는 사례에서보다, 사업의 특성과 접근방식을 존중하여 사업기간을 다양하게 구성하는 경우, 시민사회의 자율성과 독립성이 더 존중받는다고 평가할 수 있기 때문이다.

〈표 5〉 **국가별 파트너십 유형**

		수평적 관계/상호성	
		높음	낮음
신뢰구축: 자율성 및 독립성	높음	균형잡힌 정부-시민사회 파트너십 : 스웨덴, 캐나다, UK, 노르웨이, 독일, 스페인	비대칭적 협력관: 호주
	낮음	수평적 계약관계: USA, 스위스, 덴마크, 프랑스, 이탈리아, 네덜란드, 한국	수직적 계약관계: 일본

출처: 저자 작성

각 공여국의 민관협력제도를 파트너십 유형대로 분류하면 〈표 5〉와 같이 '균형있는 정부-시민사회 파트너십'의 관계를 구축하고 있는 스웨덴, 캐나다, 영국, 노르웨이, 독일, 스페인이 포함된다. 반면 수평적 관계 및 상호성과 신뢰와 존중 원칙에서 둘 다 낮은 평가를 받는 '수직적인 계약관계 유형'에는 일본이 해당된다. 미국, 스위스, 덴마크, 프랑스, 이탈리아와 네덜란드 그리고 한국의 경우 수평적 관계 및 상호성은 높지만 독립성과 자율성이 충분히 보장되지 않아 '수평적 계약관계'로 분류되었고 호주는 이와 대칭적으로 독립성과 자율성 원칙에서는 높은 평가를 받았지만 수평적 관계 및 상호성은 낮은 '권력이 비대칭적인 협력관계'로 분류된다. 흥미로운 점은 수평적 관계에서는 호주와 일본을 제외한 모든 국가가 높은 평가를 받았다는 점이다.

위의 〈표 4〉를 다시 참고하면, 주요 공여국들은 대부분 인도적 지원 분야 시민사회협력에 관련한 법과 정책을 수립하고 있으며, 정부가 해당 프로그램을 직접 관리하는 것으로 나타났다. 특히 강한 인도적 지원 전통을 가진 미국, 시민사회와의 협력이 두텁게 보장되는 스위스, 덴마크 외에도 스페인, 이탈리아, 네덜란드의 경우 파트너십이 법체계에 근거할 뿐 아니라 시민사회 파트너십 정책이 수립되어 있는 것으로 확인된다.

사업관리 방식은 공여국의 담당부처나 개발협력 주관기관이 직접 시민사회협력 프로그램을 지원하는 방식이 위탁하는 방식에 비해 상대적으로 직접 소통이 가능하다는 측면에서 독려된다. 다만, 위탁기관이 어떤 성격을 가진 기관인지, 위탁의 수준이 계약, 자금배분, 모니터링 등 사업 지원 전반인지, 활동지원의 중간 매개자 기능에 머무르는지 등에 따라서 상호성에 미치는 영향력이 달라질 수 있기 때문에 위탁사업이 모든 같은 수준으로 상호영향력이나 보완성에 부정적인 영향을 미치는 것은 아니니다. 캐나다, 영국, 미국, 덴마크, 독일의 경우는 이러한 점을 고려하여 인도적 지원분야에서도 사업의 성격에 따라 두 가지 운영방식을 병행한다.

사업이행에 대한 모니터링과 성과평가는 평가방식의 설계에 따라서 영향력을 서로 다른 방향으로 미칠 수 있다. 먼저 성과평가 제도가 있는 것 자체는 정부-시민사회 간의 상호학습의 기회를 부여하고 이를 통해 쌍방의 역량강화 및 상호책무성을 증진할 수 있다. 특히 성과평가를 외부 심사위원을 선정하여 진행하는 경우, 평가의 객관성이 담보되고, 그 결과가 정부와 시민사회 모두에게 상호책무성과 학습으로 연결될 수 있다는 점에서 가장 효율적이다. 그러나 현실에서 상호학습이나 상호책무성 관련 제도가 가장 미비한 것으로 나타난다. 인도적 지원 민관협력사업에 대해서 모니터링 및 성과평가를 실시하는 국가는 영국, 미국, 스페인, 일본 네 국가이다. 다른 공여국의 경우 종료평가를 포함하여 사업이행에 대한 모니터링 및 성과평가를 이행하지 않는다. 가장 엄격한 수준으로 모니터링과 평가를 이행하고 있는 미국은 6개월 단위 사업은 기초 및 종료평가를 2개월 사업은 관리계획평가를 그리고 18개월 사업은 종합평가를 직접 실시한다. 영국은 중간, 종료평가를 실시하면서 외부전문가를 포함한다.

각 주체의 자율성과 독립성을 보장할 수 있는 신뢰와 존중 원칙에 관한 지표에서 대해서 절반의 국가만이 높은 평가를 받았다. 구체적으로 살펴보면 첫 번째 지표인, 사업기간은 1년 이하의 단기사업, 2-3년 중기사업, 그리고 4년 이상의 장기사업 이렇게 3단계로 구분할 수 있는데 장기 프로그램은 공여주체가 지역의 맥락을 이해하고, 경험과 비교우위에 근거하여 독자적인 프로그램을 수립하여 인도적 위기에 대한 중장기적 접근을 가능하게 하는 환경을 조성한다는 장점이 있다. 스위스는 자국의 개발협력 전략 주기에 맞춰 프로그램을 운영하면서 최대 4년까지 사업기간을 설정하고 있으며 호주는 시민사회파트너들과의 협약이 5년 단위로 설정되어 있다. 독일의 경우 장기적인 대응이 필요한 이주 및 난민, 인도적 위기 및 분쟁 대응, 위기관리 및 재난 후 인프라 재건 등을 포함한 위기관리(Transitional development assistance) 사업은 5-6년(4년 이상)까지로 장기 프로그램을 운영한다. 대부분의 국가들은 사업기간을 하나로 일괄 규정하지 않고, 인도적 지원 프로그램의 성격에 따라 사업기간을 달리하여 단년, 다년 단위의 프로그램을 동시에 운영하고 있는데 일본만 모든 사업을 단년으로 운영한다.

반면, 대부분의 국가에서 전략적 파트너십이 구축되어 있지 않거나, 파트너를 직접 지원하는 방안은 미비한 것으로 나타났다. 전략적 파트너십 제도는 국가마다 그 명칭은 다소 상이하지만 일반 공모 방식과 달리, 특정 사업에 지원할 수 있는 풀(pool)을 사전에 선정하는 방식이다. 사전 선정과정에서 기관이 국가와 중장기적 관점에서 '전략적 파트너십'을 공유하는가, 즉 공동의 목표를 가지고, 그 목표를 달성하기 위하여 정부와 시민사회가 상호보완적으로 협력할 수 있는가 여부를 사전에 판단할 수 있다는 특징이 있다. 사업의 이행과정에서 보다 높은 수준의 독립성과 자율성을 인정하는 경향을 보이기 때문에 사업주체는 현지 인도적 위기의 상황의 변화에 신속하게 대응할 수 있다는 장점이 있다. 반면 일반적인 공모 방식은 사업경험, 접근방식, 분야별 전문성, 사업지역, 예산가용력 등 다양한 측면에서 조건을 명시하거나, 적격심사, 인증제도(Quality Seal) 등을 통해 단체를 인증해야 하기 때문에 사업의 기획과 운영에 자율성이 상대적으로 낮다.

마지막으로 살펴볼 지표는 지원대상 기준이 단체인가, 사업인가 여부이다. 해당 기관이 인도적 위기와 필요를 파악하는 역량과 이에 대응하기 위하여 적절하고 효율적인 프로그램을 설계, 이행할 수 있다는 높은 수준의 신뢰가 바탕이 되어야 하기 때문에 사실상 매우 예외적인 제도이다. 영국은 직접원조(UK AID Direct) 프로그램의 하위 단위 펀드인 The Small Charities Challenge Fund와 Collaborative Challenge Fund 등을 통해 중소규모 단체를 직접 지원한다. 종합적으로 전략적 파트너십이나 단체 지원 제도의 미비는 자율성을 기반으로 한 시민사회의 장점을 독려하는 방식으로 협력하여 시너지를 내기 위한 장기적인 전략의 부재에서 비롯된다고 해석할 수 있다.

Ⅳ. 나가며: 한국 인도적 지원 분야 정부-시민사회 파트너십에의 시사점

한국에서 인도적 지원 분야에 대한 참여는 굿네이버스의 1994년 르완다 내전에 대한 긴급구호로 시작되었다. 이후 2002년-2003년 아프가니스탄 전쟁, 2003년 이라크 전쟁, 2004년 인도양 쓰나미 등 2000년대 중반 대규모 재난 구호에 참여하면서 참여 행위자 수와 규모가 빠르게 증가하면서 인도적 지원 분야에서 시민사회의 역할 비중이 커졌다. 그러나 인도적 지원 분야에서 정부-시민사회의 제도적인 협력이 시작된 것은 2011년 OECD DAC의 제4차 원조효과성을 위한 고위급회담(4th High Level Forum on Aid Effectiveness)이 부산에서 개최된 직후인 2012년에 이르러서였다. 이는 개발협력 분야 전반에서 시민사회의 역할이 강조되고 아울러 정부와의 협력 채널이 다양하게 확장되는 흐름에서 기인한 것으로 볼 수 있다. 물론 그 이전에도 긴급구호가 필요한 상황에서 정부 ODA가 NGOs를 통해 집행되는 사례도 있었다. 그러나 이러한 예외적인 사례는 대규모 인도적 위기 상황에서 위기 현장의 맥락을 잘 이해하여 현장의 필요를 신속하게 파악할 수 있는 민간행위자의 역량과 정부 ODA가 단발적으로 결합하는 단편적인 협력에 불과했다.

한국에서 인도적 지원 분야 정부-시민사회 파트너십 프로그램은 '인도적 지원 민관협력사업'이라는 이름으로 2012년 시작되었다. 당시 외교부는 6개 단체를 선정하여 총 17개 프로그램에 2,083백만 원을 지원하였다. 2017년까지 약 5년 동안 규모나 사업내용에 있어 큰 변화가 없이 비슷한 규모로 유지되다가 2018년 관할 주체가 외교부에서 한국국제협력단(KOCIA)으로 이관되면서 규모와 사업방향에 변화가 있었다. 먼저 지원 대상 선발기준과 운영방식에 변화를 통하여 한국 내 인도적 지원 생태계 발전 및 파트너 확대가 가능한 환경을 조성하기 시작하였다. 동시에 2018년 이후 프로그램 규모가 약 두 배 가량 증가하였다. 프로그램 규모가 증대하고 전통적인 긴급구호와 단기에 이루어지는 신속한 인도적 지원에 국한되는 것이 아니라 재건과 개발연계까지 그 범주가 확대되면서 NGOs 참여의 폭이 보다 넓어졌다. 현재까지 한국정부와 시민사회의 참여로 현재까지 약 10여 년 간 인도적 지원 분야의 민관협력이 이행되어왔다. 그러나 규모나 참여의 폭이 확대되는 것만으로 이 프로그램의 이행에서 정부-시민사회의 관계가 어떤 유형의 파트너십을 구성하여왔는지에 대한 구체적인 평가는 이루어지지 않았다.

한국의 인도적 지원 민관협력사업을 다른 국가들과 비교해보면 한국의 정부-시민사회 파트너십의 성격을 보다 명확하게 특징지을 수 있다. 한국에서는 2019년 〈국제개발협력분야 정부-시민사회 파트너십 기본 정책〉이 수립되어 개발정책의 수립과 이행에서 시민사회의 역할과 책무를 인정하는 파트너십의 기본 프레임이 구축되었다. 특히 개발협력 정책의사결정에 가장 핵심적인 역할을 하는 국제개발협력위원회와 실무위원회에 민간위원이 포함되어 의사결정과정에서 민주적인 형식적인 요건을 갖추고 있다고 볼 수 있다. 이는 수평적 관계와 상호성 측면에서 긍정적인 평가를 받는 근거가 된다. 분석대상국가 중 개발분야 민관협력과 관련하여 법과 정책이 모두 수립되지 않은 유일한 국가는 일본으로, 대부분 공여국에서 정부-시민사회 협력이 제도적으로 수립된 공식적인 파트너십 특징을 보인다. 유무상의 이원적인 원조 거버넌스와 원조기관의 구조 등 측면에서는 한국과 일본이 큰 유사성을 보이는 반면 시민사회 협력에 있어서는 일본과 상당히 상이한 특징을 보인다는 점이 흥미롭다.

민관협력프로그램의 운영 측면에서 국제개발협력민간협의회(KCOC)의 역할과 지위는 특징적인 성격을 갖는다. KCOC는 제3자 위탁 방식을 취하는 매개자이지만 다른 국가에서와 달리 정부의 원조기관인 한국국제협력단과 수직적인 관계에서 일방적으로 운영을 위탁받은 게 아니라 민관협력 사업에 참여하는 NGO를 정치적으로 대표하는 단체로서 단체들의 사업이행에 지원하기 위하여 개입한다. 이러한 맥락을 고려하면 제3자에게 위탁되는 방식과는 다른 성격을 갖는다. 또 다른 특징을 가진 국가로 캐나다와 영국을 들 수 있다. 이 두 국가는 사업의 성격에 따라 위탁과 직접 운영 방식을 병행하고 있다. 한국도 긴급한 필요에 의해서 신속한 의사결정이 필요한 대형긴급구호 사업의 효과성을 제고하는 방법의 하나로서 대형긴급구호에 한해 직접 운영 방식을 선택하는 것을 고려해볼 수 있다.

자율성과 독립성을 보장하는 정부-시민사회의 신뢰를 측정하는 지표 중 사업기간 지표가 있다. 한국에서는 최근에 인도적 지원 민관협력분야에서 다년(2년) 사업이 시작된 점은 긍정적으로 평가되나, 단기 대응인 긴급구호에서 중장기적 접근이 필요한 장기 난민사업 등 사업의 특성을 반영하여 1년 미만, 2-3년, 길게는 4년 이상 등 프로그램 기간에 여러 층위를 두는 캐나다, 노르웨이, 독일 등의 국가와 비교할 때는 상대적으로 여전히 행정적으로 경직되어 있다고 평가할 수 있다. 아울러 전략적 파트너십이나 단체지원 제도와 같이 시민사회의 자율성과 독립성을 높게 보장하는 제도를 수립하지는 못하였다.

앞서 언급한 바와 같이, 이같은 제도적 특징을 종합하면 한국의 인도적 지원 민관협력사업은 미국, 스위스, 덴마크, 프랑스, 이탈리아, 네덜란드 등과 같이 '수평적 계약관계'로 분류된다. 이 분석에 근거하면 보다 균형잡힌 정부-시민사회 파트너십 관계를 구축하기 위해서는 특히 시민사회의 자율성과 독립성을 존중하는 신뢰관계를 구축하는 것이 필요하다. 인도적 지원 분야활동에서 시민사회의 자율성과 고유한 장점을 발휘할 수 있도록 그들의 사업의 특징과 접근방식을 존중하고, 정부-시민사회 간의 시너지를 낼 수 있는 장기 전략이 필요하다는 결론에 이른다.

먼저, 스웨덴, 캐나다, 영국 등 상대적으로 자율성과 독립성을 높게 보장하는 제도를 갖춘 국가들의 제도의 적용을 고려할 수 있다. 이 국가들은 공통적으로 전략적 파트너십 형태의 협력제도를 갖추고 있다. 사업기간, 방식, 성과, 정책방향과의 부합성 등 정부가 제시하는 기준을 만족하는 동시에 높은 자율성을 인정받는 민간단체 풀(pool)이 사전에 구성되어있다. 이러한 제도는 국가들에서 장기 민관협력 프로그램 운영이 가능한 배경이기도 하다. 특정 조건을 만족하는 단체들이 정부와 전략적 파트너십을 맺는 것과 사업기간의 장기화도 밀접하게 연계되어 있기 때문이다.

또한 인도적 지원분야에서의 시민사회 생태계 조성을 위한 단체 직접지원을 하는 영국의 경우 관리운영 방식에 있어 직접운영과 위탁운영을 병행하고 있다. 지표로 선정된 제도적 측면들이 서로 별도로 수립되고 운영되는 것이 아니라 효과적인 파트너십을 제고하기 위한 맥락에서 서로 긴밀하게 연관되어 있다고 해석된다. 균형잡힌 파트너십을 구축한 국가들의 민관협력 프로그램 제도가 시사하는 바와 같이, 구체적으로 사업의 특성에 따라 상이한 사업기간을 설정하여 단기 및 중장기 사업을 병렬적으로 운영하는 방식은 인도적 지원 사업의 효율성 제고 방안으로 제시될 수 있다. 또한 중장기적인 관점에서 전략적 파트너십 제도를 마련하여 신속한 대응을 요구하는 대형재난대응 채널을 별도로 구축하는 방안도 고려할 수 있다.

그러나 정부 전략구축만으로 시민사회의 자율성과 독립성을 존중하는 방식으로 정부-시민사회 간의 신뢰관계가 구축되는 것은 아니다. 특히 인도적 지원 활동의 역사가 상대적으로 짧고, 국제NGOs나 상대적으로 규모가 큰 NGOs들이 활동의 주축이 되어왔던 한국의 맥락을 고려하면 각기 다른 강점을 가진 보다 많은 행위자들이 정부 파트너십을 기반으로 안정적으로 인도적 지원활동에 참여할 수 있는 생태계 조성이 선행되어야 한다. 일반적으로 규모가 작은 단체의 경우, 인도적 위기에 대해서 대응 수위, 방식, 규모를 유연하게 조정해야 하는 인도적 지원활동에 안정적으로 전문 인력을 배치하기 어렵다. 그러나 규모가 작더라도 인도적 위기가 만연한 지역에서의 활동 경험을 바탕으로 종교, 문화, 지리적 특성을 이해하고 국내외 인도적 지원 행위자들과 네트워크 구축이 가능한 단체나, 특정 분야 전문성을 가진 행위자들은 신속하고 효과적인 인도적 지원 활동을 펼치기 유리한 조건을 가지고 있다. 민관협력 프로그램 참여자격이나 예산 부담 비중에 대한 다양한 기준을 수립하는 것이 필요하다.

또한 지원대상을 사업단위로 한정할 것이 아니라 단체를 직접 지원하는 방안도 함께 고려할 수 있다. 시민사회의 전문성을 신뢰하여 단체지원을 병렬적으로 이행하는 노르웨이나 시민사회 역량강화를 목적으로 한 영국의 중소규모 단체를 위한 펀드를 운용하는 UK AID Direct 프로그램 등을 참고할 필요가 있다. 제도적으로 시민사회에 대한 자율성을 폭넓게 보장하는 것은 현지의 필요와 맥락에 대한 신속하고 유연한 대응을 가능하게 할 것이다.

요컨대 파트너십 개념은 학문적으로 정교하게 정립되지 않았으며 사용되는 주체와 맥락에 따라 상이한 성격을 가진다. 본 연구는 인도적 지원 분야의 정부-시민사회 관계에 대해서 네 가지 파트너십 유형을 제시하고, 제도적 지표를 통하여 각 국가들의 인도적 지원 분야 시민사회협력 제도를 분석하였다. 본 연구에서 제시하는 주요 공여국의 민관협력 파트너십을 유형화 틀은 향후 인도적 지원 민관협력 파트너 사업을 평가하는 근거로서 정책적, 실천적 방향을 제시할 수 있는 토대를 제공할 것으로 기대한다. 다만 이 같은 정부-시민사회 파트너십의 유형과 유형별 특징이 실제 사업의 성과로 어떻게 연결되는지는 또 다른 연구 과제이다. 그 효과성을 직접 논하기 위해서는 공여국의 사례연구와 성과에 대한 실증연구로 보완되어야 한다는 한계를 가지고 있다.

참고문헌

김석우. 2021. "국제개발협력 파트너십에 관한 이론적 논의."『글로벌정치연구』, 14집 2호, 1-30.

김석우·이슬기. 2017. "개발파트너십 유형의 결정요인 분석: SIDA 사례."『국제정치논총』, 57집 1호, 203-234.

김태균·이승철·최나은. 2015. "글로벌 개발협력 파트너십으로서 민관협력 거버넌스에 대한 비교연구: 세계은행과 유엔개발계획 사례를 중심으로."『국제관계연구』, 20집 1호, 135-175.

손혁상. 2015.『시민사회와 국제개발협력: 한국 개발NGO의 현황과 과제』, 파주: 집문당.

손혁상·한재광·박보기. 2011. "국제개발협력에서 정부-시민사회 협력관계 연구: OECD DAC 회원국의 NGO지원정책 사례분석을 중심으로."『국가전략』, 17권 4호, 105-136.

손혁상·한재광. 2014. "개발원조에서의 정부-NGO 파트너십 제도변화 연구: 네덜란드 '공동재원조성(Co-financing)프로그램' 사례 분석을 중심으로."『한국정치학회보』, 48권 1호, 221-239.

한재광·이경신·홍지영·오원기·손정은·이경주·박준영. 2020.『2020 인도적 지원 민관협력사업 파트너십 연구보고서』, 서울: 국제개발협력민간협의회.

홍지영. 2019. "UN의 인도적 지원 체계연구: UN OCHA 클러스터를 중심으로."『국제개발협력연구』, 제 11권 4호, 1-19.

홍지영. 2020. "국제규범 사회화(Norm Socialization)와 규범 준수에 대한 연구: 인도적 지원 분야의 규범 플랫폼 사례를 중심으로."『국제정치논총』, 60집 4호, 79-117.

홍지영·김성규. 2021. "Analyzing the Government-Civil Society Relationship in the Role Changes of Korea's Development Civil Society from a Historical Perspective." 『국제개발협력연구』, 13권 3호, 121-134.

Bebbington, Anthony, Hickey, S. and Mitlin, D. 2008. *Can NGOs Make a Difference? The Challenge of Development Alternatives.* New York: Zed Books.

Brinkerhoff, Jennifer M. 2002a. "Government-Nonprofit Partnership: A Defining Framework." *Public Administration and Development* 22(1).

Brinkerhoff, Jennifer M. 2002b. "Assessing and Improving Partnership relationships and outocmes: a proposed framework." *Evaluation and Program Planning* 25(3).

Carnovitz, Steve. 1997. Two Centries of Participation: NGO and International Governance. Mich. J. Intl L. 18.

Clarke, Amelia and Mark Fuller. 2010. "Collaborative Strategic Management: Strategy Formulation and Implementation by Multi-Organizational Cross-Sector Social Partnerships." *Journal of Business Ethics.* 94.

Degnbol-Martinussen and Engberg-Perdersen. 2003. *Aid: Understanding International Development Cooperation.* London: Zed Books

Edwards, Michael and David Hulme. 1996. "Too close for comfort? The Impact of official aid on nongovernmental organizations." *World Development* 24(6).

Fowler, Alan. 2002. "NGO Future-Beyond Aid: NGDO Value and the Fourth Position." in Michael Edwards and Alan Fowler eds, *NGO Management.* London: Earthsacn.

Giffen, J and Judge, R. 2010. *Civil Society Policy and Practice in Donor*

Agencies. Oxford: INTRAC.

Huijstee, Mariette Van, Mara Francken and Pieter Leroy. 2017. "Partnerships for sustainable development: a review of current literature." *Environmental Sciences* 4(2).

Korten, David. 1987. Third Generation NGO Strategies: A Key to People-centered Development. *World Development* 15(1).

Lewis, David and Kanji, Nazneen. 2009. *NGO and Development.* London and New York: Routledge.

Lewis, David. 1998, "Development NGOs and the Challenge of Partnership: Changing Relations between North and South." *Social Policy & Administration* 32(5)

Najam, Adil. 2000. "The Four-C's of Third SectorGovernment Relations Cooperation, Confrontation, Complementarity, and Co-optation." *Nonprofit Management & Leadership* 10(4).

Nijs, Renard, R. 2009. *Reforming Government Funding of Development NGOs – a Comparative Analysis of Eight European Donors.* Antwerpn: University of Antwerp.

OECD. 1991. *DAC Principles for the Evaluation of Development Assistance.* OECD: Paris.

OECD. 2005. *Paris Declaration on Aid Effectiveness.* OECD: Paris.

OECD. 2011. *Busan Partnership for Effectiveness Development Co–operation.* OECD: Paris.

OECD LEED. 2006. *Successful Partnerships.* Vienna: OECD LEED Forum on Partnerships and Local Governance.

Pratt, B., Adams, J and Warren, H. 2006. *Official Agency Funding of NGOs in Seven Countries: Mechanisms, Trends and Implications.* Oxford: INTRAC

Peckham, S. 2003. "Who are the partners in public health." In J. Orme, J. Powell, P. Taylor, T. Harrison & M. Grey (eds.), *Public Health for the 21st Century:* New Perspectives on Policy, Participation and Practice. Maidenhead: Open University Press.

Yi, Ilcheong and Jinyoung Lee. 2018. "A Critical Approach to Understanding and Assessing Developmental Partnership in the Context International Development Cooperation." *International Development and Cooperation Review* 10(2).

제8장 국제개발협력에서 국제기구-NGO 파트너십 연구: 국제기구 사업 실행 파트너(Implementing Partner) 선정 기준과 과정 분석을 중심으로*

손혁상 (경희대학교)
윤혜정 (KOICA 동티모르 사무소)
안지혜 ((사)월드쉐어 도미니카공화국 지부)

Ⅰ. 들어가며

지속가능개발목표(Sustainable Development Goals, SDGs)가 새천년개발목표(Millennium Development Goals, MDGs)의 개발의제를 확장하고 이행수단의 체계성을 강화하면서 Post-2015 시대의 개발환경은 더욱 역동적인 양상을 띠고 있다. 광범위한 개발의제 실현을 위하여 개발재

* 이 논문은 2018년 대한민국 교육부와 한국연구재단의 지원을 받아 수행된 연구(NRF-2018S1A3A2075117)이며, 2019년 『국제개발협력연구』 제11권 2호에 게재된 논문을 수정 및 보완하였다.

원의 다각화 등 이행수단의 혁신이 촉구되는 한편, 개발효과성 제고를 위해서는 정부(government)를 넘어 시민사회(civil society) 및 기업(business) 등 다양한 민간 개발주체를 아우르는 '포용적 개발파트너십(inclusive development partnerships)'의 중요성이 대두되고 있다(OECD DAC 2011; UN 2015). 국가 및 지역 간 상호의존성이 점증하면서 복잡한 개발이슈와 인도적 위기는 다층적인 해법을 요하기 때문이다. 이에 따라 각 개발주체들의 기능과 역할을 조정하여 시너지를 극대화하는 협력적 관계에 대해 학계와 개발현장의 관심이 높아졌다. 양자공여기관과 국제기구[1] 등 전통적인 개발행위자 범위를 넘어, 비정부기구(Non-Governmental Organization, NGO), 기업, 대학 등에 이르는 다양한 민간 주체들의 지속가능개발에 대한 기여를 재평가하는 연구들이 이어지고 있는 것도 이러한 맥락과 맞닿아 있다(Tolentino 2012; Essia et al. 2013; Sendegeya et al. 2016).

이 같은 배경에서 본 연구는 개도국 내 개발사업의 실행(project implementation) 단계에서 작동하는 국제기구와 NGO 간 파트너십에 주목한다. 최근 국제 및 국내 개발환경 내 다자체계 재원의 확대와 다자성양자 원조(multi-bi aid)라는 새로운 원조채널이 부상하는 상황에서, 다자협

1 본 논문에서 다루는 '국제기구(International Organization, IO)'란 개도국의 사회발전 및 경제발전과 인도적 지원 등을 목적으로 무상원조(grant) 원칙에 의한 개발사업(development project)을 수행하는 'UN 산하의 다자개발기구'를 포괄한 개념임을 밝힌다. 따라서 유상원조(loan) 원칙에 의하여 양허성 차관(concessional loan) 도입을 지원하는 국제금융기구는 본 연구의 분석대상에서 제외하기로 한다. ODA 연구에서 이들 국제기구는 일반적으로 '다자기구(Multilateral Organization, MO)'라는 용어로 지칭되는 것이 일반적이나, '국제기구'라는 용어의 쓰임이 보다 보편화된 국내 관행에 따라 본 논문에서는 '국제기구'를 채택하였다.

력사업의 실행 단계에서 민간 개발주체의 참여 요인과 과정 분석이 주 연구대상이다.[2] 우리나라의 경우에도 국내 ODA 재원구조에서 국내 개발NGO가 실행 파트너로 참여할 수 있는 잠재력이 큰 다자성양자원조 규모가 빠른 속도로 증가하고 있다. 한국 정부의 대외무상협력사업을 전담하는 한국국제협력단(Korea International Cooperation Agency, KOICA)의 통계조회서비스 자료에 따르면, KOICA의 2005-2017년 연평균 다자성양자원조 지원액은 229.6억 원 수준이었다. 그러다 2015년 한 해에만 507.7억 원으로 사상 최고치를 경신하면서 KOICA의 연간 다자성양자원조 지원규모는 통상 500억 원대에 진입하였고 향후 지속적인 증가가 예상된다.

그러나 다자성양자원조 채널을 통한 KOICA 국제기구 협력사업에서 국내 민간 파트너 기관들의 참여 실적은 매우 저조하다. 이는 서구의 많은 공여국들이 국제기구 협력사업 추진 시 자국의 파트너 기관들을 실행 파트너[3] 풀(pool)로 적극 활용하며, 자국의 민간 개발주체들의

2 OECD 산하 개발원조위원회(Development Assistance Committee, DAC)의 CRS(Creditor Reporting System) 통계시스템에 의하면, 특히 최근 7개년 동안 OECD DAC 공여국들의 총 다자체계 재원에서 순수 다자원조가 차지하는 비율은 전년도와 비슷한 수준에 머물거나 축소되고 있는 반면(2011년 69.6%, 2012년 69.5%, 2013년 68.9%, 2014년 67.9%, 2015년 67.3%, 2016년 66.9%, 2017년 64.7%), 다자성양자원조의 비중은 꾸준히 확대되어왔다(2011년 30.1%, 2012년 30.5%, 2013년 31.1%, 2014년 32.1%, 2015년 32.7%, 2016년 33.1%, 2017년 35.3%). (접속일: 2019.02.18)

3 국제기구가 관리하는 개도국 내 개발사업에 대한 현장 이행(delivery)의 권한과 책임을 계약(contract)에 의해 공인받은 단체를 '실행 파트너(Implementing Partner, IP)'라 명명한다. 일반적으로 국제기구는 IP에게 사업실행에 소요되는 예산과 자문을 제공하며, IP는 국제기구가 승인한 사업계획에 따라 사업실행을 이행하고 정기적으로 모니터링 경과를 보고함으로써 국제기구의 관리·감독을 받는다.

역량강화와 상생을 도모하고자 하는 흐름과는 차이를 보인다. 이는 국제기구가 실행 파트너 선정 시 현장 전문성과 유사사업 수행 경험 등을 고려하는 것에 비해 우리나라 민간 파트너 기관들은 개도국 현장에서의 사업경험과 전문성이 상대적으로 취약하기 때문에 발생되는 불가피한 결과라고 판단된다. 월드비전(World Vision) 및 세이브더칠드런(Save the Children)과 같이 전 세계에 걸친 멤버십과 단체의 국제적 평판을 통하여 개도국 현지의 네트워크와 자원동원에 강점이 있는 몇몇 대규모 국제NGO(International NGO, INGO)와 비교하여, 대다수의 국내 기반의 개발NGO들이 개도국 현장에서 자체 수완으로 국제기구와의 파트너십 기회를 창출하기에는 상당한 도전이 뒤따른다.

그렇다고 해서 국내 NGO가 국제기구와 개발사업 실행 파트너십을 구축하는 일이 완전히 불가능하다고 단정 짓기에는 이르다. 몇몇 단체들의 개도국 현장 실행 사례를 보다 면밀히 살펴보면, 한국 토종 국제구호개발 NGO인 굿네이버스 인터내셔날(Good Neighbors International, GNI)은 KOICA 다자성양자원조 기금으로 2012년부터 3년간 네팔과 르완다에 추진된 '유엔세계식량계획(World Food Programme, WFP) 새마을제로헝거커뮤니티프로젝트(Saemaul Zero Hunger Communities Projects, SZHCP)'의 시범사업에서 실행 파트너로서 높은 수준의 역량과 공헌도를 인정받아 2015년부터 3년간 방글라데시와 탄자니아에 동일한 사업모델이 확장 추진되는 데 기여하였고, 본 후속 사업의 실행 파트너로 재선정되는 데 성공하였다. 이러한 국제기구 협력사업 수행경험은 이후 굿네이버스가 케냐 카쿠마(2014), 차드 은자메나 및 가가(2014), 탄자니아 키고마(2015-2018) 등지에서 추진된 다수의 유엔난민기구(United Nations High Commissioner for Refugees, UNHCR) 난민 지원사업들을 비롯하여, WFP 필리핀 재해위험경감 지원사업(2014), WFP 캄보디아 기후변화적응 및 지역사회 레질리언스 강화사업(2016), 국제이주기구(International Organization for Migration, IOM) 인도네시아 난민아동 교육보건사업(2014), 유엔자본개발기금(United Nations Capital Development Fund, UNCDF) 탄자니아 냐루구수 난민캠프 지원사업(2017) 등에서 우수한 실행 파트너로서 경쟁력과 신뢰를 축적할 수 있었던 토대가 되기도 하였다. 또한 국내 중견 개발NGO인 팀앤팀(Team & Team)은 식수위생 분야에 대한 전문성과 아프리카 현지 자원동원 역량을 바탕으로 2014년부터 UNHCR 카쿠마 난민촌 식수개발 지원사업과 UNHCR 케냐 칼로베예이 난민캠프 식수 및 보건위생 인프라 구축사업의 실행을 성공적으로 이어오고 있다. 이처럼 국내에서부터 자생한 NGO가 국제기구를 대상으로 파트너십을 확장한 성공사례가 존재함에도 불구하고, 많은 국내 NGO들이 한국 정부의 국제기구 협력사업에 실행 파트너로 참여하는 데 소극적인 이유는 무엇인가? 이 단체들이 가진 역량과 경험 차원의 내재적 한계도 고려되어야 하겠지만, 'NGO가 국제기구와 사업 실행 파트너십을 형성하게 된 경로와 조건'에 관한 지식의 체계화 노력과 제도적 장치가 부재한 점도 일조했다고 판단된다.

이와 같은 문제의식에서 출발한 본 연구는 한국 정부의 다자성양자원조 확대 기조에 즈음하여 국내 NGO들이 국제기구 협력사업에 실행 파트너로서 성공적으로 안착하기 위한 실천적·정책적 시사점을 도출하고자 한다. 따라서 본 연구는, 오늘날 국제개발협력 분야 내 시민사회 영역에서 활동하는 NGO들의 개발사업 실행 파트너십이 광범위하게 확대되고 있는 가운데, 이러한 실존적 현상을 학술적으로 재구성하고 이론화하는 데 기여하는 탐색적 연구로서 의의가 있다.

본 연구의 목적을 달성하기 위해 이 글은 다음과 같이 구성되었다. 2장에서 국제기구와 NGO 간 파트너십 형성 요인을 이론적, 규범적, 실천적 차원에서 검토한다. 3장에서는 개발사업 실행 단계에서 이루어지는 국제기구-NGO 파트너십의 형성 과정을 검토하고, 실행 파트너로 선정되기 위해 NGO에 요구되는 역량과 조건을 분석한다. 끝으로 결론부에 해당하는 4장에서는 앞선 분석 결과를 바탕으로 국내 NGO들이 향후 국제기구의 개발사업에 실행 파트너 참여를 활성화하기 위한 실천적·정책적 시사점을 도출한다.

본 논문의 연구방법론으로는 문헌조사와 개도국 현지인터뷰조사가 활용되었다. 먼저, 개별 UN기구가 발간하는 보고서와 파트너십 가이드라인 등을 참고하여 국제기구의 파트너 선정 기준과 절차에 관한 개괄적인 내용을 분석하였다. 이후 연구자들은 개도국 현장에서 이루어지는 국제기구-NGO 파트너십의 실제에 관해 보다 심도 있는 조사를 실시하기 위하여 2017년 12월부터 2018년 2월까지 국내외에서 총 74명을 대상으로 국제기구 협력사업 사례 관련 이해관계자 인터뷰(stakeholder interview)와 현직자 심층면담(in-depth interview)을 진행하였다(〈표 1〉 참조). 본 연구에서 분석할 국내 NGO의 국제기구 실행 파트너십 사례 조사를 위해 사업 관련 이해관계자들을 중심으로 인터뷰 집단을 구성하였고, 국제기구-NGO 사업 실행 파트너십에 관한 보다 일반적인 동향을 파악하기 위해 현지 관계자 심층면담을 실시하였다. 연구주제에 관한 충분한 배경지식과 유관업무 경험 및 권한을 지닌 현직 국제기구 및 NGO 담당자를 신뢰할 만한 정보원(informant)으로 섭외하는 유의표집(purposive sampling)[4] 방식을 적용하여 조사결과의 질을 담보하고자 노력하였다. 이에 본 연구에서는 굿네이버스 인터내셔날이 방글라데시와 탄자니아에서 수행한 WFP SZHCP의 사업 발굴 및 초기 사업실행 과정에 관여했던 굿네이버스 본부 및 지부의 직원, 국제기구 현지 직원, 수원국 관리당국의 공무원들을 비롯하여, 두 국가 내에서 국제기구 협력사업을 활발하게 수행하고 있는 현지NGO(Local NGO, LNGO)의 경력 활동가와 UN기구의 현지 담당자를 대상으로 인터뷰를 실시하였다. 또한 한국 정부의 다자협력사업을 주관하는 외교부 및 KOICA의 유관부서 직원과 국내에 국가사무소를 두고 있는 UN기구 관계자들을 면담하여 깊이 있는 정책적인 시사점을 얻도록 하였다. 인터뷰 질문지는 예비인터뷰[5] 결과와 선행연구 고찰을 통해 반구조화된 목록으로 도출하였다.

---

4 질적 연구방법에서의 유의표집이란 "다른 방식의 연구참여자 선정을 통해서는 연구에 중요하다고 판단되는 정보를 최대한으로 수집할 수 없다는 판단 하에 특정 환경(settings), 대상(persons), 사건(events)을 분석단위(unit of analysis)로 의도적으로 선택"하는 표본추출법이다(Maxwell 1997, 87). 테들리 외(Teddlie and Tashakkori 2009, 170-171)는 표본추출 과정상의 유사성으로 인해 편의표집(convenience sampling)이 종종 유의표집으로 잘못 분류된다고 지적하는데, 두 표본추출법의 차이를 명확히 하고자 편의표집의 대표적인 특징으로 '억류된 표본(captive sample)'과 '자발적 표본(volunteer sample)'을 제시한 바 있다. 억류된 표본이란 조사에 불응하는 것이 어렵도록 구성된 환경에서 추출된 연구참여자를 의미하며, 자발적 표본은 연구참여자가 조사에 기꺼이 참여하고자 하는 의지가 과도하여 조사결과의 왜곡을 초래할 만한 경우를 함축한다. 본 연구의 연구참여자 선정 과정에서는 편의표집이 갖는 두 특징 중 어느 하나라도 해당된 사실이 없음을 밝힌다.

5 예비인터뷰는 2017년 11월에 굿네이버스 본부에서 진행되었다. 본 인터뷰에는 굿네이버스 본부 직원과 굿네이버스의 국제기구 대외협력 업무를 총괄하는 제네바국제협력사무소 관계자 등 4명이 참석하였다. 인터뷰를 통해 WFP SZHCP 사업 발굴 과정과 굿네이버스의 실행 파트너 선정 배경을 파악하고, 국내 NGO가 직면하는 국제기구 사업 실행 파트너십 형성의 장애요인과 도전과제를 이해함으로써 본 연구의 문제의식과 분석틀을 정교화하는 데 실마리를 찾을 수 있었다.

〈표 1〉 Overview of Stakeholder and In-Depth Interview

<table>
<tr><th>Category</th><th>Interview Location</th><th>Type of Organization</th><th>Organization of Interviewee</th><th>Number of Interviewee</th></tr>
<tr><td rowspan="13">Stakeholders for WFP SZHCP</td><td rowspan="4">Republic of Korea (ROK)</td><td>IO</td><td>WFP-Seoul Country Office (CO)</td><td>1</td></tr>
<tr><td rowspan="2">Government</td><td>ROK Ministry of Foreign Affairs</td><td>2</td></tr>
<tr><td>KOICA</td><td>1</td></tr>
<tr><td>NGO</td><td>Good Neighbors International</td><td>5</td></tr>
<tr><td rowspan="5">Bangladesh</td><td>IO</td><td>WFP-Bangladesh CO</td><td>4</td></tr>
<tr><td rowspan="3">Government</td><td>Nalka Union</td><td>2</td></tr>
<tr><td>Local Government of Engineering Department (LGED)</td><td>2</td></tr>
<tr><td>KOICA Bangladesh CO</td><td>2</td></tr>
<tr><td>NGO</td><td>Good Neighbors Bangladesh</td><td>6</td></tr>
<tr><td rowspan="4">Tanzania</td><td>IO</td><td>WFP-Tanzania Dodoma Sub-Office (SO)</td><td>4</td></tr>
<tr><td rowspan="2">Government</td><td>Chamwino District Council (CDC)</td><td>5</td></tr>
<tr><td>KOICA Tanzania CO</td><td>3</td></tr>
<tr><td>NGO</td><td>Good Neighbors Tanzania</td><td>9</td></tr>
<tr><td rowspan="14">Local-based IO or NGO</td><td rowspan="8">Bangladesh</td><td rowspan="4">IO</td><td>WFP-Bangladesh CO</td><td>1</td></tr>
<tr><td>UNFPA-Bangladesh CO</td><td>4</td></tr>
<tr><td>UNICEF-Bangladesh CO</td><td>1</td></tr>
<tr><td>UNHCR-Bangladesh CO</td><td>2</td></tr>
<tr><td rowspan="2">INGO</td><td>Concern Worldwide Bangladesh</td><td>1</td></tr>
<tr><td>iDE Bangladesh</td><td>2</td></tr>
<tr><td rowspan="2">LNGO</td><td>Palli Karma Sahayak Foundation (PKSF)</td><td>2</td></tr>
<tr><td>National Development Programme (NDP)</td><td>1</td></tr>
<tr><td rowspan="6">Tanzania</td><td rowspan="2">IO</td><td>WFP-Tanzania Dodoma SO</td><td>1</td></tr>
<tr><td>UNHCR-Tanzania CO</td><td>2</td></tr>
<tr><td rowspan="2">INGO</td><td>Save the Children Tanzania</td><td>2</td></tr>
<tr><td>Danish Refugee Council (DRC)</td><td>1</td></tr>
<tr><td rowspan="2">LNGO</td><td>Kiota Women Health and Development Organization (KIWOHEDE)</td><td>3</td></tr>
<tr><td>Walio Katika Mapambano na AIDS Tanzania (WAMATA)</td><td>5</td></tr>
</table>

Note: Some characteristics of interviewees such as current official position are not intended to be shown to maintain respondent confidentiality.

Ⅱ. 국제기구-NGO 파트너십에 관한 선행연구

1. 이론적 측면

NGO가 사회적 공공성을 구현함으로써 단체의 비전과 미션을 실현하기 위해 정부, 국제기구 및 기타 민간 부문 등 다양한 행위자와 파트너십을 취하는 전략은 비단 국제개발협력 분야에서만 포착되는 양상은 아니었다. 오히려 정책 감시와 시민권익 옹호 활동을 전개하는 사회운동단체(Social Movement Organization, SMO)의 운동방식 및 전략에 대한 분석에 집중했던 '애드보커시(advocacy)' 연구들이 이러한 NGO의 파트너십 전략에 관한 이론화를 주도해온 경향이 있다. 관련 선행연구 중에서도 NGO[6]가 국제기구에 접근하는 전략적 동기에 관한 이론적 논의는 본 연구가 분석하고자 하는 개발사업 실행 단계의 국제기구-NGO 파트너십 형성 동기를 이해하는 데 유의미한 이정표를 제공한다. NGO가 국제기구와 협력 내지는 결속하려는 유인을 분석한 애드보커시 연구 문헌들의 주장은 대체로 다음의 두 가지 시각으로 구분될 수 있다.

첫째, NGO가 갖는 '정치기회구조(political opportunity structure)'의 측면에서 볼 때, 정책 애드보커시의 대화 채널을 어느 유형의 행위자로 설정하는 것이 효과적인가 하는 점을 다룬 주장들이 있다(Tilly 1978; Tar-

---

6 이 구절에서 언급하는 NGO는 운동전략, 자원동원 방식, 대정부 관계의 우호성(정부-NGO 관계를 근본적으로 갈등의 관계로 보는가, 또는 협의의 관계로 보는가) 등의 차원으로 볼 때 광의의 NGO 개념이 아니라 협의의 SMO 개념에 가깝다.

row 1998). 애드보커시 활동의 대상으로 정부를 직접적으로 조준하기보다는 국제기구를 우회하는 전략이 상대적으로 수월할 수 있다는 점을 고려한 입장이다. 이처럼 정책 감시를 위해 NGO가 권위주의적 정부에 직접 응하며 견제하는 것보다는 국제기구와 같은 비국가 행위자와 결속하는 것이 초국적 자원 동원에 효과적이라고 보는 주장들은 더 나아가서, NGO에 대응되는 세력이 NGO에게 어느 정도의 개방성을 허락하는지에 대해서도 심화된 이론을 전개하였다. 킷셸(Kitschelt 1986)은 NGO가 발휘하는 운동 동원 전략과 역량에 영향을 미치는 정치기회구조를 국가(state)의 정책 의견 수렴에 대한 개방성과 정책의 효과적인 실행을 위한 추진력을 기준으로 4단계 차원으로 구분하여 제시하였다. 또한 리세 카펜(Risse-Kappen 1995)은 NGO의 애드보커시 활동이 목표하는 대상조직의 중앙집중화 경향에 따라 NGO가 확보할 접근성과 애드보커시 달성의 유효성(efficacy)이 달라질 수 있음을 역설하였는데, 이 접근성과 유효성은 반비례의 트레이드오프(trade-off) 관계라고 보았다. 정치기회구조의 측면에서 NGO가 UN과 같은 국제기구와 결속하려는 유인을 주장하는 논지의 선행연구들은 공통적으로 최소한 사회운동 및 애드보커시 영역에서는 NGO가 정부나 국제기구 등 전통적인 국제정치 행위자에 비해 능동적인 전략적 행위자(strategic actor)로서의 위상을 확보하지 못하였고, 이에 따라 NGO는 스스로 단체의 대외적 영향력을 높이기 위해 특정 행위자와의 파트너십을 전략적으로 선택한다는 데 동의한다.

둘째, NGO의 자원동원능력이 제한적일 때 재정, 인력 등 물질적 자원의 이용가능성을 높이기 위해 국제기구와 협력하거나 주류적인 국제규범 및 제도에 적응하려는 경향이 있다고 보는 주장이 있다(McCarthy et al. 1977; Minkoff 1999). 쿨리 외(Cooley et al. 2002)는 초국적으로 활동하는 오늘날의 NGO들에게 자원 확보 이슈와 이를 해결하기 위한 경쟁은 만연한 현실이며, 자원동원능력 제고를 위해서 NGO는 비용효율적으로 가장 유리한 지원을 제공받을 수 있는 파트너를 찾아 나서게 될 수밖에 없다고 지적한다. 자원동원의 측면에서 NGO가 국제기구와의 파트너십을 추구한다는 주장은 국제개발협력 분야에서도 쉽게 그 예시를 찾을 수 있다. 가령, NGO들이 UN 경제사회이사회(Economic and Social Council, ECOSOC)로부터 포괄·특별·로스터 협의지위(General, Special or Roster Consultative Status)를 부여받기 위해 단체의 운영 건전성을 개선하려는 노력을 펼치는 이유가 바로 여기에 있다. 협의지위를 갖춘 NGO들은 개발커뮤니티에 개별적 혹은 집합적으로 의제 설정에 관한 영향력을 행사할 수 있기 때문에 협의지위는 그 자체로 NGO 개입의 유효성을 높여주는 장치이기도 하면서, 대외적으로는 UN 기구로부터 공식적인 '허가(accreditation)'를 인정받은 징표로 기능하여 단체에 대한 대외적 신뢰도에 긍정적인 영향을 미침으로써 자원동원 경쟁에서 우위를 점하게 하는 효과가 있다.

이상에서 논의한 바와 같이 시민사회 활동에 관한 학계의 전통적인 담론들이 직접행동 및 캠페인과 같은 비제도적인 운동방식을 통해 전개되는 '정책 감시 및 시민권익 옹호 목적의 애드보커시'에 초점을 둔 것은 사실이다. 다만, 본 연구에서 다루는 국제개발협력 분야 내 NGO의 사업 실행 파트너십은 인권, 민주주의, 평화, 환경, 젠더 등 첨예한 사회이슈에 대해 시민사회의 이름으로 공공성과 지구정의를 주창하는 사회운동단체의 활동 양상과는 맥락이 일치하지는 않는다. 개발NGO의 사업 실행 파트너십은 기관의 핵심가치를 실현하는 데 필요한 재원동원과 조직 역량강화의 목적도 동시에 가지고 있다.

2. 규범적 측면

국제개발협력 분야에서 파트너십 개념은 1980년대 후반부터 본격적으로 논의되기 시작하였다. 하딩(Harding 1998, 87)은 파트너십을 "정부, NGO, 기업들이 상호이익을 위해 맺은 협의를 기반으로 하는 협력행위"로 정의하였으며, 브링커호프(Brinkerhoff 2002a, 21)는 "다양한 행위자들 사이에서 발생하는 역동적인 관계"로 정의한 바 있다. 국제사회의 개발환경이나 이슈에 따라 파트너십 용어의 쓰임은 더욱 다양해지고 있는데, 특히 2000년 MDGs 선언 이후 파트너십 개념은 개발 관련 국제회의 등에서 거르지 않고 재생산되어왔다. MDGs의 여덟 번째 목표는 '개발을 위한 글로벌 파트너십 조성(Develop a Global Partnership for Development)'으로 기존의 개발주체와 더불어 민간부문의 참여를 장려하고 있으며, 이러한 인식은 SDGs에 계승되었다. MDGs 실현과 원조효과성 향상을 위해 OECD는 네 차례의 원조효과성 고위급회담(High Level Forum on Aid Effectiveness, HLF)을 개최하였는데 각 포럼을 거치며 더욱 구체적이고 체계적인 파트너십 개념이 확립되었다. 특히 2011년 부산에서 열린 제4차 원조효과성 고위급회담(HLF-4)에서는 이전 파트너십보다 구체화된 '효과적 개발협력을 위한 글로벌 파트너십(Global Partnership for Effective Development Cooperation, GPEDC)' 개념이 등장하여 본래의 파트너십 개념에 '개발효과성'이라는 목표지향적 의미가 더해졌다.

그러나 개발효과성 향상을 위해 도입된 파트너십 개념은 스스로의 명분을 약화시킬 불합리를 내재하기도 한 것이었다. 이와 같은 논의는 국제기구와 NGO의 파트너십 사례 분석을 통해 UN-NGO 관계의 구조적 측면과 두 행위자 간 인식의 차이에 대해 연구한 브링커호프(Brinkerhoff 2002b)와 브링커호프 외(Brinkerhoff et al. 2004)에 의해 본격적으로 제기되었다. 이들의 연구에 따르면, 코피 아난(Kofi Annan) 전 UN 사무총장이 개발NGO와의 파트너십 관계를 '선택이 아닌 필수'로 천명하고, 1990년대 후반부터 개발담론에서 파트너십이 주요 의제로 부각되면서 국제기구의 공식문건에 'NGO(혹은 CSO)와의 파트너십'의 중요성이 인정되는 흐름 속에서도, NGO들은 이것이 모두 수사(rhetoric)에 불과하다고 인식하고 있었다. 표면적으로는 동등한 관계에서 협약이 이루어지는 것 같지만 실제로는 NGO가 국제기구의 일방적인 지시 및 움직임에 따라 수동적으로 반응할 수밖에 없기 때문에 평등하고 수평적인 관계가 성립되지 못하며, 국제기구의 조직적 한계로 시민사회 파트너십 업무에 대한 지원체계가 일관성과 유연성을 결여하고 있어 원활한 협력 관계가 방해받고 있다고 본 것이었다. 반대로 국제기구가 바라보는 NGO는 체계적인 보고 및 관리 역량이 부족하고, 재정 관리 및 정보공개 등에서 투명성의 문제를 안고 있을 뿐이었다.

브링커호프 외(Brinkerhoff et al. 2004)는 두 행위자 간 인식의 차이가 근본적으로 공여자(donor)인 국제기구가 주도하는 힘의 불균형 때문이라고 분석하였다. 국제기구와 개발NGO 사이의 파트너십은 기본적으로 '계약(contract)'이라는 수직적 메커니즘에 기초한다는 맹점을 지적한 것이다. 또한 국제기구는 철저히 효율성과 효과성 달성을 목적으로 한 '기능적인 측면'에서 NGO 고유의 역량을 수단화하면서 사업성과 실패에 대한 책임은 전가하려 하는데, 이와 같은 국제기구의 전략적 행위가 하향지시적(top-down)이라는 비판에서 벗어나기 위해 파트너십을 '연대'라는 이름으로 이용하는 것일 수 있다는 분석이다. 한편 NGO의 입장에서도 글로벌 자원 배분과 규범 수립에 관한 의사결정에 실질적인 영향력을 발휘하는 것이 국제기구 파트너십의 궁극적인 의도라면, 그러한 협력은 공허한 관계로 남을 수 있음이다. 결국 '진정한 파트너십(authentic partnership)'을 달성하기 위해서는 협력 당사자 사이의 상호 신뢰와 존중을 바탕으로 공통으로 추구하고자 하는 목표를 설정하고, 상호책무성과 평등과 같은 파트너십의 기본원칙이 서로 합의되어야 할 필요성이 재차 강조된다.[7]

이러한 맥락에서 2006년에 설립된 '글로벌인도주의플랫폼(Global Humanitarian Platform, GHP)'은 국제기구-NGO 파트너십과 관련하여 중대한 전환점으로 작용하였다. GHP는 UN, 세계은행, IOM 등 다자기구를 비롯하여 국제적십자운동(International Red Cross and Red Crescent Movement) 등 NGO를 대표하는 40명의 지도자들의 참여로 출범하였다. 2004년 수단 다르푸르(Darfur) 지역에서 발생한 인도적 위기 대응에 실패를 겪게 되면서, 인도적 지원 기관 간 조정 상임위원회(Inter-Agency Standing Committee, IASC)는 대대적인 개혁을 이루어야 한

7 한편, 개발NGO의 파트너십에 대해 연구해온 파울러(Fowler 2000)는 '파트너십'이라는 용어의 남용에 주의가 필요하다고 지적한 바 있다. 그의 연구에 따르면 모든 협력 관계가 파트너십이 되는 것은 아니며, 진정한 파트너십(authentic partnership)은 양자 사이의 합의된 공동 목표 및 공동 책임, 평등에 바탕을 둔 상호 신뢰와 존중, 장기적인 관점에서의 협력 관계 위에 성립될 수 있다.

다는 점에 합의하였다.[8] GHP의 네 번째 개혁과제였던 파트너십은 결과를 향상시키는 전략으로서 기능함과 동시에, 인도적 지원 기관 간의 관계를 맺는 방식 그리고 관계에 대한 인식의 전면적 개혁까지 포함하는 의미로서 기존의 UN 시스템을 감안할 때 매우 급진적인 변화였다. GHP의 참가자들은 본부 차원(global level)과 현장 차원(field level) 모두에서 진정한 파트너십의 정신으로 협력을 강화해나갈 것을 결의하였으며, 이 결의 내용을 GHP의 파트너십 원칙(Principles of Partnership, PoP)이라 명명하였다. PoP는 평등(Equality), 투명성(Transparency), 성과지향적 접근(Result-oriented approach), 책임성(Responsibility), 그리고 상호보완성(Complementarity)의 5가지 원칙으로 이루어져 있다(〈표 2〉 참조). GHP 회원기관은 이 원칙을 기관의 인도적 지원 관련 전략 및 목표 수립과 사업수행에 적용할 것이 권고되며, 정기회의를 통해 PoP 적용사례로부터 도출되는 향후 시사점을 논의한다.

〈표 2〉 Principles of Partnership (PoP) endorsed by the Global Humanitarian Platform (GHP), July 2007

Equality	Equality requires mutual respect between members of the partnership irrespective of size and power. The participants must respect each other's mandates, obligations and independence and recognize each other's constraints and commitments. Mutual respect must not preclude organizations from engaging in constructive dissent.

8 GHP는 다음과 같이 인도적 지원 분야 협력의 개혁방향을 네 가지로 제시하였다: ① 향상된 리더십(enhanced leadership), ② 적시의 유연한 자금 조달(timely and flexible financing), ③ 분야별 클러스터 조정 메커니즘 구축(establishment of sectoral cluster coordination mechanism), ④ 파트너십(partnership) (GHP 설립 배경에 관한 자세한 내용은 다음의 웹페이지를 참고할 것: https://www.icvanetwork.org/global-humanitarian- platform-ghp-overview)

Transparency	Transparency is achieved through dialogue (on equal footing), with an emphasis on early consultations and early sharing of information. Communications and transparency, including financial transparency, increase the level of trust among organizations.
Result-oriented approach	Effective humanitarian action must be reality-based and action-oriented. This requires result-oriented coordination based on effective capabilities and concrete operational capacities.
Responsibility	Humanitarian organizations have an ethical obligation to each other to accomplish their tasks responsibly, with integrity and in a relevant and appropriate way. They must make sure they commit to activities only when they have the means, competencies, skills, and capacity to deliver on their commitments. Decisive and robust prevention of abuses committed by humanitarians must also be a constant effort.
Complementarity	The diversity of the humanitarian community is an asset if we build on our comparative advantages and complement each other's contributions. Local capacity is one of the main assets to enhance and on which to build. Whenever possible, humanitarian organizations should strive to make it an integral part in emergency response. Language and cultural barriers must be overcome.

Source: GHP (2007).

3. 실천적 측면

앞서 연구목적에서 언급한 바와 같이, 오늘날 국제개발협력 분야에서 NGO의 활발한 참여는 국제기구가 관리하는 개발사업의 현장에서 광범위하게 포착되는 실존적 현상이며, UN 다자개발기구들의 NGO 파트너십 관련 행보에서도 그 실천적 중요성을 확인할 수 있다. NGO들은 오랜 기간 구축한 현장 전문성과 주민조직에 관한 독보적인 역량을 바탕으로 국제기구 개발사업의 실행 파트너로서 공식적인 위상을 정립하고 있는데, 가장 대표적인 국제기구 파트너로는 WFP와 UNHCR을 들 수 있다.

먼저, WFP는 전 세계 1,000여 개 이상의 NGO와 협력하면서 UN 다자개발기구 중 가장 큰 규모의 NGO 파트너 풀(partner pool)을 보유하고 있다고 평가된다.[9] 매년 개최하는 '연례파트너십회의(Annual Partnership Conference, APC)'를 통해 협력 관계 증진을 위한 다양한 아젠다를 논의한다. 최근 WFP가 NGO와의 파트너십에 대하여 취하는 관점 중 독특한 것은 수원국 정부, 공여국 정부, 싱크탱크, 미디어, 타 UN 기구, 국제금융기구 등 여타 파트너의 한 유형으로서 NGO를 인식한다는 점이다. 따라서 NGO 파트너십을 독립적으로 다루는 최신 전략문서는 존재하지 않으나,[10] 「종합파트너십전략(Corporate Partnership Strategy 2014-2017)」을 통해 NGO를 비롯한 모든 파트너에 관한 통합적 협력 프레임워크를 제시한다. 그럼에도 불구하고 WFP에 있어 NGO는 자체 파트너 분류 기준 상 모든 유형에 부합하는 활용도 높은 전략적 협력 관계임은 분명해 보인다(〈표 3〉 참조).

9 https://www1.wfp.org/partner-with-us

10 WFP-NGO 파트너십 프레임워크에 관한 전략문서로는 2001년 4월에 발표된 「WFP Working with NGOs: A Framework for Partnership」이 대표적이라고 할 수 있으나 이후 갱신된 자료는 발표되지 않은 것으로 보인다. 유엔세계식량계획(WFP 2001, 4)에 따르면 당시 WFP는 약 250개의 국제NGO(international NGO)와 870개의 국가/현지 NGO(national and local NGO)와 협력하고 있었다. 또한 당시 약 90% 이상의 WFP 국가사무소가 NGO와의 협력을 통해 사업을 수행한 가운데, 특히 구호활동(relief operations)에서는 80% 이상의 경우가 NGO를 실행 파트너로 지정한 경우였다.

〈표 3〉 The Wide Array of WFP Relationships

Legend
B-Bilateral partnerships; **M**-Multi-stakeholder and catalytic partnerships; O-Open and networked partnerships

	Host governments	**Donor governments**	**NGOs**	**Private sector**	**United Nations**	**International Financial Institutions**	**Academia think tanks**	**Governing bodies**	**Media**	**Affected populations**
Resource partners Human, financial, and technical resources	B	B M	B	B	M	B M				
Knowledge partners Information, evaluation, and analysis	B M	B M O	B M O	B M	B M O	B M O	B M O	M		
Policy and governance partners Policies, governance, regional and country hunger and nutrition policies, and hunger and institutional governance	B M	M O	M O		M O	M O	O	M		
Advocacy partners Support for publicity work	B M	B M O	B M O	B M	B M O	B M O	B M O	M	O	O
Capability partners Design and implementation of programmes and operations	B		B M	B M	B M					O

Source: WFP (2014, 15).

WFP가 UN 다자개발기구 중 양적 규모로서 가장 큰 NGO 파트너 풀을 운영하는 특징이 있다면, UNHCR은 적극적인 NGO 포용 접근을 통해 NGO 파트너십의 질적 제고를 위하여 지속적인 동반자적 노력을 펼쳐온 기구로 평가될 수 있다. UNHCR이 NGO를 중요한 파트너로서 진지하게 인식하고 있다는 점은 'UNHCR-NGO 파트너십 설문(UNHCR-NGO Partnership Survey)'[11] 실시에서 가늠할 수 있다. 본 설문은 UNHCR의 IPMS(Implementing Partner Management Service)가 HIAS(Hebrew Immigrant Aid Society)와 Inter Action의 협조로 2014년부터 매년 수행하고 있는 연례 인식조사인데, UNHCR 국가사무소와 파트너 NGO 관계자를 대상으로 두 기관 간 파트너십의 동학을 보다 실제적으로 포착하고 이를 데이터화 하여 향후 파트너십 개선을 위한 함의를 얻는 정책적 도구로 활용되고 있다. 또한 UNHCR은 유수의 NGO 자원을 적재적소에서 동원할 수 있도록 UN 기구로서는 처음으로 온라인 파트너 포털(Partner Portal)을 설립하였고, 이는 2018년 11월 전 기구 차원의 UN 파트너 포털(UN Partner Portal)[12] 구축으로 이어져 국제개발협력 분야 CSO 맵핑의 통합적 관리를 선도하였다고 판단된다.

긴급구호 및 인도적 지원 영역에서는 일상적인 인도적 위기뿐만 아니라, 특히 미디어의 주목을 이끌지 못해 소외되기 쉬운 국내실향민(Internally Displaced Persons, IDPs) 문제에 대해서 UNHCR이 각 국가 및 지역 단위의 NGO와의 협력이 매우 필요하다는 인식이 공유되어 있다(UNHCR 2018, 8). 이에 UNHCR은 WFP의 APC와 유사한 파트너 연례회의를 갖는데, 그 참여대상을 여러 파트너 유형 중에서도 NGO로 제한한 'NGO연례자문회의(Annual Consultations with NGOs)'를 개최하고 있다. 매년 500명 이상의 NGO 관계자가 참여하는 본 회의는 아

11 2017년 UNHCR-NGO 파트너십 설문조사 결과는 다음의 웹페이지(https://www.icvanetwork.org/system/files/versions/2017_HIAS-IA_UNHCR-NGO_Partnership_Survey_General_Report_FINAL.pdf)를 참고할 것.

12 https://www.unpartnerportal.org.

프리카, 미주, 아시아태평양, 유럽, 중동 및 북아프리카 등 지역별 세션을 운영함과 동시에, 포괄적난민대응프레임워크(Comprehensive Refugee Response Framework, CRRF)에 관한 국제 동향 논의와 공동 모니터링, 성 기반 폭력에 관한 난민 이슈 및 국내실향민 문제 등에 대한 주제별 토의 세션을 마련하고 있다.

Ⅲ. 국제기구-NGO 실행 파트너십 분석

1. 국제기구-NGO 파트너십의 원칙

본 장의 1절에서는 WFP와 UNHCR[13]을 중심으로 개도국 개발사업의 현장에서 진행되는 국제기구와 NGO 간 파트너십의 정의와 원칙을 살펴보고, 이어지는 2절에서는 파트너십 형성의 절차와 국제기구의 파트너로서 NGO에게 요구되는 기준과 역량에 대해 분석하고자 한다. WFP와 UNHCR은 파트너십을 통해 각 기구의 전략목표와 우선순위를 더욱 효과적으로 달성할 수 있을 것이라 밝히고 있다(〈표 4〉 및 〈표 5〉 참조).

13 2016년 2월에 수립된 한국 정부의 「다자협력 추진전략(안)」에 따라, 두 기구는 '5대 UN 중점협력 다자기구(UNDP, WFP, UNICEF, WHO, UNHCR)'로 지정되었다. 이에 각 기구별 전문 분야에 대한 한국 정부 차원의 지원 확대가 예상되므로 본 연구의 대상으로 적합하다.

〈표 4〉 Strategic Goals and Strategic Objectives of WFP (2017-2021)

WFP	**Strategic Goal 1: Support countries to achieve zero hunger (SDG 2)** - Strategic Objective 1: End hunger by protecting access to food - Strategic Objective 2: Improve nutrition - Strategic Objective 3: Achieve food security
	Strategic Goal 2: Partner to support implementation of the SDGs (SDG 17) - Strategic Objective 4: Support SDG implementation - Strategic Objective 5: Partner for SDG results

Source: WFP (2017, 4-5).

WFP는 파트너십을 "양 당사자가 보유한 상호보완적인 자원을 결합하고 활용하는 관계; 투명하고 평등하며 서로에게 이익이 되는 방향으로 진행되는 관계; 위험과 책임, 책무성을 공유하는 관계"로 정의하고 있다(WFP 2014). 또한 WFP가 지칭하는 파트너십은 각 파트너가 보유한 자원, 전문기술, 지식 및 네트워크를 활용하여 특정한 목표를 성취할 것을 전제하고 있으며, 사업의 직접적인 결과로서 획득되는 변화(outcomes)들을 달성하는 데 기여해야 한다는 점에서 거래 관계 등 여타의 협력적 관계와는 구분된다. 한편 WFP는 타 국제기구에 비해 파트너십을 통해 산출되는 '부가 가치(added value)'의 중요성을 강조하는데, 이는 파트너십 형성을 통해 기대되는 가치와 결과가 파트너십 관계를 맺고 유지하는 데 소요되는 비용보다 반드시 커야 함을 함축한다고 볼 수 있다. WFP는 파트너십의 원칙을 규범적 원칙(prescriptive principles), 예방적 원칙(precautionary principles), 전략적 원칙(strategic principles)으로 나누어 제시하고 있다(WFP 2014, 10-12). 규범적 원칙은 GHP의 파트너십 원칙(PoP)인 평등, 투명성, 성과지향적 접근, 책임성, 상호보완성을 의미하며, 예방적 원칙은 WFP 및 UN의 전략목표와 원칙에 불합치하거나 이행능력이 부족하여 WFP의 평판, 지위, 수행 효율성을 훼손할 잠재적 위험을 지닌 파트너십을 배제함을 뜻한다. 전략적 원칙은 다음의 5가지 사항으로 구성된다: ① WFP의 전략목표 달성에 기여한다; ② 비용 대비 효과성을 추구한다; ③ 식량 안보와 영양에 대한 국제적 우선순위를 반영한다; ④ WFP의 윤리적인 지위를 확인하거나 강화하는 데 기여한다; ⑤ 모든 당사자들로부터 적절한 자원을 제공받는다.

〈표 5〉 Operational Global Strategic Priorities (GSPs) of UNHCR (2018-2019)

<table>
<tr><td rowspan="6">UNHCR</td><td>Strategic Priority 1: Favourable Protection Environment
Strategic Objective 1: Safeguarding access to territorial protection and asylum procedures, and protection against refoulement; and supporting the adoption of nationality laws that prevent and/or reduce statelessness</td></tr>
<tr><td>Strategic Priority 2: Fair protection process and documentation
Strategic Objective 2: Securing birth registration, profiling and individual documentation based on registration</td></tr>
<tr><td>Strategic Priority 3: Security from violence and exploitation
Strategic Objective 3: Reducing protection risks faced by people of concern, in particular, discrimination, sexual and gender-based violence (SGBV) and specific risks faced by children</td></tr>
<tr><td>Strategic Priority 4: Basic needs and services
Strategic Objective 4: Reducing mortality, morbidity and malnutrition through multi-sectoral interventions
Strategic Objective 5: Meeting international standards in relation to shelter, domestic energy, water, sanitation and hygiene</td></tr>
<tr><td>Strategic Priority 5: Community empowerment and self-reliance
Strategic Objective 6: Promoting active participation in decision-making of people of concern and building coexistence with hosting communities
Strategic Objective 7: Promoting human potential through increased opportunities for quality education and livelihoods support</td></tr>
<tr><td>Strategic Priority 6: Durable solutions
Strategic Objective 8: Expanding opportunities for durable solutions for persons of concern, particularly those in protracted situations, including by strengthening the use of comprehensive approaches and contributing to sustainable reintegration, local settlement and successful resettlement in third countries</td></tr>
</table>

Source: UNHCR (2017, 29-31).

한편, 파트너십의 정의와 원칙에 대한 UNHCR의 해석도 WFP와 유사한 경향을 보인다. UNHCR이 정의하는 파트너십은 '각 파트너가 보유한 자원을 결합 및 활용하고 투명성과 상호존중을 바탕으로 상호 이익이 되는 방식으로 함께 일함으로써, UNHCR 프로그램의 주요 개입 대상인 난민과 무국적자 등에 대해 더 나은 결과를 보장하고자 하는 관계' 이다.[14] UNHCR은 별도의 파트너십 원칙을 제시하지 않고 GHP의 5대 파트너십 원칙을 그대로 수용한다.

WFP와 UNHCR의 파트너십 접근을 종합해볼 때, 국제기구가 인식하는 파트너십 개념은 각 파트너의 자원을 상호 활용함으로써 개별 기구가 추구하는 전략목표 달성을 위한 전략적인 관계에 가깝다고 할 수 있다. 이때 파트너십은 상호 존중과 신뢰에 기초한 평등과 대등의 관계에서 투명하게 지속되고, 책임과 위험을 공유하는 상호책무성을 바탕으로 한 관계로 정리된다. 또한 기관별 파트너십의 원칙도 2007년 GHP 차원에서 합의된 5대 파트너십 원칙을 기반으로 하되, 기관이 추구하는 핵심 목표와 방향성에 따라 세부적인 원칙이 첨가되기도 함을 알 수 있다.

2. 국제기구의 NGO 파트너 선정 절차 및 기준

1) NGO 파트너 선정 및 심사 절차

온라인 홈페이지를 통해 파트너 NGO의 심사 및 선정 절차를 자세하게 안내하고 있는 UNHCR을 제외하면, 대부분의 국제기구들은 이

---

14 https://www.unhcr.org/partnerships.

와 같은 정보를 적극적으로 배포하지는 않고 있다고 판단된다. 작년 말 UN 차원의 통합 파트너 포털이 개시된 이래로, UNHCR에 이어서 유엔아동기금(United Nations Children's Fund, UNICEF)과 WFP가 CSO 파트너를 위한 사업제안 모집공고를 이따금 갱신하고 있는 정도이다. 본 연구자들이 탄자니아와 방글라데시 현지에서 NGO 파트너십을 담당하는 국제기구 현직자들을 대상으로 심층면담을 실시한 결과, 이들 국제기구는 대체로 유사한 파트너 발굴 절차를 진행하고 있는 것으로 나타났다. 일반적으로 각 기구들은 국가사무소(Country Office, CO) 단위에서 '사업제안요청서(Call for Expression of Interest)'를 게시하여 잠재적인 NGO 파트너를 모집한다. 이후 제출된 정보에 대한 사실 확인 및 기술심사(technical assessment)를 거쳐 심사위원회 차원의 검토를 통해 최종후보단체를 추려내는 과정을 거친다.[15]

먼저 UNHCR의 경우, CO의 소장은 제안사업 관련 전문성을 지닌

---

15 국제기구 현직자 심층면담 내용에 따르면, 실제로는 공식적인 창구를 통한 공개 선정 절차(open selection)보다 비공식적 성격의 비공개 선정 절차(direct selection)에 의해 파트너십 계약이 체결되는 경우도 빈번하게 나타난다. 공여국이 구속력을 발휘하여 해당 국가 기반의 NGO를 우선 협상대상자로 선정해야 할 경우가 있기도 하고, 매 사업마다 공개 선정 절차를 실시한다면 행정적 소요가 가중될 수밖에 없기 때문이다. 한편, 대규모의 재해 및 내란 등 국지적 소요 사태 발생시 긴급구호적 성격의 활동을 수행하는 UNHCR, UNDP, UNFPA의 인도적 지원 프로그램의 경우, 빠른 대응을 위해 일종의 상비역으로 기 승인된 NGO 파트너(pre-selected partners/stand-by partners)를 우선적으로 고려하는 '신속 절차(fast-track procedure)'를 두고 있다. 또한 이들 WFP와 UNHCR을 비롯하여 UNICEF, WHO, WFP, UNESCO, FAO 등 많은 기구들이 부족한 인적·물적 자원을 대규모 INGO 파트너가 자체적으로 확보하고 있는 우수자원 로스터(roster)로부터 적시에 지원받을 수 있도록 '예비협약(stand-by agreement)'을 가동하고 있다(UNJIU 2013, 40-41).

사무소의 직원들로 심사위원회(Implementing Partnership Management Committee, IPMC)를 구성하고, 심사위원회와 별개로 심사 및 선정 후 계약까지 담당할 '실무관(Secretary)'을 선정하는 것으로 절차가 시작된다. 사업제안요청서 배포를 담당하는 실무관은 UNHCR이 필요로 하는 역량과 자원을 보완하고 시너지(added-value)를 창출할 파트너를 모집하고자 한다는 점을 명확히 알리도록 한다. 이를 위해 사업제안요청서는 사업지역, 사업분야, 사업배경 및 기대되는 결과 등 사업 관련 정보를 포함하고 파트너 선정 기준과 향후 진행 일정에 대한 안내를 제시해야 한다. 사업참여를 희망하는 NGO 파트너는 해당 기구 본부가 제공하는 사업제안서(Concept Note)의 표준 양식(template)을 우선적으로 사용하도록 권장된다. 파트너 지원단체는 사업제안서에 사업을 통해 성취하고자 하는 결과, 결과를 실현하기 위한 이행 방법, 당사가 가지고 있는 고유한 이점 및 UNHCR과의 파트너십을 통해 상호보완이 가능한 기대역량을 명시해야 한다. 파트너 단체로 선정된 후 계약 단계에 접어들면 비로소 양측이 사업계획을 세부적으로 조율하고 최종 합의사항을 도출하게 되므로, 사업제안서는 3쪽 이내로 간략하고 명료하게 작성된다.

나아가 실무관은 사업제안서 및 기타 제출자료의 사실 여부를 검증하고, 사무소 내 해당 분야의 전문가(혹은 전문팀)에게 기술심사를 요청하며, 지원단체별 위험 요인을 검토한다. 그리고 1차 검증 및 기술심사가 마무리되면, 다음의 정보를 정리하여 심사위원회에 회부한다: ① 단체역량에 관한 개괄적인 심사기준 충족 여부(경험 및 분야 전문성, 사업관리역량, 해당 지역에서의 사업 수행 경험, 사업국 내 UNHCR 현지사무소와의 협업 이력 등), ② 법률적·제도적 자격 충족 여부(현지 정부에 대하여 비영리법인 취득 여부, UN 안전보장이사회의 제재 단체 여부 등), ③ 기술심사 결과, ④ 기타 의견, ⑤ 사업제안요청서 및 사업제안서. 이후 소집되는 심사위원회의에서는 실무관이 적절한 절차에 의해 심사과정을 진행하였는지(사업제안요청서를 공개적으로 게시하였는지, 사업제안서를 적법한 절차에 의해 정식 수령하였는지, 제출자료를 면밀히 검토하였는지, 기술심사와 위험평가가 적절히 수행되었는지 등)가 종합적으로 고려된다. 실무관은 회의의 토의사항을 모두 기록하여야 하며, 본 회의에 의해 추천된 최종후보단체의 정보는 CO의 소장에게 제출된다. 심사위원회는 회의 후 3~5일 이내에 이 정보를 제출해야 하는데, 소장은 심사위원회의 추천 결과에 대해 최종적으로 승인 또는 거부 결정을 내릴 권한이 있다. 이때 거부 결정에 대한 합리적인 근거를 제시해야 하고, 이것이 수용되면 차순위 단체 중에서 파트너를 낙점하거나 새로운 심사 절차를 진행할 수 있다. 파트너십의 투명성 확보를 위해 해당 기구는 지원단체에 심사 결과를 알려주어야 한다. 또한 지원단체가 심사과정 및 결과에 대해 명확한 정보를 공개할 것과 부가 설명을 요청하는 경우 이에 성실히 응답해야 할 책임이 있다. 이상의 절차를 단계별로 정리하면 다음의 〈표 6〉과 같다.

〈표 6〉 Partner Selection Decision Process of UNHCR

Step 1	Head of Office establishes a multi-functional IPMC
↓	
Step 2	UNHCR Office issues Call for Expression of Interest
↓	
Step 3	Submission of Concept Notes from interested partners

↓

Step 4	UNHCR technical assessment of submissions

↓

Step 5	Secretary to the Committee prepares submissions for committee review

↓

Step 6	Committee review and recommendation

↓

Step 7	Final decision by Head of Office

↓

Step 8	Communication of decision to applicant partners

Source: UNHCR (2013), Ahmed & Cordell (2015) 및 현직자 심층면담 내용을 바탕으로 저자 작성

WFP의 경우, 구체적인 파트너 선정 절차는 개별 국가사무소의 재량에 의해 진행되고 있으며 별도의 공식적인 안내를 제공하고 있지는 않은 것으로 보인다. WFP 방글라데시 국가사두소의 파트너 선정 관련 최신 지침(WFP Bangladesh n.d.)에 따르면, WFP 국가사무소에서 일반적으로 실시되는 NGO 파트너 선정 절차는 ① 심사위원회 구성, ② 사업참여의향서(Expression of Interest, EOI) 접수, ③ 참여희망단체의 사업제안서에 기초한 1차 심사(기술심사 및 재무평가), ④ 현장실사, ⑤ 심사위원회 최종 검토 후 후보단체 선정의 순서로 이루어져 있다. 따라서 WFP는 파트너 지원단체에 대한 현장실사 단계를 공식화하고 있는 점을 제외하면 UNHCR의 경우와 큰 차이는 없다고 볼 수 있다.

원칙적으로 국제기구와의 파트너십 체결의 기회는 국제기구 협력사업을 수행한 경험이 있는 파트너뿐만 아니라 신규 지원단체에게도 균

등하게 열려 있다. 또한 각 기구가 실시하는 파트너 선정 절차에는 어느 정도 일관성이 갖춰져 있다. 그러나 국제기구 및 NGO 현직자들은 이러한 우호적인 배경에도 불구하고 NGO의 활발한 참여를 저해하는 요인이 여전히 존재한다는 점에 대체로 동의한다. 사업제안 참여를 희망하는 NGO는 기구별 파트너 풀에 사전 등록되어 있어야 하고, 기구마다 소통하는 용어와 표준 양식이 다르다는 점 등은 여전히 NGO 파트너들의 행정적 부담을 더하는 굴레라는 지적도 제기되었다. 국제기구-NGO 파트너십 형성 절차를 일원화 및 간소화하는 데 중추적인 역할을 할 것으로 기대되는 UN 파트너 포털이 출범하면서 NGO들이 겪는 현장에서의 이슈를 해소할 전환점이 부분적으로나마 마련된 가운데, 보다 실천적 정합성이 있는 방안들이 강구될 필요가 있다는 의견도 제시되었다.

2) 국제기구의 NGO 파트너 선정 심사 기준

파트너 선정 절차에서 지원단체에 대한 심층적인 평가는 효과적이고 효율적인 사업 수행을 위해 극히 중요한 과정이다(UNJIU 2013). 파트너 선정 및 심사 시 국제기구는 파트너에게 요구되는 자격요건과 심사기준을 명시하고 있다. 공통적으로 제시되는 기본조건 외에 해당 국가 및 지역적 배경과 사업의 성격에 따라 가감되기도 한다. WFP와 UNHCR은 공통적으로 각 기구의 핵심 가치 및 전략목표와의 부합 여부를 필수 전제로 제시하였다.

나아가 WFP는 추가적으로 제도적 역량과 재정적 역량을 필수 기준으로 설정하였다. 먼저, 제도적 역량에는 사업국 정부기관으로부터 수행허가를 받았는가, 인도주의 및 구호 관련 사업 수행 경험이 충분한가,

인력자원 및 현지사무소 운영 상황은 안정적인가, 단체 내부의 거버넌스 측면에서 체계적인 조직구조를 갖추고 있는가, 현지 주민과 사회 및 지역사회 기반의 조직들과 적극적으로 협력할 능력과 의지가 있는가와 같은 역량이 포함된다. 재정적 역량에는 인사(HR) 및 장비 운영과 같이 WFP 식량배급활동 수행과 직접적으로 관련되지 않은 제반 소요 경비를 부담할 수 있는가, 사업 실행 관련 재정 관리 능력을 갖추었는가, WFP의 감독 및 보고 체계를 준수하며 신뢰할 수 있는 재무 건전성과 투명성을 갖추고 있는가 등이 고려된다(〈표 7〉 참조).

〈표 7〉 Criteria for an NGO to Work with WFP

1. Coherence with WFP's aims and principles	The NGO needs to agree with WFP's aims and principles.
2. Institutional capacities	The NGO needs to: – be accepted by the government – have extensive experience in humanitarian and relief operations; – have sound, specific programmes for food distribution and/or on issues related to food assistance, food security, advocacy and development which correspond to WFP's general priorities and target groups; – have adequate personnel and in–country organizational structures, including staff, field offices, vehicles and access to communications; – have a transparent institutional framework, active grass root participation, information systems and documentation, technical knowledge and geographical presence; – be willing and able to work with community–based organizations.
3. Financial and complementary capacities	The NGO should: – be able to cover part or all or non–food items, staffing and equipment;

3. Financial and complementary capacities	– have staff with basic skills in project and financial management, analytical skills and capacity in areas of commodity tracking, food distribution and beneficiary participation; – be able to comply with WFP's monitoring and reporting requirements and have sound, reliable financial and accounting systems.
4. Relationship with other groups	The NGO needs to: – collaborative with government infrastructure; coordinate with others.

Source: WFP (2005, 26-27).

Note: These criteria are the result of input from various country offices, in particular the WFP Sudan CO and the WFP India CO. A complete sample of the partner selection criteria developed by the WFP India CO can be found on pages 28-30 (Annex 1) of the above-cited document.

UNHCR은 경험 및 분야 전문성, 사업관리 역량, 해당 지역에서의 사업 경험, 지역사회와의 관계, 자원동원, 보안 관련 사항, 비용 대비 효율 및 UNHCR(혹은 타 국제기구)과의 사업 수행 경험 여부를 주요 심사기준으로 제시하고 있다(〈표 8〉 참조). 아메드 외(Ahmed et al. 2015, 8)에 따르면, 유엔개발계획(United Nations Development Programme, UNDP) 및 유엔인구기금(United Nations Population Fund, UNFPA) 등 여타 국제기구의 파트너 NGO 선정 기준도 이와 유사한 경향이 있다. 이외에, 파트너 단체의 대정부 영향력도 심사기준으로 고려될 수 있다. WFP 탄자니아 사무소의 관계자에 따르면, 현장에서 사업을 실행하는 NGO들은 국제기구보다는 해당 사업국의 중앙정부 및 지역정부와의 관계에서 종종 갈등을 겪기도 하며, 권위적이고 경직된 거버넌스를 가진 국가일수록 정부 관계자와의 비공식적인 네트워킹을 통해 업무를 해결할 수 있는 경우가 많기 때문에 대정부 영향력이 중요한 심사 기준이 될 수 있다.

〈표 8〉 Partner Selection Criteria of UNHCR

1. Coherence with UNHCR's values and principles	Prospective partner NGOs are required to be committed to UNHCR's core values and its commitment to persons of concern.
2. Institutional capacities	- Sector expertise and experience - Project management - Local experience, presence and community relations - Contribution of resources - Security considerations - Cost effectiveness - Experience working with UNHCR
3. Others	Other specific needs that may be required, to be identified and communicated in advance, as part of the Call for Expression of Interest.

Source: UNHCR (2013, 8-10).

이상의 논의를 종합해보면, 국제기구와의 파트너십을 염두에 두고 있는 NGO는 단체가 비교우위를 가질 수 있는 전문분야를 명확히 하고 전반적인 관리 역량을 강화해야 한다. 관리 역량이란 사업 실행 전문성 및 인력자원을 포함한 '기술적 관리 역량', 사업기획, 보고능력, 자원관리를 포함하는 '행정적 관리 역량', 그리고 '재정적 관리역량'을 종합적으로 포괄하기 때문에, 해당 지역 및 분야에서 일정 수준 이상의 사업 실행 경험과 대외적 평판, 조직 규모를 갖추지 못하면 경쟁력 확보에 어려움이 있을 것으로 보인다. 개도국 현지조사에서 국제기구 및 NGO 관계자들은 공통적으로 단체의 사업 실행 역량과 경험이 파트너 선정 시 가장 중요한 심사 기준이 된다고 보았는데, 이때의 사업 실행 역량은 단순히 사업을 수행(implement)하는 것 뿐만 아니라 사업의 기획, 수행, 모니터링에 이르는 전 단계에서의 실행능력과 파트너십의 기본 원칙들을 준수할 수 있는 역량을 의미한다. 파트너십을 체결하고자 하는 NGO

는 다른 지원단체들에 비해 지역 및 분야 전문성 면에서 어떠한 비교우위를 갖는지, 또한 국제기구와 협력하지 않는 경우와 비교하여 파트너십 체결이 산출할 기대효과는 무엇일지를 명확하게 드러낼 수 있어야 한다. 한 국제기구와의 사업 실행 경험도 타 기구와의 파트너십 확장에 긍정적으로 작용하는데, 이는 이미 UN 시스템에 대한 이해가 있고 기본적인 검증 절차를 통과한 것으로 간주되어 파트너십 계약 체결에 문제가 없을 것이라는 확신을 주기 때문인 것으로 판단된다.

Ⅳ. 나가며

개도국에서의 개발사업 재원조달 차원에서 다자성양자원조 증가를 특징으로 하는 오늘날 국제기구 협력사업의 동향은 NGO에게 있어 새로운 파트너십 모색의 기회이다. 이러한 관점에서 출발한 본 연구는 국제기구-NGO 파트너십의 개념과 원칙, 국제기구의 실행 파트너 선정 절차 및 심사 기준을 WFP와 UNHCR을 중심으로 살펴보았다. 이들 국제기구의 파트너십 전략문서 등에 대한 문헌연구와 방글라데시 및 탄자니아 현지의 UN 다자개발기구 그리고 NGO 현직자 대상 인터뷰를 통한 조사결과를 종합하고 유목화하였다. 이로써 국제기구와 NGO라는 두 유형의 개발행위자 간 사업 실행 파트너십이 어떠한 원칙과 절차 속에서 실제 구현되는지를 경험적 분석에 의해 살펴보고, 나아가 국내 NGO들의 국제기구 협력사업 실행 파트너십 확장에 관한 함의를 도출하고자 하였다.

분석 결과, 국제기구가 인식하는 파트너십 개념과 원칙은 기구별로 큰 차이를 나타내지는 않았다. 민간 부문 파트너와의 협력이 필수적인 인도적 지원 분야를 필두로 국제기구의 민간 파트너십과 관련된 규범적 논의가 촉발되었는데, UN 및 세계은행 등 다자기구와 NGO 대표들이 모여 2007년 창립된 GHP는 5대 파트너십 원칙—평등, 투명성, 성과 지향적 접근, 책임성, 상호보완성—을 수립하였고, 이는 WFP와 UNHCR 파트너십 원칙의 바탕을 이루었다. 국제기구들의 파트너 선정 절차는 사업의 맥락에 따라 절차적 유연성을 발휘할 장치들이 일부 존재하지만—예컨대, 우선적으로 고려되는 파트너 풀 확보, 신속 절차, 예비협약 체결 등—, 국제기구들은 일반적으로 다음과 같은 공식적인 공개 선정 절차를 공유하는 경향을 띠었다. 먼저, 국제기구가 해당 사업에 대한 전문성과 업무경험을 지닌 국가사무소 자체 직원들을 중심으로 실행 파트너 심사위원회를 구성하고 사업제안요청서(Call for Expression of Interest)를 정식 배포하면, 사업제안에 참여할 의향이 있는 NGO는 사업제안서(Concept Note)와 함께 현지법인등록증, 재정증명, 사업실적증빙 등 기타 요구되는 자료를 첨부해 제출한다. 이후 국제기구는 제출된 서류에 대한 1차 사실 확인과 사업제안서에 서술된 지원단체의 실행계획과 역량에 대한 기술심사를 진행하고, 심사위원회의 2차 검토 후 선정된 최종후보단체를 국가사무소의 소장이 최종 승인 또는 거부하는 과정으로 이루어진다.

국제기구가 요구하는 NGO 파트너의 조건은 대체로 ① NGO의 비전과 미션 및 활동이 국제기구의 전략목표 그리고 우선순위와 부합하는가, ② 국제기구 협력사업을 수행해본 경험을 포함하여 해당 사업을 효율적이며 적절하게 수행할 능력을 갖추고 있는가, ③ 투명한 재정관리 및 회계보고 절차를 수행할 수 있는가, ④ 민주적이며 윤리적인 조직 내부 거버넌스를 구축하고 있는가, ⑤ 사업계획을 실행할 역량을 갖춘 인적자원과 조직 내부의 재정자원을 확보하고 있는가 등 5가지 기준으로 분석된다. 손혁상 외(2012)가 제시한 한국 개발NGO의 역량분석 프레임워크와 세부지표에 따르면, 한국 개발NGO는 세부 역량(재정·인적자원, 사업실행 역량, 거버넌스)을 토대로 전략과 목표를 추구함으로써 조직의 비전과 미션을 달성할 수 있는데, 이 프레임워크가 포괄하는 한국 개발NGO의 필요역량과 WFP와 UNHCR을 비롯한 대다수의 국제기구들이 파트너십 전략문서에서 제시하는 NGO 파트너의 역량은 상당히 일치하는 경향을 보인다는 점에도 주목할 만하다.

본 연구는 최근 확대되고 있는 KOICA 다자성양자원조 사업에서 국내 기반의 개발NGO가 국제기구의 실행 파트너로 활발히 참여하지 못하고 있는 현실에 주목하였다. 한국 개발NGO들이 국제기구가 요구하는 글로벌 스탠다드 수준으로 전방위적인 조직적 역량과 경험을 단기간에 일궈내기에는 현실적인 한계가 따르지만, 서론에서 언급한 바와 같이 국제기구-NGO 실행 파트너십은 타 국가들의 성공사례로만 전해지는 이야기는 아니다.

굿네이버스는 개도국 현장에서 축적해온 지역개발 및 생계지원 사업 분야에 대한 전문성과 35개 해외지부 네트워크에 기초한 현장성(local presence)이 단체의 조직적 강점으로 작용하여, WFP와 협력한 네팔, 르완다, 방글라데시, 탄자니아 4개국 새마을제로헝거커뮤니티프로젝트(SZHCP)의 실행 파트너로 선정될 수 있었다. 본 사업을 성공적으로 수행한 경험은 굿네이버스가 향후 UNHCR로부터 탄자니아 키고마 지역의 난민 생계 및 자립 지원사업에서 현금 지원 사업활동을 전담하는 조정파트너(coordinating organization)로 참여할 것을 제안받는 계기가 되었다. 이 또한 성공적인 수행 끝에 차년도 사업의 실행 파트너 선정을 위한 입찰에 지원할 것을 UNHCR 측으로부터 요청받았고, 결과적으로는 난민캠프의 소득증대 사업활동을 이끄는 핵심적인 실행 파트너로서의 지위에까지 영향력을 확장할 수 있었다.

이렇듯 굿네이버스의 국제기구 실행 파트너십 사례로부터 도출할 수 있는 국내 기반의 개발NGO에 대한 실천적 시사점은 다음과 같다. 첫째, WFP와의 파트너십 경험은 이후 UNHCR 및 타 국제기구와의 파트너십으로 확장되는 데 직결된 만큼, 국제기구의 실행 파트너 풀에 일단 진입하는 것이 그 자체로서 NGO 파트너로서의 역량을 입증하는 지표이자 일종의 임계점(threshold)이며 해당 단체의 국제기구 파트너십 성과에 한 단계 도약을 가져올 중요한 국면(momentum)이 될 수 있다. 둘째, 국제기구의 실행 파트너 풀에 진입하고 신뢰할 만한 파트너로서의 평판을 얻기 위해서는 NGO 스스로 해당 단체의 강점을 선제적으로 어필하여 가시성(visibility)을 극대화하는 전략이 중요하다. 굿네이버스가 WFP SZHCP와 처음 연을 맺을 수 있었던 계기도 해당 사업의 예비조사를 위해 파견된 KOICA 및 WFP 현지실사단에 대한 현장수행 가이드를 굿네이버스가 도맡았던 일에서 비롯되었고, UNHCR 키고마 난민 지원사업의 경우에도 굿네이버스 현지지부의 직원이 UNHCR 국가사무소가 주관하는 난민캠프 내 NGO 파트너 정례회의에 꾸준히 참가하며 단체의 위상과 역할을 알리려는 자구적인 소통 노력 덕분에 안정적으로 수행될 수 있었다. 셋째, 탄자니아에서 파트너십의 층위를 확장해간 배경을 고찰해볼 때, 굿네이버스는 처음부터 UNHCR의 제1 실행 파트너가 아닌 세부 사업활동만을 제한적으로 담당하는 하위 계약자(sub-contractor)로 협력 관계를 시작하여, 사업성과 면에서 지속적인 인정과 신뢰를 쌓으면서 현장 네트워크를 넓혀간 끝에 최상위 실행 파트너 대우를 확보할 수 있었다.

한국 개발NGO들의 국제기구 파트너십 참여 활성화를 위해 요구되는 한국 정부 차원의 정책적·제도적 개선방향은 크게 다음의 두 가지 사항으로 정리할 수 있다. 첫째, 한국 NGO가 국제기구 협력사업 발굴 단계에서 활용할 수 있는 자금 지원의 기회를 확대하도록 한다. 서구 선진공여국 출신의 대규모 INGO들이 개발사업 실행 영역에서 유리한 국제 경쟁력을 선점할 수 있었던 요인에는 민간 파트너를 포용하려는 자국 정부의 우호적인 정책환경이 존재한다. 한국과 같은 중견국에 속하는 아일랜드의 국제개발구호단체인 컨선월드와이드(Concern Worldwide)는 자국의 정부공여기관인 Irish Aid를 국제기구 협력사업의 자금을 유치하기 위한 주요 도너(donor)로 인식하는 한편, 말라위 지역사회 기반의 급성영양실조 대응사업을 UNICEF와 함께 기획하여 Irish Aid에 공동으로 제안한 사례가 있다. 이와 같이 한국 개발NGO들도 KOICA의 다양한 재원에 접근할 수 있도록 장려된다면 국제기구와의 파트너십을 촉진할 조직적 강점으로 활용될 수 있고, 나아가 파트너십 협약 체결 시 본격적인 계약 논의 과정에서 NGO의 협상 레버리지 수준을 높이는 효과로서도 기능할 수 있다. 국내 중견 개발NGO인 팀앤팀의 경우에서도 알 수 있듯이, 매년 총 25만 달러 규모의 KOICA 인도적지원기금[16]이 한국 개발NGO들의 안정적인 사업예산 확보에 순기능을 발휘해온 측면도 간과할 수 없다.

---

16 KOICA 인도적지원기금은 2018년 42억 원 규모로 대대적으로 확대 편성된 바 있다.

둘째, 다자성양자원조 사업에서 한국 NGO, 기업, 학계 등 다양한 민간 행위자들을 국제기구의 실행 파트너로 우선 고려하도록 유도하는 정책방향을 수립하도록 한다. 국내 기반의 파트너들이 국제기구 협력 사업 실행 기회에 꾸준히 접근할 수 있도록 지원하려는 정책적 의지와 처방은 무엇보다 중요하다. 이로써 국내 개발협력 시민사회 커뮤니티의 역량강화와 협력 증진을 기대할 수 있어, 한국 정부로서도 OECD DAC 동료검토의 권고사항을 이행하는 방안으로서 효용을 취할 수 있다.[17] 이러한 정책적 방향을 추진할 때 다음과 같이 예상되는 한계도 균형적으로 논의되어야 한다. 먼저, 국제기구마다 선제적으로 승인된 NGO 파트너 목록을 가동하고 있기 때문에, 공여기관이 자국 NGO 파트너 매칭을 강조하는 것은 한국 정부와 국제기구 간 장기적인 파트너십 관계에 적절치 못한 영향을 미칠 우려가 있다. 다음으로, 다자성양자원조 사업에서 한국 NGO와의 파트너십을 사업지원의 전제로 하는 정책을 이행하기 전에 국가, 지역, 분야별 한국 NGO 활동의 구체적인 지형을 총망라하는 '한국 개발NGO 맵핑(mapping)' 작업이 선결되어야 한다. 끝으로, 국내 NGO가 국제기구의 파트너 풀에 포함되어 잠재적인 파트너십 기회를 늘리기 위해서는 이들 NGO의 국제기구와의 협업 능력, 분야별 사업관리역량, 현장 전문성 등을 심화하는 체계적인 역량강화 프로그램 지원에 대한 정책적 구상을 마련함과 동시에, NGO 컨

17 한국 정부의 개발원조 성과에 대한 2017년 OECD DAC 동료검토 보고서는 12가지 권고사항을 제시하였다. 이 중 12번 권고사항은 정부-시민사회 관계의 관리 메커니즘에 관한 내용으로, "한국 정부는 실행 파트너이자 독자적인 개발협력 주체로서 시민사회가 갖는 다양한 역할을 인정하는 규범적 틀을 마련함으로써 시민사회와의 협력을 강화해야 한다"고 보았다(OECD DAC 2018, 22).

소시움 구성을 사업제안 및 체결의 기본단위로 유도함으로써 개발협력 커뮤니티 내 자생적인 동료학습 환경을 촉진하고 단체 간 역량격차를 해소하는 다각적인 시도가 필요하다.

참고문헌

손혁상·신재은. "한국 개발NGO 역량분석을 위한 프레임워크 구성과 경험적 분석."『국제개발협력연구』 제4권 2호. 2012. pp. 1-44

Ahmed, Istiaque and Geoff Cordell. 2015. "A Comparison Review of UN Project Partnership Agreements for NGO Implementation of Humanitarian Projects." https://interagencystandingcommittee.org/system/files/iasc_humanitarian_financing_task_team_icva_a_comparison_review_of_un_project_partnership_agreements-2.pdf (검색일: 2019.03.24.)

Brinkerhoff, Derick. W. and Jennifer M. Brinkerhoff. 2004. "Partnerships between International Donors and Non-Governmental Development Organizations: Opportunities and Constraints." *International Review of Administrative Sciences* 70(2).

Brinkerhoff, Jennifer M. 2002(a). "Government-Nonprofit Partnerships: A Defining Framework." Public Administration and Development Framework." *Public Administration and Development* 22(1).

______. 2002(b). *Partnership for International Development: Rhetoric or Results?* Boulder, CO: Lynne Rienner Publishers.

Cooley, Alexander and James Ron. 2002. "The NGO Scramble: Organizational Insecurity and the Political Economy of Transnational Action." *International Security* 27(1).

Essia, Uwem and Abubakar Yusuf. 2013. "Public-Private Partnership and Sustainable Development of Infrastructures in Nigeria." *Advances in Management and Applied Economics* 3(6).

Fowler, Alan. 2000. "Introduction Beyond Partnership: Getting Real about NGO Relationships in the Aid System." *IDS Bulletin* 31(3).

GHP. 2007. "Principles of Partnership: A Statement of Commitment." https://www.icvanetwork.org/system/files/versions/Principles%20of%20Parnership%20English.pdf (검색일: 2019.02.20.)

Harding, Alan. 1998. "Public-Private Partnership in UK." Jon Pierre. ed. *Partnerships in Urban Governance: European and American Experiences*. pp. 71-92. London: Palgrave Macmillan.

Kitschelt, Herbert P. 1986. "Political Opportunity Structures and Political Protest: Anti-Nuclear Movements in Four Democracies." *British Journal of Political Science* 16(1).

KOICA Stats Service (http://stat.koica.go.kr/)

Maxwell, Joseph A. 1997. *Qualitative Research Design: An Interactive Approach*. SAGE Publications.

McCarthy, John D. and Mayer N. Zald. 1997. "Resource Mobilization and Social Movements: A Partial Theory." *American Journal of Sociology* 82(6).

Minkoff, Debra C. 1999. "Bending with the Wind: Strategic Change and Adaptation by Women's and Racial Minority Organizations." *American Journal of Sociology* 104(6).

OECD DAC. 2011. "Busan Partnership for Effective Development Co-operation." (검색일: 2019.01.17.)

______. 2018. "OECD Development Co-operation Peer Reviews: Korean 2018." (검색일: 2019.04.02.)

OECD DAC CRS Database (https://stats.oecd.org/)

Risse-Kappen, Thomas. ed. 1995. *Bringing Transnational Relations Back In: Non-State Actors, Domestic Structures and International Institutions* (Cambridge Studies in International Relations). Cambridge:

Cambridge University Press.

Sendegeya, Al-Mas and Zivayi Chiguvare. 2016. "The Role of Academia in Capacity Building for Sustainable Energy Development: The Case of Namibia." *Energy Procedia* 93.

Sohn, Hyuk-Sang and Kyung Jae Kang. 2015. "Evaluation Framework of Development Partnership Reconsidered: A Case of Developmental Public Private Partnership (DPPP) of South Korea," *Journal of Asia–Pacific Studies* 22(1).

Tarrow, Sidney. 1998. *Power in Movement: Social Movements and Contentious Politics* (Cambridge Studies in Comparative Politics) Cambridge: Cambridge University Press.

Teddlie, Charles and Abbas Tashakkori. 2009. *Foundations of Mixed Methods Research: Integrating Quantitative and Qualitative Approaches in the Social and Behavioral Sciences.* Los Angeles: SAGE Publications.

Tilly, Charles. 1978. *From Mobilization to Revolution.* Reading, MA: Addison-Wesley.

Tolentino, Amado. 2012. "NGOs and Business for Sustainable Development: An Inevitable Partnership." *Environmental Policy and Law* 42(1).

UN. 2015. "Transforming Our World: The 2030 Agenda for Sustainable Development (A/RES/70/1)." (검색일: 2019.01.17.)

UNHCR. 2013. "Guidance Note on the Selection and Retention of Partnerfor Project Partnership Agreements (UNHCR/FP/S1-2)." (검색일: 2019.03.27.)

_____. 2017. "UNHCR Global Appeal 2018-2019." (검색일: 2019.03.26.)

_____. 2018. "UNHCR Annual Consultations with NGOs 2018 Report." (검색일: 2019.02.28.)

UNJIU. 2013. "Review of the Management of Implementing Partners in United Nations System Organizations." (검색일: 2019.03.19.)

WFP. 2001. "WFP Working with NGOs: A Framework for Partnership." (검색일: 2019.02.23.)

_____. 2005. "How to Work with WFP: A Handbook for Non-Governmental Organizations." (검색일: 2019.03.28.)

_____. 2014. "WFP Corporate Partnership Strategy (2014-2017)." (검색일: 2019.02.22.)

_____. 2017. "WFP Strategic Plan 2017-2021." (검색일: 2019.03.26.)

WFP Bangladesh. n.d. "Standard Operating Procedure for NGO Management: For Bangladesh Country Office and Sub-Office." (Not to be disclosed)

제9장 국제개발협력 민간기업과 파트너십 연구: 민간기업 파트너십 프로그램 사례 분석*

김은주 (한성대학교)

I. 들어가며

국제개발협력에서 민간기업의 참여가 점차 중요해지고 있다. 지속가능발전목표(SDGs)에는 기존의 사회개발 중심의 새천년개발목표(MDGs)와 달리 경제, 산업과 관련된 개발목표들이 포함되었다. 또한 17개에 달하는 방대한 개발목표 달성을 위해 막대한 재원이 필요하여 민간재원 동원이 더욱 중요해졌다. 이로 인해 과거에는 크게 주목받지

* 이 연구는 2018년 대한민국 교육부와 한국연구재단의 지원을 받아 수행된 연구이다 (NRF-2018S1A3A2075117).

못했던 민간기업이 개발협력의 주요 행위자로 떠오르게 되었다. 또한 최근에는 코로나19 팬데믹에 대응하면서 전 세계적으로 기후변화와 지속가능발전에 대한 기업들의 관심이 높아지고 기업의 지속가능경영에 대한 인식도 높아지고 있다. 특히 한국에서도 기업들이 환경, 사회, 거버넌스 측면에서 지속가능한 사회에 기여하고자 하는 ESG 경영을 내세우면서 지속가능경영보고서를 발간하고 다양한 사업과 활동을 늘려나가고 있다. 이러한 경향으로 인해 민간기업과 개발협력이 만나는 새로운 접점이 될 것이라 기대가 커지고 있다.

최근 국제개발협력분야에서 논의되고 있는 '민간부문(private sector)'이란 정부, NGO 단체와는 달리 이익을 추구하는 활동에 설립목적을 둔 기관을 의미한다(Di Bella et al, 2013; 김은주·이도석, 2019 재인용). 과거에는 개발협력의 주요한 행위자가 공적개발원조(ODA)를 추진하는 정부, 개발도상국 현장에서 주민들을 지원하는 비정부기구(NGO) 등이었다면 2000년대 이후에는 민간재단(philanthropic foundation), 글로벌 기업 등이 참여하는 경우가 늘어났다. 초창기 개발협력에서 민간기업의 역할이 정부를 대신하여 개발협력 사업을 수행하는 수동적 역할에 제한되어 있었으나 글로벌 환경과 국제사회 담론이 변화하면서 적극적 역할을 담당할 수 있는 새로운 주체로 주목받고 있다.

이러한 중요성에도 불구하고 지금까지 국내외 국제개발협력 연구에서 민간기업에 대한 논의는 다소 제한적이었다. 한편에서는 민간기업이 개발도상국에서 이익을 추구하는 활동을 하는 것을 부정적으로 보거나 시장주의적 접근이 가져올 수 있는 신자유주의의 폐해에 대해 경계하는 목소리가 컸다. 실제로 개발도상국에 진출한 기업들이 인권, 노동, 환경 규범을 준수하지 않는 사례도 있었다. 나아가 개발도상국의 주인의식을 보장하거나 개발성과에 대해 책임을 지는 모습을 보이는 경우는 제한적이었던 것도 사실이다. 개발협력에 참여한 기업들은 사회기여활동 차원에서 접근하였을 뿐이고 일부 글로벌 기업들의 우수사례 외에는 기업의 핵심가치와 개발협력을 연계시켜 접근하는 모습도 많지 않았다(Blowfiled 2012).

그렇지만 공공부문과 시민사회 부문의 행위자만으로 개발도상국의 개발수요를 충족시키기 어려운 것이 사실이다. 개발도상국에서도 시장(market)이 형성되고 발전해야 궁극적인 경제사회 발전도 가능하다. 이러한 점에서 민간부문 행위자를 개발협력 안에서 어떻게 포용할 것인가에 대한 관점의 전환이 필요하다. 또한 민간기업을 단순한 대리인으로 보는 시각을 벗어나서 동등한 행위자로 보고 공동행동을 위한 상호협력관계를 잘 형성하는 것이 필요하다. 즉, 공공부문과 민간기업이 상승효과를 낼 수 있도록 파트너십을 맺기 위해 어떤 노력이 필요한지에 대해서도 고민해야 한다. 최근 해외 연구에서는 이러한 문제의식에서 민간부문과 파트너십에 대한 연구들이 등장하고 있지만(Blowfield & Dolan 2014; Vestergaard et al., 2021 등), 아직 국내 연구는 많지 않은 실정이다.

따라서 본 연구는 민간기업과 파트너십에 대한 이론적 논의에 기반하여 개발협력의 주체로서 민간기업이 갖춰야 할 규범조건들을 고찰하고자 한다. 이를 위해 개발협력에서 파트너십에 관한 이론적 논의(Yi & Lee 2018)와 민간기업과 파트너십 성과분석틀(Vestergaard et al., 2021)에 관한 선행연구에 기반하여 민간기업과 파트너십을 맺을 때 고려해야 할 사항을 선별하여 본 연구의 분석틀을 구성하였다. 이를 바탕으로 한국의 개발협력 민간기업 파트너십 프로그램을 분석하고 향후 민간기업과 파트너십를 강화를 위해 개선 내용을 시사점으로 제안하고자 한다.

II. 국제개발협력의 주체로서 민간기업

1. 이론적 배경-개발협력의 주체로서 민간기업(Private as development agent)

최근, 국제개발협력 분야에서 민간기업 참여 현상을 체계적으로 이해하기 위해 공공부문의 역할과 기능에 민간이 참여하는 이유를 연구한 기존의 이론적 논의들을 살펴볼 필요가 있다. 정부가 수행해야 하는 사업이나 서비스 전달을 민간위탁(contract-out), 공공-민간 파트너십(Public-Private Partnership, 이하 PPP) 등을 통해 민간이 대신 집행하는 현상들은 2000년대 이후 등장하여 지속적으로 확대되어 왔다.

민간위탁(contract-out)은 신공공관리론(New Public Management)의 관점에서 등장하였다. 정부실패와 공공부문의 비효율을 극복하기 위해 정부규모를 줄이고 민간이 보다 효율적으로 서비스를 제공하고자 하는 목적에서 민간위탁이 도입되었다. 민간위탁은 정부기관과 민간부문간 계약을 통해 정부가 수행하던 서비스나 제품 조달을 민간부문이 대신하여 제공하는 것을 의미한다(Kelman 2002). OECD의 정의에 따르면, 정부가 법에서 허용하는 공식적인 계약에 근거하여 업무를 수행하는 민간부문에게 대가를 지불하는 것을 민간위탁이라고 한다(OECD 2010). 이와 같이 민간위탁을 통해 공공부문의 서비스를 대신 제공하게 된 것은 공공부문의 비효율성을 극복하고 시장경제 원리를 적용하며 민간의 경영기법을 도입하고자 하는 의도가 있다. 민간기업이 가진 전문성과 기술을 활용하고 경쟁에 의해 서비스 전달자를 선정하면서 효율성을 높일 수 있다는 기대 때문이다(김정해 2015). 한편 민간위탁 수행 시, 정부는 여전히 관리, 감독권한을 가지고 있기 때문에 공공부문이 여전히 책임을 지면서 공공성을 유지한다(유미년 외 2008; 김정해 2015).

공공부문과 민간부문의 협력에 대한 논의는 이후 공공-민간 파트너십(PPP) 논의로 확장되었다. 민간위탁이 정부실패 관점에서 공공의 역할을 민간에 위탁하는 것이었다면 PPP는 정부실패와 시장실패를 모두 고려하여 정부, 시장, 시민사회 등 다양한 주체들과의 상호작용을 통해 문제를 해결하고자 하는 거버넌스 관점에서 등장하였다. 계층제적 방식과 시장주의적 접근법으로 양분하기 보다는 다양한 주체들이 네트워크를 형성하여 서로 협력하고 신뢰하면서 사회문제를 해결해 나가는 것이 필요하다고 보았다(Rhodes 1996; Kooiman 1993; Kouwenhoven 1993). 일반적으로 PPP의 광범위한 의미로는 정부와 기업이 상호작용을 통해 공동의 목적을 설정하고 그 목적 달성을 위해 시너지 효과를 내고자 노력하는 것을 말한다. 이때 공공과 민간이 공동으로 목적을 설정하기 때문에 그 목적이 사회적이자 동시에 상업적인 특성이 있다(Kouwenhoven 1993; 주재현 2006 재인용). 반면 협의의 PPP는 인프라와 같은 사회기반시설사업의 개발·구축·운영·재정지원을 목적으로 하는 공공부문과 민간부문간의 협력이라고 정의되기도 한다(UN 2001).

한편 학자에 따라서는 민간위탁을 민관협력 파트너십의 하나의 형태로 보는 경우도 있다. 예를 들어, 민관협력 파트너십을 계약상의 파트너십과 자발적 네트워크 구성형 파트너십으로 구분하고 전자를 민간위탁으로 분류한다. 계약상의 파트너십 관계란 계약에 근거하여 주인-대리인 관계가 형성되고 민간부문이 관리하며 거버넌스 방식은 협력과 위계적 방식으로 운영된다. 반면, 자발적 네트워크 구성형 파트너십은 상호

의존하며 느슨하지만 친밀한 방식으로 공공-민간이 함께 관리하고, 거버넌스 방식은 협력과 경쟁의 방식으로 운영된다(Schuppert 2011; 임혜수·이태동 2017 재인용). 이 때 PPP는 민간과 공공이 함께 위험을 공유하고 책임을 진다는 점에서 민간위탁과 구별된다. 또한 PPP는 공공과 민간이 협력하는 과정에서 민간주체들이 정책과정에 참여하게 된다는 점이 단순히 집행만 위임하는 민간위탁과는 차이가 있다.

공공부문에 민간참여와 관련된 기존의 이론적 논의들을 우리나라의 개발협력 분야에 다음과 같이 적용해 볼 수 있다. 그동안 개발협력에서 민간기업의 참여는 민간위탁 형태, PPP 형태로 진행되어 왔다. 개발협력은 개발도상국의 경제사회 발전 및 빈곤감소를 위한 공적 목적에서 다양한 활동을 한다. 1990년대 이후 개발협력 초기에는 정부 대 정부 간 관계에 기반한 공적개발원조(ODA), 긴급구호나 이타주의적 목적이 강한 비정부기구(NGO)의 활동들이 주를 이루었다. 그런데 ODA 사업을 실시할 때, 공여국 정부의 재원이 투입되지만 정부 기관과 공무원들이 사업을 직접 수행하기 어렵기 때문에 민간에 위탁하는 방식을 주로 사용하였다. 민간기업들은 이윤추구가 설립목적이기 때문에 정부를 대신하여 물품과 서비스를 전달하는 전달자로서 국제개발협력사업을 수행하면서 그 과정에서 기업활동을 통한 이윤창출을 추구하였다. 또한 기업에게 민간위탁 형태로 위임하는 사업들은 정부기관이 그 의도에 따라 ODA사업을 기획하고 계약에 기반하여 민간에 사업을 위임한 뒤 주인-대리인 관계에서 관리,감독하는 방식이었다. 민간기업이 위탁받은 사업을 수행하지만 성과에 대한 책임은 공공부문에게 있었다.

2000년대 후반 이후에는 한국의 개발협력에서도 기업과의 민관협력 파트너십(PPP)으로 개발협력사업을 추진하기 시작했다. PPP의 유형도 재원투입과 운영주체를 기준으로 몇 가지로 구분할 수 있는데 기존의 국내 사례들은 재정을 공공과 민간이 공동으로 투입하되 사업운영은 민간이 담당하고 공공은 사업실행을 위한 규제틀을 형성하는 역할을 수행하는 형태로 주로 진행되어 왔다고 볼 수 있다(UN/ECE, 2000a; 주재현 2006). PPP는 민간위탁과는 달리 기업을 협력의 상대로 보며 책임을 공유한다는 차이점이 있다. 그런데 한국의 개발협력에서 등장한 PPP 사업은 공공과 민간이 동등한 위치에서 협력하고 견제한다기 보다는 여전히 공공부문이 기획자이고 민간부문은 집행자로 역할이 구분되어 왔다.

하지만 국제사회에서 최근 등장하고 있는 개발협력에서 민간참여 논의는 이보다 더 진일보하여 민간기업을 개발협력의 중요한 독립적 주체(agent)로 본다. 개발도상국의 경제사회 발전과 글로벌 개발목표 달성을 위해서는 공공부문, 시민사회부문의 노력만으로 한계가 있으므로 이에 더해 보완적 역할(additive role), 보완재(complementary goods)로서 민간의 노력이 추가되어야 한다. 공공부문이 할 일을 민간이 대신하거나 도와준다는 관점이 아니라 민간기업이 더 효율적인 해법을 가지고 하나의 중요한 행위자로 기능할 수 있다고 본다. 더 나아가 막대한 자본을 투입할 수 있는 민간기업의 경우에는 오히려 공공부문의 재원을 촉매제로 활용하여 더 큰 규모의 민간재원을 도입하게 되면서 더 큰 영향력을 가지고 더 많은 역할을 할 것으로 기대한다.

블로우필드와 돌란(Blowfield and Dolan)은 이와 같이 기업이 개발협력의 주체(development agent)라고 말하기 위해서는 자본(capital), 빈곤 우선(pro-poor primacy), 책임감(accountability) 등 3가지 측면에서 기본적인 요건을 갖추어야 한다고 주장하였다. 첫째, 기업이 기대하는 개발 성과 창출을 위해 자본을 투입할 의지를 가져야 한다. 둘째, 빈곤 및 소외계층에게 이득이 돌아가도록 우선순위를 두는 투자결정을 해야 한다. 셋째, 기업이 의도적으로 책임감을 갖고 빈곤과 소외문제 해결에 기여하고자 노력해야 한다. 이러한 기본 조건을 만족시킬 때 기업을 개발협력의 주체로 인정할 수 있다고 말한다(Blowfield and Dolan 2014).

한편 최근 한국의 개발협력에서도 민간기업을 중요한 행위자로 인식하고 개발협력의 장(場)으로 끌어들이기 위해 다양한 정책 프로그램을 만들어 노력하고 있지만 독립적인 주체로서 갖춰야 할 규범적 역할에 대한 깊이 있는 논의는 진행되지 못하고 있다. 민간기업이 개발협력의 독립주체로 기여하기 위해 첫째, 기업활동의 목표를 이윤추구와 동시에 개발도상국의 빈곤과 경제사회발전 문제에 기여하도록 설정해야 하며, 둘째, 실제로 기업활동의 성과가 개발문제해결에 기여해야 한다. 셋째, 이를 위해 공여국 정부의 재원(ODA) 뿐 아니라 기업의 자체적인 재원과 투입요소들이 기업의 개발협력 관련 활동에 투입되어야 한다.

또한 민간기업이 개발협력의 주체로서 개발협력에 참여할 때는 과거의 주인-대리인 계약관계를 넘어서 공공부문의 주체, 즉 정부와 공공기관 등과 파트너십을 형성하게 된다. 파트너십을 맺는 과정에서 앞서 말한 규범적 조건들이 충분히 갖춰졌는지를 중요하게 고려해야 한다.

2. 민간기업 참여에 대한 국제사회 논의

사실 국제개발협력에서 민간기업이 참여하는 것은 전혀 새로운 현상은 아니다. 서구 공여국에서는 식민지 독립 이후 기업이 개발도상국에 진출하여 재화와 물품을 제공하면서 개발 수단(developmental tool)으로 기능하였다. 하지만 개발도상국의 발전이나 국민들의 삶의 질 개선에는 책임을 지지 않았다. 1980년대 이후에는 개발도상국에 진출한 기업들에 대해 노동, 환경, 인권 문제에서 국제규범을 준수하도록 요구하는 서구 공여국 국민들의 목소리가 커지면서 기업이 자발적으로 사회·환경 영향을 준수하기 위한 노력들을 기울였다. 그러나 최근 국제개발협력에서 기업은 수동적이고 방어적인 행위자가 아니라 개발도상국 발전에 보다 적극적으로 활약하는 주체로 주목받고 있다(Blowfield and Dolan 2014).

이와 같이 기업의 역할이 변화하게 된 배경은 국제개발협력에서 경제성장과 시장의 역할에 대한 거시적 수준에서 담론 변화와 맞물린다. 2000년대 이후 세계은행(World Bank)과 같은 국제금융기구들이 '친빈곤 성장(pro-poor growth)' 담론을 주도하였다. 친빈곤 성장이란 개념은 빈곤층의 빈곤탈출에 초점을 맞춘 경제성장이란 의미와(Baulch and Mc-Cullock 2000; Kakwani and Pernia 2000), 빈곤층이 더 많은 혜택을 받는 성장이라는 의미(Ravallion and Chen 2003) 등 상대적, 절대적 의미에서 두 가지 정의가 있다(Ravallion 2004). 이러한 담론이 확장되어 OECD DAC에서도 2007년에 친빈곤 성장을 위해 공여국들이 준수해야할 정책을 가이드라인으로 발표하였다(OECD 2007).

이후 개발도상국에 있는 10억 인구를 새로운 시장으로 보고 접근하는 움직임이 더욱 확대되었다. 스위스 개발청(SDC)과 영국 국제개발부(DFID)가 주도한 'Making Markets Work for the Poor(M4P)' 이니셔티브는 2007년부터 시작되었는데 빈곤감소를 비즈니스 목표로 보고(poverty alleviation as a business) 나아가 개발을 위한 시장주의 접근법(market approaches that work for development)을 강조하였다.[1] 또한 개발협력에서 중소기업이나 중소상공인들의 역할이 커졌고, 이후 공정무역(fair trade), 소금융(micro-finance) 등이 개발협력 뿐 아니라 사회 전체적으로 익숙한 단어가 되었다.

2010년대 들어서는 전 세계 빈곤인구를 단순한 수혜자가 아닌 적극적인 소비자로 보고 나아가 이들을 기업활동의 중요한 목표로 보는 관점의 전환이 있었다. 이 무렵 BoP (Bottom of Pyramid) 시장이 미지의 시장으로 인식되면서 기업들이 개발도상국으로 진출하였다. 나아가 사회적 기업들이 개발협력에 참여하여 기업의 이익과 사회적 가치를 동시에 추구하기도 하였다.

또한 글로벌 개발목표인 새천년개발계획(MDGs)과 지속가능발전목표(SDGs) 등을 논의하는 과정에서 민간의 참여와 민간과의 파트너십이 더욱 중요하게 부상되었다. MDGs는 8번 목표로 '개발을 위한 글로벌 파트너십'을 설정하였으나 민간과의 파트너십을 직접 다루지는 않고 있다. 하지만 MDGs 목표달성을 위해 필요한 재원 조달을 위해 2002년 몬테레이, 2008년 도하에서 개발재원총회가 개최되고, 민간재원 동원을 위한 민간분야와의 파트너십이 강조되었다. 이러한 논의는 SDGs 목표 이후 더욱 확산되었다. 17번 목표인 이행수단과 글로벌파트너십 강화 목표 속에 개발재원이 하나의 목표로 포함되면서 특히 민간과의 협력이 강조되기 시작했다. SDGs 목표이행을 위해 기존의 공적개발원조(ODA) 외에 모든 개발파트너, 민간과 협력하여 재원을 동원해야 한다는 논의가 커졌다. 이러한 국제적 논의 흐름은 2015년 제3차 개발재원총회에서 '아디스아바바 행동계획'을 채택하면서 정점에 도달한다.

---

1 https://www.poverty.ch/ (검색일: 2022.1.25.).

개발도상국으로 유입되는 재정자원 중에서 ODA 규모는 작아지고 해외직접투자(FDI)나 송금 등 그 밖의 자금 규모가 커지면서 국내외 민간재원 활용의 중요성이 더욱 강조되었다. ODA를 촉매제로 활용해야 한다는 인식이 공감대를 형성하였고, 이후 민간과 파트너십을 통해 민간재원을 추가적으로 동원하기 위해 다양한 금융메커니즘을 동원해야 한다는 논의가 확산되었다(오수현 2015).

이와 같이 개발협력에서 경제성장, 시장, 민간기업에 대한 담론 변화에 대응하여 국제개발협력에서 민간부문에 대한 논의 역시 크게 3단계를 거치며 확장되었다. 1990년대까지는 개발의 목표이자 대상으로 바라보는 관점에서 공공부문이 아닌 민간부문 개발(Private Sector Development)을 중요하게 생각하였다. 다시 말해 '시장'이 활성화될 수 있도록 경제, 법, 규범적 기반 등을 개선하는 것을 지원하였다. 이후 기업이 일반적 상업활동을 하면서(Private Sector in Development) 개발도상국의 발전에 중요한 역할을 담당할 수 있다고 보는 시각이 등장하였다. 민간의 투자, 일자리 창출 등을 통해 개발도상국 발전에 기여하는 것이다. 그러나 최근에는 민간기업이 단지 이윤 추구를 넘어서 지속가능한 발전에 기여하고자 하는 목적에서 개발협력에 참여한다(Private Sector Engagements through Development). 최근에는 민간부문 참여의 중요성이 커지면서 상업활동을 넘어서서 국제개발협력 본연의 목적에 기여하는 방향으로 민간기업의 참여를 강조하는 관점으로 전환되었다(Di Bella et al, 2013; 김은주·이도석 2019).

결론적으로 최근 국제논의는 민간기업을 개발협력의 수단이 아니라 주체로서 인정하고, 민간기업 역시 기업의 이윤추구 이외 개발협력 본연의 목표 달성에 기여하고 개발성과를 책임지기 위한 노력을 병행해야 한다는 것이다. 한편 공공부문에서 개발협력을 주도하는 공여기관들은 민간기업과 파트너십을 맺고 개발협력 사업을 실행한다. 이때 파트너십이 어떻게 형성되느냐에 따라서 개발협력 성과가 달라질 수 있다. 이러한 점에 주목하여 최근 연구 중에서는 파트너십의 구성요소, 전제조건 등을 살펴보고 개발협력 성과에 미치는 영향을 분석한 연구들이 등장하였다(Bennett, Ravikumar and Paltán 2018; Jamali and Keshishian 2009; Shin, Kim and Sohn 2017; Vargas 2002). 파트너십을 어떻게 형성하는가에 따라 개발의 성과가 달라질 수 있기에 민간기업이 개발협력에 참여하되 최대한 공공선(public goods)에 기여할 수 있도록 파트너십의 조건이 갖춰져야 한다. 따라서 본 연구는 궁극적으로는 민간기업이 개발협력의 중요한 주체 중 하나로서 개발도상국 빈곤층의 삶의 질 향상에 기여할 수 있도록 하려면 민간기업과의 파트너십을 어떻게 형성하고, 발전시켜 나가야 할지에 대해 고찰하고자 한다. 민간기업에 대한 이론적 논의와 국제사회의 기존 논의들을 고려하여 현재 한국의 민간기업 파트너십 프로그램의 운영 사례를 분석하고 더 나은 파트너십을 위한 시사점을 도출하고자 한다.

III. 민간기업 파트너십 프레임워크

1. 선행연구

이일청과 이진영(2018)은 개발협력에서 파트너십의 개념에 대해 정의하고 이를 평가할 수 있는 분석틀을 제시하였다. 이들에 따르면 개발 파트너십(development partnership)이란 국제적으로 합의되거나 국가에서 설정한 개발목표 달성을 위해 프로젝트를 기획하고 집행하는 데 있어서 행위자 간의 협력관계를 의미한다. 공통의 개발목표를 달성하기 위해 서로 다른 분야, 서로 다른 행위자, 서로 다른 국가들이 파트너 간의 역할과 책임을 바탕으로 상호 간의 공동노력을 기울이면서 상호작용하는 것을 개발 파트너십으로 정의하였다(Yi and Lee 2018). 또한 파트너십을 구성하는 요소로 파트너, 파트너 간의 관계, 파트너십의 목적, 파트너 간 거버넌스, 파트너십의 성과 등 다섯 가지를 제시하였다(Yi and Lee 2018). 또한 이들은 이상적인 파트너십을 평가하기 위한 분석틀을 설정하였는데, 투입-과정-산출과 같이 프로젝트 단계별로 구분하고 각 단계에서 공여기관과 파트너 간의 상호작용에 대해 평가할 수 있는 기준을 제시하였다. 예를 들어, 사업초기 단계에서 투입요소를 결정할 때 공여기관 위주인지, 파트너 위주인지, 집행과정에서 동등하고 상호 간의 역량을 향상시킬 수 있는 관계인지, 혹은 그 반대인지, 끝으로 프로젝트 성과가 단기적·제한적인지 아니면 장기적·종합적인지 등으로 구분하여 파트너십이 유형화될 수 있다고 하였다(Yi and Lee 2018).

이와 유사하게 Vestergaard et al.(2021)도 파트너십의 질을 평가하고자 분석틀을 제시하였다. 이들의 분석틀은 민간기업을 포함하는 파트너십을 평가하기 위한 목적을 갖고 있다. 경영학에 뿌리를 둔 기존의 파트너십에 대한 이론들 중 협력적 가치사슬(Collaborative value chain, CVC), 영향 가치사슬(Impact value chain, IVC)이라는 프레임워크를 사용한 분석틀이 있다. 협력적 가치사슬은 공공, 민간, 시민사회 등 영역을 초월한 파트너십에 대해 그 구성요소를 분석하여 공동의 이해관계,

자원의존성, 시너지 가치, 전환적 파트너십 등에 따라서 파트너십을 통해 탄생하는 가치가 달라진다고 주장하였다(Austin and Seitanidi 2012a; 2012b, Vestergaard et al., 2021). 또한 영향 가치사슬은 결과사슬(result chain)을 따라서 이슈정의, 목표설정, 투입, 과정, 산출, 결과, 영향 등 단계별로 행위자 간의 상호작용이 일어나고 이에 따라 파트너십을 통해 창출하는 가치가 달라진다고 보았다(van Tulder et al., 2016, Vestergaard et al., 2021). 결과적으로 Vestergaard et al.(2021)은 두 가지 이론적 논의를 통합하여 '개발을 위한 파트너십(Partnership for Development)' 프레임워크를 제시하였다. 또한 이 분석틀에 따라 가나에서 민간기업과 NGO간의 공동 사업에서 나타난 파트너십의 질을 평가하였다(Vestergaard et al., 2021).

〈표 1〉 파트너십 평가 프레임워크 기존 이론

	Development Partnership Assessment Framework (이일청·이진영 2018)	Partnership for Development Framework (Vestergaard et al., 2021)
문제 Issue	-	사회문제에 대해 - 상호합의가 되었는지 - 기업이 개발도상국 현지 수요와 문제분석을 실시하였는지
목표 Mission	-	사업의 목표, 수단, 수혜자에 대해 - 전략적 목표가 상호 간 공통의 이해관계와 합치하는지 - 기업이 개도국 빈곤층의 이익을 고려했는지
투입 Input	- 파트너 선정기준이 공여자 주도인지 파트너 주도인지 - 파트너십 목표가 공여자 주도로 결정되었는지 파트너 개입 여지가 있었는지	투입자원과 역량에 대해 - 파트너의 보유자원이 상호보완적인지 - 기업이 빈곤감소를 위해 적절한 수단을 투입하였는지

과정 Throughput	- 공동 의사결정이 개방적/투명한지, 파트너 권한이 동등한지, 이슈에 대한 포괄적 논의가 가능한지, 평가기준이 공동으로 결정되는지 - 집행 과정의 유연성에 있어 파트너가 새로운 과업 주체로 추가할 수 있는지 - 파트너십이 법적 계약관계로 강제되는지, 또는 법적의무나 계약관계가 개도국 현지 집행자 권리를 보호하는지 - 개도국 현지 집행자 역량강화를 위한 장치가 있는지	거버넌스, 거래비용, 책임에 대해 - 파트너 자원이 시너지 효과를 일으켰는지 - 기업이 빈곤감소를 위한 투명성, 책임성을 확보하였는지
산출 Output	- 프로젝트가 목표했던 산출, 성과, 장기적 영향이 나타났는지 - 프로젝트가 장기적 성과로서 새로운 파트너십 형성에 기여했는지	산출 결과에 대해 - 상호 간에 학습을 통해 전환적인 변화가 일어났는지 - 기업활동으로 극빈곤층을 위한 이익이 창출되었는지

출처: Yi&Lee (2018), Vestergaard et al. (2021) 참고하여 저자 재정리

이일청과 이진영(2018), Vestergaard et al. (2021)는 프로젝트 단계별로 투입-과정-산출 각 단계에서 파트너십의 질을 평가하기 위한 요소를 다루고 있다는 공통점이 있다. 두 분석틀의 차이점은 이일청과 이진영(2018)은 '목표'를 따로 구분하지 않고 투입 단계에 포함하였고, '이슈'에 대한 질문은 과정(throughput) 단계의 질문 중 하나로서 이슈에 대한 포괄적 논의가 가능한지에 대한 질문을 포함하였다. 또한 이일청과 이진영(2018)은 민간기업만을 대상으로 한 파트너십 프레임워크가 아니라서 개발도상국에서 개발성과가 빈곤층을 고려하고 실질적 개발성과를 창출했는지에 대한 논의는 하지 않았다는 점에서 차이가 있다.

2. 분석틀

본 연구는 두 연구를 참고하여 민간기업과 개발협력 파트너십을 형성할 때 바람직한 파트너십이 되기 위해 필요한 규범적 조건들이 무엇인지를 고찰하고자 한다. 이를 위해 파트너십의 질을 분석할 수 있는 분석틀을 설정하고, 이를 바탕으로 한국의 개발협력에서 민간기업 파트너십 프로그램을 살펴본다. Vestergaard et al.(2021)와 같이 '문제정의-목표 설정-투입-과정-산출' 등 5단계로 구분하고, 두 선행연구가 사용한 공통질문을 위주로 세부 분석기준을 설정하였다. 또한 본 연구는 민간기업이 개발협력의 주체(development agent)로서 역할하여 진정한 의미에서 민간기업참여(Private Sector Engagement)가 되도록 파트너십이 운용되고 있는지를 분석하고자 한다. 이를 위해 각 단계별로 세부 질문을 〈표 2〉와 같이 설정하였다.

〈표 2〉 본 연구의 분석틀

	민간기업과 파트너십 전제조건
문제정의 Issue	사회문제에 대해 - 공공-민간 주체간에 상호합의가 되었는가? - 기업이 개발도상국 현지 수요와 문제분석이 실시하였는가?
목표설정 Mission	사업의 목표, 수혜자에 대해 - 사업의 전략적 목표가 상호 간 공통의 이해관계와 합치하는가? - 파트너십 목표가 공여자 주도로 결정되었는지, 파트너 개입 여지가 있었는가? - 기업이 개도국 빈곤층의 이익을 고려하였는가?
투입 Input	투입자원과 역량에 대해 - 파트너 선정기준이 공여자 주도인가? 파트너 주도인가? - 파트너의 보유자원이 상호보완적인가? - 기업이 빈곤감소를 위해 적절한 수단을 투입하였는가?

과정 Throughput	거버넌스, 집행유연성, 책임성에 대해 - 공동 의사결정이 개방적이고 투명한가? - 파트너 권한이 동등한가? 파트너십이 법적 계약관계로 강제되는가? - 집행 과정에 파트너가 새로운 과업이나 주체를 추가할 수 있는가? - 파트너 자원이 시너지 효과를 일으켰는가? - 개도국 현지 집행자 역량강화를 위한 장치가 있는가? - 기업이 빈곤감소를 위한 투명성, 책임성을 확보하였는가?
산출 Output	산출 결과에 대해 - 프로젝트가 목표했던 산출, 성과, 장기적 영향이 나타났는가? - 프로젝트가 장기적 성과로서 새로운 파트너십 형성에 기여했는가? - 기업활동으로 극빈곤층을 위한 이익이 창출되었는가? - 상호 간에 학습을 통해 전환적인 변화가 일어났는가?

본 연구는 이와 같은 분석틀을 적용하여 한국 국제개발협력에서 민간기업의 참여를 장려하기 위해 만든 민간기업파트너십 프로그램을 분석하였다. 민간기업과 파트너십을 맺으면서 과연 민간기업이 개발협력의 주체로서 역할을 할 수 있도록 제도적 장치들을 갖추고 있는지를 분석하고자 하였다.

IV. 민간기업 파트너십 프로그램 분석

1. 한국의 민간기업과의 파트너십 프로그램 개요

한국 국제개발협력에서 민간기업의 참여가 본격화된 것은 2010년 이후의 일이다. 그 전에도 민간기업이 ODA 사업에 참여하였지만 이는 민간위탁을 통해 위임받은 사업을 수행하는 집행자의 역할 또는 개발을 위한 수단(development tool) 역할에 머물렀다. 그런데 2000년대 후반부터 개발협력에서도 기업의 역할이 변화하기 시작하였다. 한국의 무상원조 전담기관인 KOICA에서 2010년부터 '글로벌 CSR 프로그램'을 도입하면서 공공-민간 파트너십(PPP) 형태의 사업이 시작되었다. 2010년 5개의 시범사업을 실시한 이후 2011년부터 본격적으로 실시되어 10개 사업으로 확대되었다. 하지만 초기단계에서는 민간기업의 개발협력 참여가 막 시작되던 시기이니만큼 대부분의 사업은 기업의 사회공헌활동(CSR) 차원에서 실시되는 사업들이 많았다. 민간기업들이 개발협력 사업을 실시하는 이유가 사회에서 기업의 브랜드가치를 높이거나 부수적 활동으로 인식하는 경향이 있었다.

이후 기업의 공유가치 창출(CSV) 차원에서 기업의 핵심가치 및 주력 사업모델과 연계하여 개발협력사업을 실시하는 사례들이 등장하였다. 가장 대표적인 사업으로 CJ 그룹이 베트남 농촌가지사슬 강화를 위한 새마을 사업, 삼성전자가 가나에서 독일 GIZ와 함께 가나 전자분야 여성 직업훈련 사업, 기아자동차가 에티오피아에서 직업역량개발 및 지역자립 사업 등을 실시한 바 있다. 세 가지 사업의 특징은 각 기업들이 글로벌 공급망을 통해 원자재를 조달하고 현지에서 생산하는 체제를 갖추고 있는데 이를 개발협력사업과 연계한 것이다. 식품원료 공급을 위해 생산지역에서 농촌개발사업을 하거나(CJ 사례), 전자기기 및 자동차 생산공장에서 일할 수 있는 노동자 양성을 위한 직업훈련 사업을 하는 등(삼성전자, 기아자동차)의 사업모델이었다.

KOICA에서 본격적으로 민간기업 참여 확대를 위한 새로운 프로그램이 등장하고 민간기업을 개발협력의 주요한 주체로 인식하는 변화는 2015년 무렵에 일어났다. 민간기업을 개발협력의 수단이나 객체로 보는 것이 아니라 함께 개발협력을 수행하는 주체로 보고 기업의 참여를 장려하기 위한 프로그램들이 도입되었다. 대표적으로 세 가지 형태의 민간기업 혁신 프로그램이 신설되어 운영되고 있다. 첫째, 2015년 KOICA는 혁신적기술프로그램(Creative Technology Solution, CTS)을 신설하여 혁신적 기술과 아이디어를 가진 스타트업 기업들이 개발도상국에서 문제해결을 하면서 동시에 기업활동을 할 수 있도록 지원하였다. 예비창업가, 스타트업 등 혁신적 기술을 가진 기업들이 개발도상국 사회문제해결에 필요한 솔류션을 제공하면서 아이디어를 기술개발로 연계시키고 개발도상국 현지에서 시범사업을 실시한 뒤 궁극적으로는 개발도상국 시장으로 진출하도록 하였다(KOICA 2021). 2015년 10개 사업으로 시작하여 2020년까지 총 78개의 사업을 발굴하였고, 누적예산으로 약 344.1억원을 지원하였다.[2]

둘째, 포용적 비즈니스프로그램(Inclusive Business Solution)은 개발도상국의 개발문제 해결과 기업의 비즈니스 활동을 공통의 목표로 추구하도록 파트너십을 형성하여 추진하는 사업이다. CTS가 예비창업가나 스타트업 기업을 대상으로 하였다면 IBS는 대기업, 중견기업, 사회적 기업들이 참여할 수 있도록 하였다(KOICA 홈페이지).[3] 이는 기존에 KOICA에서 실시해온 글로벌 CSR 프로그램(비즈니스 파트너십 프로그램, 기업협력프로그램)의 명맥을 이어 기업과 파트너십의 개념과 방식을 전환시킨 사업이다. 2010년에 연간 예산 13억으로 출발하였는데,[4]

2 https://www.koica.go.kr/koica_kr/960/subview.do(최종접속일: 2022.3.6.)

3 https://www.koica.go.kr/koica_kr/961/subview.do(최종접속일: 2022.3.6.)

4 https://www.koica.go.kr/koica_kr/959/subview.do(최종접속일: 2022.3.6.)

2017년 88억 원에서 2021년 118억 원으로 10배 이상 규모가 커졌다(〈표 3〉 참조). 누적예산으로는 2020년까지 KOICA 예산 1,005억 원, 파트너기관 분담금 690억 원으로 총 1,695억 원이 투입되었다.

〈표 3〉 KOICA의 민간기업 파트너십 프로그램 사업개수와 예산

(단위 : 백만원/개수)

구분	내역	2017	2018	2019	2020	2021
CTS	사업수	27	42	43	34	31
	발굴사업 수	14	23	9	11	5
	예산	6,255	8,590	8,469	6,780	5,472
IBS	사업수	32	39	43	44	49
	예산	8,822	9,759	11,264	13,278	11,852

주) 사업수는 다년도 사업 누적치

출처: KOICA(n.d.) 내부자료

셋째, 혁신적 파트너십 프로그램(Innovative Partnership Solution, IPS)은 다른 두 프로그램과는 달리 해외 기관과 파트너십을 기반으로 사업을 추진한다. 게이츠재단, 카타르 재단 등 민간재단과 협력하는 사업이 있고, 영국의 임팩트 투자기관 iix 등 공여국 또는 수원국의 민간부문 파트너들과 사업을 한다는 것이 다른 프로그램과 차별점이다. 전략적 파트너십을 통해 개발도상국의 민간시장 확대를 위한 사업, 임팩트 투자와 연계하는 사업 등 기존에 시도하지 않았던 새로운 사업유형을 시도하고 있다. 2015년 막스프랑크 재단과 사업을 처음 실시한 이후 2020년까지 10개의 시범사업을 실시하였다. 그 중 임팩트 투자 등 새로운 민간재원을 활용한 사업으로 iix의 '아시아 임팩트기업 역량강화 및 맞춤형 기술지원 사업(2018-2023)', responsibility의 '사하라 이남 재생에너지 임팩트 투자 연계 기술지원 사업(2019-2024)' 등이 있다.[5]

그 밖에도 최근에는 임팩트 투자, 새로운 형태의 기업협력 프로그램을 시도하고 있다. 전 세계적으로 많은 공여국들이 혼합금융(blended finance)이라고 불리는 새로운 수단을 도입하고 있다. 이러한 경향을 반영하여 KOICA는 기존에 시범사업으로 투자운용사들과 함께 개발도상국 시장에 투자하는 임팩트 투자를 실시하였는데 최근에는 이를 정규사업인 혼합금융솔류션(가칭)으로 신설할 계획이다. 또한 2022년부터 스타트업이나 사회적 기업 이외에 대기업의 개발협력 참여를 확대하기 위해 'ESG 2.0 시대 기업협력 신규모델'을 발표하였다. 대기업과 파트너십을 통해서 기업의 글로벌투자 수요와 ESG 경영모델을 개발협력과 연계하고 이를 통해 SDGs 달성에 기여하는 사업으로 기획하고 있다.[6]

이상의 민간기업 파트너십 프로그램 중 본 연구는 2015년부터 민간기업의 개발협력 참여를 활성화하기 위해 새롭게 도입한 혁신적기술프로그램(Creative Technology Solution, CTS)을 중점적으로 분석하였다. 분석수준은 각 개별 사업에 대한 평가가 아니타 프로그램의 제도적 측면을 대상으로 분석하였다.[7]

---

5 https://www.koica.go.kr/koica_kr/962/subview.do(최종접속일: 2022.3.6.)

6 KOICA 기업협력사업실, KOICA 플랫폼 ESG 이니셔티브 신규모델 발표자료(발표일: 2022.3.4.).

7 5개의 프로그램 중 혁신적 파트너십 프로그램은 협력대상이 해외 민간재단과 임팩트 투자기관이고, 최근 발표한 혼합금융솔류션, 대기업 파트너십 신규모델 등은 아직 계획단계이거나 시범사업 실시 단계이므로 본 연구의 사례분석에서는 제외하였다. 또한 포용적 비즈니스프로그램(Inclusive Business Solution)은 2010년부터 이어져 온 기업협력 프로그램이 전환한 모델이므로 본 연구의 분석대상은 민간기업 참여 활성화를 위해 새롭게 도입한 프로그램을 중심으로 하였다.

2. 민간기업과의 파트너십 프로그램 분석 결과

1) 문제정의 단계

CTS 프로그램은 문제를 정의하고 발굴하는 사업의 첫 번째 단계에서 공모형으로 사업을 운영하고 있다. 다시 말해 공여기관은 큰 틀에서 프로그램의 목적을 제시하면 실제 사업에 참여할 민간기업이 문제를 발굴하고 정의하는 것이다. 연도별로 공모주제는 조금씩 차이가 있는데, 예를 들어 2022년 사업의 경우 그린 ODA(저탄소전환, 녹색회복), 디지털 파트너십(디지털정부, 접근성, 경제, 안전) 등 최근 국제사회와 국내 ODA 생태계 내에서 관심도가 높은 주제와 KOICA가 중점으로 추진하는 분야(교육, 보건의료, 농촌개발, 교통, 여성 등) 3가지로 구분하여 대주제를 제시하고 세부주제는 기업이 자유롭게 제안하도록 하였다.

KOICA 국별프로젝트 사업의 경우에는 수원국의 요청에 기반하여 해결이 필요한 문제에 대한 정의, 그 문제를 해결하기 위한 수단에 대한 정의를 공여기관이 기획한 뒤 민간기업에 집행을 위탁하는 방식을 택하고 있다. 이와 대비해보면 CTS는 문제정의 단계에서 민간기업의 자율성이 더 높아졌다고 할 수 있다. 또한 CTS 사업 제안 단계에서 기업이 해결하고자 하는 개발문제, 그 문제를 해결하기 위한 기업의 기술과 아이디어가 기존의 대안에 비해 비교우위를 가지는 대안이라는 점을 기업이 직접 제안하도록 하고 있다. 공여기관은 공모사업을 통해 이를 선정함으로서 기업이 먼저 제안한 문제와 해결방안을 채택한다. 따라서 문제정의 단계에서 기존의 프로젝트 사업에 비해서 공공과 민간 주체간의 관계가 보다 동등한 위치이며, 개발문제를 정의할 때, 공여기관이 기획한 문제를 민간기업이 집행하는 것이 아니라, 공공과 민간기업이 상호

합의 과정을 거친다고 볼 수 있다.

CTS 프로그램은 민간기업이 개발도상국 중 시장을 선택하고 시장에 대한 문헌조사와 현지조사 등을 토대로 분석한 결과를 제안단계에서 제시하도록 하고 있다. 국가 거시경제, 산업, 시장을 분석하고 시장 내 행위자에 대한 분석을 실시하며 사업이행 시 현지 파트너를 확보하여 제시하도록 하고 있다. 이 과정에서 기업이 개발하고자 하는 기술/제품과 유사한 경쟁제품이 있는지 비교분석하면서 현지 수요를 확인하고 시장 상황을 파악하도록 하고 있다. 문제정의 단계에서 의무적으로 이와 같이 개발도상국 현지 수요 및 문제분석을 하도록 하고 있다.

그런데 이와 같은 형식적 절차는 KOICA 국별 프로젝트 사업이나 NGO 시민사회협력사업에서도 모두 실시하는 것이다. 실제로 그 문제가 유무상 원조에서 기존에 활용하던 수단이 아닌 기업의 기술/제품을 통해 해결되어야 하는지에 대한 개발협력적 타당성을 확인하는 과정은 결여되어 있다. 예를 들어, CTS를 통해 모바일 보건의료 기기를 개발하여 보급하면서 개도국 의료시장에 진출하는 사업을 실시한다고 할 때, 기존에 무상원조를 통해 의료기기를 보급하는 것과 달리 현지에서 기업이 진출했을 때 어떤 차별점이 있는지 등에 대한 보여줄 필요가 있다. 또한 CTS는 혁신적인 아이디어를 기술개발로 연계시키는 사업을 선호하는데 과연 그것이 개발도상국 현지 수요와 문제해결에 반드시 필요한 것인지에 대한 성찰이 필요하다. 문제를 해결하기 위한 솔루션을 매칭해야 하는데 오히려 솔류션이 될 기술의 시장 상용화 가능성 검증하기 위해 문제를 찾아다니게 된다면 목표-수단 전치 현상이 발생할 우려가 있기 때문이다.

2) 목표설정 단계

공여기관 입장에서 보면 CTS 프로그램의 목적은 혁신적 아이디어를 가진 스타트업, 예비창업가들의 아이디어를 ODA 사업에 활용하여 기존의 ODA 프로젝트에서 다루지 못했던 개발문제를 해결하는 것이다. 다시 말해 기존의 국별 프로젝트 사업이나 NGO 시민사회협력사업으로 접근할 수 없었던 개발문제나 해결방식을 민간기업이 제시하도록 하여 개발도상국 시민들에게 더 나은 삶을 살도록 하는 것이 프로그램의 목표이다. 수혜자는 기존의 ODA 프로젝트에서 소외되었던 사람이나, 기존의 접근방식으로 닿을 수 없었던 사람들이라 할 수 있다.

한편 CTS 사업안내서에 따르면 기업 입장에서 사업의 목표를 유추해 볼 수 있다. 기업이 CTS에 참여할 때는 개발도상국 문제를 해결하기 위한 기술/제품을 개발하여 개발도상국 시장에서 판매하고 현지 창업이나 지사 설립을 하려는 의도를 가질 것이다. 실제로 CTS 프로그램 1단계(Seed 1) 유형은 기술개발을 지원하고, 2단계(Seed 2) 유형은 시범사업까지 지원한다. 요컨대 공여기관의 전략적 목표는 혁신적 기술을 활용한 새로운 문제해결이고, 기업의 전략전 목표는 혁신적 기술을 개발하여 개발도상국 시장에 진출하는 것이라 할 수 있다. 이 두 주체의 전략적 목표가 일치하는 교집합이 바로 여기에 있다.

공여기관과 민간기업 파트너십의 목표는 공여기관이 일방적으로 결정한다기 보다는 파트너인 민간기업의 개입의 여지가 크다고 볼 수 있다. 기존의 ODA 국별프로젝트는 민간위탁 형식으로 진행되기 때문에 민간기업이 수행하는 사업의 목표 자체가 공여기관이 사전에 설정한 것이었고 기업은 정해진 목표를 달성해야 하는 의무가 있었다. 하지만 CTS 프로그램은 기술개발과 시장에서 시범사업 모두 민간기업이 제시하는 기술을 바탕으로 제시되기 때문에 목표설정에 있어서 파트너가 더 적극적으로 주도한다고 볼 수 있다.

그런데 공여기관 입장에서 보면 과거와는 달리 목표 설정의 주도권이 파트너 기관에게 더 많이 넘어갔기 때문에 사업종료 이후 성과관리 측면에서 애로사항이 발생할 수 있다. 프로그램 전체 차원에서 성과는 개발된 기술의 수, 시범사업이 성공하여 기술/제품을 실제 사용한 사람 수, 개발도상국 시장에서 제품이 판매되어 구매한 사람의 수 등 정도로 볼 수 있다. 과거 ODA 국별프로젝트나 NGO 시민사회협력사업은 서비스 전달을 직접하기 때문에 수혜자 수를 사전 기획단계에서 추정하기 쉬웠다. 기초선 조사 등을 통해 목표치를 설정한 뒤 사업을 수행하도록 하고 종료선 조사를 통해 목표달성 여부를 검증하여 효과성을 입증하도록 하였다. 그러나 민간기업과 파트너십을 맺고 사업을 수행하는 CTS 사업은 기업입장에서는 기술개발과 시장에서 수익창출 가능성을 확인하는 것이 목적이기 때문에 개발효과성 측면에서 목적을 사업기획단계에서 명확하게 설정하는 것이 어렵다. 이로 인해 기술 개발이 완료되어도 실제 개발도상국 문제해결과 수혜자 혜택 측면에서 성과를 창출하는 것으로 연계되지 못할 가능성도 있다.

CTS 사업은 기업이 개발도상국 빈곤층이 당면한 문제를 해결할 수 있는 기술개발을 하도록 하는 사업이기 때문에 사업 초기단계부터 개도국 빈곤층에게 어떤 혜택이 돌아가야 하는지 그 이익을 고려하도록 하고 있다. 다만 어느 정도로 개도국 빈곤층의 이익을 고려하는지는 각 기업에 달려있다. 예를 들어 기업의 이윤추구와 개발협력적 성과 중에서 어떤 것을 우선순위로 놓고 보는지, 어느 정도로 빈곤층 이익을 고려하였는지는 각 사업별로 다를 수 있다.

또한 CTS 사업에 대한 안내서나 제안서를 보면 초기에 사업을 기획하는 단계에서는 기업이 수혜자를 어떻게 설정하고 있으며 누구를 대상으로 어떤 성과를 기대하는지에 대한 제시를 하지 않고 있다. CTS 사업의 특성상 초기단계에서 기술개발을 먼저 해야 하기 때문에 1단계 유형과 2단계 유형 모두 기술의 혁신성을 중요하게 보고 있다. 개발된 기술이 개도국 빈곤층 중에서 누구를 수혜대상으로 하고 어느 정도의 이익을 그들에게 돌려줄 수 있는지에 대한 고려보다는 혁신적인 기술을 ODA에 활용하는 것에 더 초점을 두게 될 가능성이 있다.

3) 투입 단계

CTS 프로그램은 공여기관이 공모형태로 민간기업을 선발하는 구조이므로 파트너 선정기준은 공여기관이 주도하는 것이라 볼 수 있다. CTS 사업 선정을 위한 평가기준은 1단계 기술개발 유형의 경우는 문제분석·해결방식의 적절성, 아이디어(기술) 혁신성, 사업계획의 적정성 등이다. 2단계 시범사업 유형의 경우는 문제분석·해결방식의 적절성, 아이디어(기술) 혁신성, 1단계 사업성과 및 비즈니스 모델·사업운영 준비도 등이다. 각각에 대해 보다 세부적인 심사기준과 심사내용이 공여기관에 의해 설정되어 공개되어 있다. 또한 CTS 사업에 응모하는 기업들은 창업 10년 이내의 영리법인이며 특히 스타트업, 예비창업자, 초기단계 기업을 지원한다. 다시 말해 투자를 받을 수 있는 다양한 수단이나 재원이 풍부한 회사보다는 작은 규모의 지원금이라도 투자를 받는 것이 중요한 스타트업이나 벤처기업들이 파트너 기업으로 참여한다. 따라서 이들은 CTS 지원 이외 레버리지 수단이 많지 않을 수 있고, 이로 인해 선정기준 등에서 공여기관의 기준을 준수하기 위해 노력하게 된다.

CTS 프로그램에는 스타트업이나 벤처기업이 많이 참여하기 때문에 보유자원이 대기업이나 중견기업에 비해 많지 않다. 자체재원, 인력, 조직, 기술 등의 측면에서 보면 스타트업이나 벤처기업은 재원, 인력, 조직은 크지 않고 다만 아이디어와 기술을 보유하고 있다. 민간기업은 CTS 프로그램을 통해 조달된 재원 이외에 다양한 경로로 투자를 유치하여 기술을 개발한다. 자체 재원이 풍부한 상황에서 기업활동을 하는 것이 아니기 때문에 매칭펀드 방식으로 재원투입을 의무적으로 요구하지는 않는다. 기존의 시민사회협력사업이나 대기업과 중견기업을 대상으로 하는 IBS 사업의 경우는 공여기관의 재원 이외 자체 재원의 투입을 의무적으로 제시하도록 하고 있다. 반면 CTS 사업은 자체 재원 투입이 사업선정의 전제조건이거나 계약 의무사항은 아니다. 그런데 예를 들어, 기업의 혁신적 아이디어와 기술이 우수한 성공사례들을 보면 다른 임팩트 투자를 유치하거나 글로벌 챌린지에서 우승하여 재원을 투입하는 사례들이 생겨나고 있다. CTS 프로그램의 대표적 성공사례인 에누마, 닷(dot)과 같은 기업들이 그러한 사례이다. 오히려 CTS를 통해 투입된 재원보다 더 큰 규모의 재원을 엔젤투자자 등으로부터 유치하였다. 이런 경우 파트너 기관이 가진 재원이 상호보완적으로 작동하여 기술개발과 시장진출에 긍정적으로 기여하였다고 볼 수 있다.

블로우필드와 돌란은 기업이 개발협력의 주체가 되기 위해서는 기업이 개발 성과창출을 위해 자본을 투입할 의지를 가져야 하고, 실제로 빈곤 및 소외계층에게 이득이 돌아가도록 투자결정을 해야 한다고 강조하였다(Blowfield Dolan 2014). CTS 프로그램에 참여하는 민간기업이 개발협력의 주체로서 의지를 갖고 투자를 하는지 여부는 각 개별 기업의 사례에 따라 다르다. 2015년부터 2021년까지 CTS를 통해 발굴한 78

개의 기업 중 성공사례로 소개되는 대표적인 챔피언 기업들은 실제로 다른 엔젤투자자로부터 더 큰 재원을 투자하고, 빈곤층에게 혜택이 돌아가도록 기술을 개발하고 추가 투자를 하는 경우가 있다. 그러나 CTS 프로그램 자체에서 이와 같이 기업이 개발도상국 빈곤층으로 고려한 투자를 하도록 장려하는 제도적 장치는 없다. 스타트업을 대상으로 하는 프로그램이기 때문에 자본을 추가투입할 의지가 있는지, 기업이 의사결정을 내려야 하는 상황에서 빈곤층을 우선하는 투자결정을 내릴 수 있는 거버넌스 구조가 있는지를 사전에 확인하기도 어렵고 기업에게 이를 강제하기도 어려운 것이 사실이다. 만일 CTS에 참여하는 기업 중 개발도상국의 빈곤층을 대상으로 하는 기술보다 지역, 국가, 소득수준을 막론하고 사용될 수 있는 기술을 개발하는 기업들은 굳이 CTS 프로그램을 통해서 지원하기 보다는 다른 재원으로도 기술을 개발할 수 있다. 따라서 기업 선정과정이나 사업기획 과정에서 이를 잘 분별하는 것이 필요하다.

4) 과정 단계

CTS 프로그램은 기술을 개발한 뒤 시범사업을 통해 개발도상국에서 시장화 가능성 정도를 확인하는 사업이므로 실제로 개발도상국에서 수혜자들에게 이익이 돌아가도록 집행하였는지를 살펴보기 어렵다.

기존의 민간기업과 파트너십 연구에 따르면, 민간기업이 개발협력의 동등한 주체로 역할을 다하게 하려면 파트너십에서 양자간의 권한이 동등하거나, 공동 의사결정이 개방적이고 투명하게 이뤄져야 한다고 본다. 그렇지만 CTS 사업은 재원을 지원하는 공여기관과 민간기업이 법적 계약관계로 맺어져 있기 때문에 완전히 동등한 관계를 형성하기는 어렵다. 그런데 기술을 개발하는 것이 주된 목적인 사업이므로 그 과정에서 파트너인 민간기업이 과업을 수행하는 것은 기존의 다른 사업에 비해 자율성이 조금 더 있다고 할 수 있다.

반면 투입단계에 대한 논의에서 살펴보았듯이 민간기업의 재원이 의무적으로 투입되는 것은 아니기 때문에 ODA 재원에 더해 민간기업의 자원이 상승효과를 일으켰는지를 파악하기는 어렵다. 다만 기술, 인력 등 재무적 자원 이외 기업의 자원이 투입되어 상승효과를 일으킬 것이라 짐작할 수는 있다. 집행과정에서 시너지 효과를 일으키도록 하는 장치로서 공여기관에서 개도국 현지조사를 지원하고, 스타트업 엑셀러레이팅 지원, 기업간 네트워킹 기회 제공, 글로벌 조달 시장 진출 지원, 공여기관 타 사업과 연계 지원 등을 하고 있다. 그런데 기술개발이 장기적으로 상승효과를 내기 위해서는 시범사업을 넘어서 큰 규모의 실제 사업으로 이어져야 한다. 가능하면 이와 같이 단계적으로 성장하여 성과가 확산되도록 지원이 필요하다.

기업이 개도국 현지에서 활동하면서 시장조사, 기술테스트, 사업화, 현지창업 등의 과정을 거친다. 그 과정에서 현지의 집행자를 별도로 설정하고 이들의 역량을 강화하는 것에 대해 의무화된 제도적 장치는 없다. 다만 성공사례로 꼽히는 기업들은 현지화에 상당한 노력을 기울였고 이것이 개도국 시장진출의 성공요인이자 지속가능한 집행이 가능하게 된 이유라 볼 수 있다. 집행과정에서 현지 파트너를 누구로 선정하고 이들과 어떤 협력관계를 맺어 집행을 하는지에 대해 모범사례가 있다면 이를 정리하여 다른 기업들도 학습할 수 있도록 해야 한다.

끝으로 개발협력에 참여하는 민간기업이 빈곤감소를 위한 투명성, 책임성을 확보하였는지에 대해서도 아직은 제도적 장치가 마련되어 있지 않다. CTS 성과관리에 관한 안내를 보면 혁신성, 효율성, 책무성, 투명성을 강조하고 있다. 그런데 1순위로 혁신성과 효율성을 강조하고 있다. 'CTS사업은 대한민국 ODA(공적개발원조) 최초로 개도국으로의 혁신의 확산을 위해 고위험, 고성과 아이디어·아이템·기술을 발굴하여 사업화하는 것으로, 혁신성 및 고효율성을 1차적 목표로 한다'고 하고 있다. 기업활동의 투명성과 책임성에 대해서는 '책임있고 투명한 사업성과 제고, 사업비 관리 및 국민을 대상으로 하는 사업보고 의무를 가진다'고 밝히고 있다. 회계정산과 사업보고서 제출 등 최소한의 의무를 다하면 투명성과 책임성을 다했다고 보는 것이다. 'CTS파트너는 사업수행과정에서 국내 및 개도국 법규 및 사회적·윤리적 규범을 준수해야한다' 고 하고 있기는 하지만 기업활동을 하면서 개도국에서 어떤 국제적 규범을 준수해야 하는지에 대한 구체적인 언급은 하고 있지 않다. 차후에는 노동, 반부패 등과 관련된 국제규범을 명시적으로 제시하여 기업활동 자체에서 투명성과 책임성을 확보하도록 하는 장치가 필요하다. 집행과정에서 일어나는 활동과 그 성과에 대해서 기업이 책임을 어디까지 지고, 과정 및 성과 공개를 투명하게 자발적으로 어떻게 해야하는지에 대한 안내가 필요하다.

5) 산출 단계

CTS 프로그램은 2015년 시작되어 2021년까지 78개 기업을 지원하여 53개의 기술을 개발하였다. 사업 종료 이후 기술/제품을 사용한 최종 사용자 수(직접 수혜자)는 834,393명, 개도국 BOP 시장에서 이를 사용한 간접적인 수혜자는 2,942,669명이다(KOICA 2022). 각 사업별로 산출, 성과, 영향은 달리 나타나기 때문에 총합적인 성과를 말하기는 어렵다. 성공한 사업들은 목표를 달성하여 효과성을 달성한 경우도 있고, 초과달성한 경우도 있다. 그러나 한편으로는 기술개발 이외 개발효과성 측면에서 파급효과를 발현하지 못한 경우도 있다. CTS 프로그램 자체가 기술개발에 초점을 두고 있기 때문에 기술개발 이후 1단계 사업을 종료할 수 있다. 2단계 시범사업으로 이어지거나 그 밖의 사업과 연계되지 못하면 개발된 기술이 실제 활용될 가능성이 낮을 수도 있다.

특히 장기적 성과로 개발도상국 시장에서 현지 기업이나 집행자와 관계를 맺거나 파트너십을 형성하는 사례를 만들어 나가야 할 것이다. CTS 사업이 시행된지 5여년이 지난 지금, 몇몇 우수사례는 기술을 현지화하고 현지 기업과 협력하는 단계로 발전하기도 하였으나, 기술개발에 성공하여 시범사업을 하는 단계에 그친 사업들도 있다.

또한 앞으로 CTS에 참여하여 수행한 기업활동으로 극빈곤층을 위한 재무적, 비재무적 이익이 어떻게 창출되었는지에 대한 성과를 측정하고 나아가 성과를 관리하려는 노력이 필요하다. 특히 비재무적 이익과 사회적 가치를 창출한 성과를 다시 재무적 가치로 변환하여 평가하는 방법에 대해서는 연구가 필요하다.

공여기관과 민간기업 간에 서로 학습을 통해 전환적인 변화가 일어났는가에 대해서는 조금 더 시간을 두고 살펴볼 필요가 있다. 공여기관은 CTS 사업을 수행하면서 기업에 대한 이해도를 높이고 민간기업이 사용하는 혁신적 방안에 대한 이해도 자체가 높아졌다고 볼 수 있다. 조직적 측면에서는 KOICA 내에 시민사회협력실에서 분화하여 기업협력실을 신설하고, 민간기업 협력을 강화하기 위한 공여기관 차원의 정책을 수립하는 등의 변화가 있었다. 또한 기업들은 공여기관의 사업 운영 절차에 대한 이해도가 높아지고 개발협력에 대한 관심을 많이 가지게 되었다. 공공-민간 상호 간의 이해도가 높아지고 민간기업의 ODA 참여에 대한 관심이 높아졌다는 점에서 상호 간의 전환전 변화가 일어났다고 볼 수 있다. 하지만 상호 간 학습과 관련된 제도적 장치가 없기에 전환적 변화가 어느 정도 일어났는지는 개별사업별로 다르다.

V. 나가며

본 연구는 민간기업의 개발협력 참여를 위해서 만들어진 파트너십 프로그램에 대해 파트너십 형성 시 고려해야 할 규범적 조건을 바탕으로 분석틀을 설정한 후 현재 한국의 민간기업 파트너십 프로그램이 이러한 조건에 어느 정도 부합하는지를 분석하고자 하였다. 이를 위해 본 연구는 문제정의, 목표설정, 투입, 과정, 산출 등으로 단계를 구분하여 민간기업 파트너십 프로그램에 대해 제도적 차원에서 분석하였다. 결론적으로 파트너십 성과분석틀에 비춰 볼 때 문제정의 단계, 목표설정 단계 등에서는 어느 정도 규범적 조건을 충족하고 있다. 하지만 투입, 과정, 성과 측면에서는 앞으로 보완해야 할 것이 더 많다고 할 수 있다.

문제정의와 목표설정 단계 등에서는 민간기업과 상호합의 및 이해관계 합치가 이뤄지고 있는 것으로 보인다. 다만 민간기업이 개발도상국의 현지 수요와 문제분석을 실시하고는 있으나 기술개발을 위한 시장조사에 그치고 있다. 향후에는 개도국 현지 수혜자를 보다 직접적으로 고려하고, 특히 빈곤층의 이익과 부가가치 창출을 고려하는 사업기획을 강화할 수 있도록 해야 한다. 투입 측면에서는 투입자원과 역량에 있어서 민간기업 보유자원이 개발도상국의 빈곤감소를 위해 투입될 수 있도록 재원, 기술, 인력의 매칭 투입을 늘리고, 빈곤감소를 위한 적절한 수단 투입을 가능한 장려해야 한다.

과정 측면에서는 민간기업 파트너십 프로그램의 집행단계에서 공여기관은 행정적으로 사업을 관리하고 있고 기술개발 과정은 민간기업이 주도하고 있다. 이로 인해 상호 간에 시너지 효과가 어느 정도로 일어나는지, 기업이 개도국 현지의 파트너들의 역량강화에 얼마나 기여하는지 알기 어렵다. 또한 실질적으로 빈곤감소를 위해 기업이 투명성과 책임성을 어떻게 확보해야 하는지 등에 대해 선언적 의무는 있으나 별도의 제도적 장치는 없다. 개별기업들의 사례에 따라 현지 협력기관, 공여기관과 시너지 효과를 내는 경우도 있고, 그렇지 않은 경우도 있다. 앞으로는 민간기업과 바람직한 파트너십으로 발전하기 위해 민간기업의 빈곤감소 기여를 위한 투명성과 책임성을 강화하되, 공동의 의사결정, 집행과정에서 유연성 강화 등을 위한 제도적 노력이 필요하다. 또한 개도국 현지 집행 파트너에 대한 역량강화 등에도 보다 많은 관심을 가질 필요가 있다.

산출 측면에서 보면 CTS 사업 출범 이후 5-6년이 경과하면서 몇몇 기업은 추가재원을 유치하여 글로벌 기업으로 발돋움하는 등 우수사례가 있었다. 하지만 일부 기업은 기술개발에서 본격적 사업화로 성장하지 못하는 경우도 있고, 기술개발 상용화에 실패하여 폐업하는 경우도 있다. 특히 프로젝트를 통해 개발도상국 빈곤층의 이익창출에 어느정도 성과를 냈는지는 개별사업별로 다르며 총합 성과를 판단하기는 어렵다. 향후 기업활동의 결과로 실제 개발도상국 극빈곤층에게 어떤 이익이 어느 정도로 돌아갔는지에 대한 가치분석이 추가되어야 한다. 또한 공여기관-민간기업이 사업의 결과로서 상호 간에 이해도를 높이고 더 강한 수준의 파트너십을 맺을 수 있도록 성과공유 및 정보공유 등을 강화할 필요가 있다.

CTS 사업에 대한 평가를 수행한 연구자에 따르면 일부사업들은 기업의 해외진출 수단으로 여기고 프로그램에 참여하는 경우들이 있다. 개발도상국에 필요한 솔류션을 개발하기 위해 별도의 사업으로 출범하였으나 기존의 기업협력사업이 가진 한계를 그대로 답습하고 있는 것이다. 또한 기업이 시장에서 수익을 거두고 이윤을 남겨 재무적 가치를 창출하는 것과 개발도상국 빈곤층의 문제해결에 기여하여 사회적 가치를 창출하는 것, 이 두 가지 목적을 어떻게 동시에 추구하도록 하고 상승효과를 내도록 할 것인지에 대한 고민과 대안마련이 필요하다.

본 연구는 민간기업 파트너십 프로그램에 대해 상위 프로그램 차원에서 제도적 측면을 분석하여 규범적 조건을 탐색하고자 했다는 점에서 의의가 있다. 그러나 향후에는 본 연구에서 제시한 민간기업 파트너십 분석틀을 활용하여 개별사례 분석을 실시하는 연구가 필요하다. 개별기업 사례분석을 실시하기에는 각 사업별로 상황이 너무 다르고, 아직 시행중인 사업들도 다수였다. 이에 본 연구는 개별 사업 사례분석을 실시하지 못하였지만 향후 성공한 사업과 실패한 사업의 사례를 비교하면서 파트너십 분석틀의 여러 요인 중 가장 중요한 요인이 무엇인지 등에 대해 더 심도 있는 분석을 할 필요가 있다.

참고문헌

김은주·이도석. 2019.『ODA 생태계 구축을 통한 고용창출방안 연구』. 서울: 한국행정연구원.

김정해. 2015.『민간위탁 제도의 운영효율화 방안』. 서울: 한국행정연구원.

오수현. 2015. "지속가능발전목표(SDGs) 달성을 위한 민간파트너십과 재원메커니즘."『국제개발협력』 3.

유미년·탁현우·박순애. 2008. "민간위탁에 의한 공공서비스 공급의 효율성 및 효과성 분석: 서울시 생활폐기물 수거·운반 서비스를 중심으로."『한국정책과학학회보』 12(3).

임혜수·이태동 2017. "민관협력 파트너십과 정책 일관성 영향 연구."『지방정부연구』 21(1).

주재현. 2006. "지방정부-기업간 파트너십의 성공조건에 관한 연구."『지방정부연구』 10(2).

Austin, J. E., & Seitanidi, M. M. 2012(a). "Collaborative value creation: A review of partnering between nonprofits and businesses: Part I. Value creation spectrum and collaboration stages." *Nonprofit and Voluntary Sector Quarterly* 41(5).

Austin, J. E., & Seitanidi, M. M. 2012(b). "Collaborative value creation: A review of partnering between nonprofits and businesses. Part 2: Partnership processes and outcomes." *Nonprofit and Voluntary Sector Quarterly*, 41(6).

Baulch, Robert and Neil McCulloch. 2000. "Tracking pro-poor growth." ID21 insights No. 31. Sussex: Institute of Development Studies.

Bennett, A., Ravikumar, A., & Paltán, H. 2018. "The political ecology of Oil Palm Company-Community partnerships in the Peruvian

Amazon: Deforestation consequences of the privatization of rural development." *World Development* 109.

Blowfield, M. 2012. "Business and development: making sense of business as a development agent." *Corporate Governance: The international journal of business in society* 12(4).

Di Bella, J., Grant, A., Kindornay, S., & Tissot, S. 2013. "Mapping private sector engagements in development cooperation." North-South Institute.

Blowfield, M. and C. S. Dolan. 2014. "Business as a development agent: evidence of possibility and improbability." *Third World Quarterly* 35(1).

Jamali, D., & Keshishian, T. 2009. "Uneasy alliances: Lessons learned from partnerships between businesses and NGOs in the context of CSR". *Journal of Business Ethics* 84(2).

Kakwani, Nanak and E. Pernia, 2000. "What Is Pro-Poor Growth?" *Asian Development Review* 18(1).

Kelman, S. J. 2002. "Contraction." in L. M. Salamon (Ed.), *The tools of government: A guide to the new governance*. UK: Oxford University Press.

Kooiman, J. (ed.) 1993. *Modern Governance: New Government–Society Interactions*. London: Sage.

Kouwenhoven, V. 1993. Public-Private Partnership: A Model for the Management of Public-Private Cooperation. In J. Kooiman (ed.), *Modern Governance: New Government–Society Interactions*, London: Sage.

Vestergaard, A., et al. 2021. "Partnerships for development. Assessing the impact potential of cross-sector partnerships." *World Development*

143: 105447.

OECD. 2007. Promoting Pro-Poor Growth: Policy Guidance for Donors. Organisation for Economic Co-operation and Development.

OECD 2010. Handbook on Contracting Out Government Functions and Services in Post-Conflict and Fragile Situations: Partnership for Democratic Governance. OECD Publishing, Paris.

Ravallion, M. 2004. "Pro-poor growth: A primer." World Bank Policy Research Working Paper 3242, March 2004. Available at SSRN 610283.

Ravallion, Martin and Chen, Shaohua. 2003. "Measuring Pro-Poor Growth", *Economics Letters* 78(1).

Rhodes, R.A.W. 1996. "The New Governance: Governing without Government". *Political Studies* 44(4).

Schuppert, G. F. 2011. *Partnerships. The SAGE handbook of Governance.* University of California, Berkeley: SAGE.

Shin, W., Kim, Y., & Sohn, H.-S. 2017. "Do different implementing partnerships lead to different project outcomes? Evidence from the World Bank roject-level evaluation data." *World Development* 95.

The Springfiled Centre. 2014. "The Operational Guide for the Making Markets Work for the Poor (M4P) Approach." 2nd edition funded by SDC & DFID

United Nations. 2001. Negotiation Platform for Public-Private Partnership in Infrastructure Projects. New York: UN.

UN/ECE (United Nations Economic Commission for Europe). 2000(a). Overview of Concessions and PPPs: Theory and Practice. in UN/ECE, Guidelines on Private Public Partnerships for Infrastructure

Development, Vol. 1, Ch. 2, New York: UN.

Yi, Ilcheong and Lee. J.Y. 2018. "A Critical Approach to Understanding and Assessing Developmental Partnership in the Context International Development Cooperation." *International Development and Cooperation Review* 10(2).

Vargas, C. M. 2002. "Women in sustainable development: Empowerment through partnerships for healthy living." *World Development* 30(9).

Vestergaard, A., Langevang, T., Morsing, M., & Murphy, L. 2021. "Partnerships for development. Assessing the impact potential of cross-sector partnerships". *World Development* 143, 105447.

〈기타 자료〉

SDC 홈페이지. https://www.poverty.ch/(최종접속일: 2022.1.25.)

KOICA(2021). 혁신적기술프로그램(CTS) 소개자료. https://www.koica.go.kr/koica_kr/960/subview.do(최종접속일: 2022.3.6.).

KOICA(2022). 혁신적개발협력사업(DIP) 소개자료. https://www.koica.go.kr/koica_kr/959/subview.do(최종접속일: 2022.3.6.)

찾아보기

ⓣ

ⓟ

ⓗ

저자 소개

김석우

- 서울시립대학교 국제관계학과 교수
- 노스캐롤라이나대학교 정치학 박사
- 주요 연구분야: 국제정치경제, 국제통상정치, 국제개발협력, 국제협상

김은주

- 한성대학교 사회과학부 조교수
- 서울대학교 정책학 박사
- 주요 연구분야: 거버넌스, 국제개발협력, 정책평가

김지영

- 숭실대학교 정치외교학과 부교수
- 캘리포니아-얼바인 대학교 정치학 박사
- 주요 연구분야: 국제개발협력, 국제정치경제, 아프리카 정치경제, 북한개발협력

김태균

- 서울대학교 국제대학원 교수
- 옥스포드 사회정책학 박사·존스홉킨스대학 고등국제학대학원 박사
- 주요 연구분야: 국제개발, 국제정치사회학, 평화학, 글로벌 남반구 연구

손혁상

- 경희대학교 공공대학원 교수
- 경희대학교 정치학 박사
- 주요 연구분야: 국제개발, 세계시민사회, 개발평가

안지혜

- (사)월드쉐어 도미니카공화국 지부 사무장

• 경희대학교 공공대학원 시민사회NGO학 석사
• 주요 연구분야: 국제개발협력, 거버넌스

윤혜정

• KOICA 동티모르 사무소 수산양식 Project Implementation Unit (PIU) Project Coordinator
• 경희대학교 공공대학원 글로벌거버넌스 석사 수료
• 주요 연구분야: 국제개발협력, M&E

이일청

• 유엔사회개발연구소 선임연구조정관
• 옥스포드 사회정책학 박사
• 주요 연구분야: 복지국가, 개발정책, 대안적경제체제, 통합적접근, ESG

이진영

• 전북대학교 국제인문사회학부 조교수
• 경희대학교 정치학 박사
• 주요 연구분야: 아세안 지역협력, 국제개발협력, 개발격차

정수빈

• (사)농식품신유통연구원 연구원
• 경희대학교 공공대학원 국제개발학 석사
• 주요 연구분야: 국제개발협력, 농촌개발, 농업협동조합, 농산물자조금

홍지영

• 한국수출입은행 북한동북아연구센터 책임연구원
• 서울대학교 정치학 박사
• 주요연구분야 : 국제개발협력, 북한개발협력, 인도적 지원

국제개발협력의 파트너십:
이론, 이슈 그리고 사례

발행일 1쇄 2023년 2월 28일

엮은이 손혁상·이진영·김석우
펴낸이 여국동

펴낸곳 도서출판 인간사랑
출판등록 1983. 1. 26. 제일-3호
주소 경기도 고양시 일산동구 백석로 108번길 60-5 2층
물류센타 경기도 고양시 일산동구 문원길 13-34(문봉동)
전화 031)901-8144(대표) | 031)907-2003(영업부)
팩스 031)905-5815
전자우편 igsr@naver.com
페이스북 http://www.facebook.com/igsrpub
블로그 http://blog.naver.com/igsr
인쇄 인성인쇄 **출력** 현대미디어 **종이** 세원지업사

ISBN 978-89-7418-438-4 93340